監査の品質

日本の現状と新たな規制

町田祥弘
［著］

Audit Quality

中央経済社

は し が き

　近年，監査の品質（Audit Quality）が大きな課題として取り上げられること
が多くなった。

　わが国では，オリンパスや東芝に代表される大規模な粉飾決算事件において
監査の失敗が明らかになったことが背景にある。またグローバルにも，古くは
今世紀初頭のエンロンやワールドコム，パルマラットの粉飾決算事件が挙げら
れるほか，さらには，2008年に顕在化した金融危機において，監査人が十分に
その役割を果たしていなかったのではないかとの批判もある。

　内外を問わず，大規模な粉飾事件が発覚するたびに，監査の品質を高めるべ
く監査人に対する規制の強化や監査基準等の監査規範の見直しが繰り返し行わ
れてきた。しかしながら，度重なる規制の強化や監査規範の厳格化によっても，
監査の失敗は跡を絶たない。おそらくその根本原因の１つには，監査の品質を
左右する大きな要素として，監査人がその専門能力を十全に発揮するかどうか，
という問題があるように思われる。いかに監査規制が強化され監査基準が厳格
であっても，それらが企図したとおりに現場の監査人が能力を発揮しなければ，
すべては画餅に帰すであろう。21世紀に入ったころから強調されるようになっ
た「職業的懐疑心の発揮」の問題というのは，そうした文脈で理解すべき課題
にほかならない。

　本書は，かかる認識のもと，東芝事件の後に展開されてきたわが国の監査規
制の見直しを中心に，現代における監査の品質の問題を，制度および歴史的経
緯の研究，理論的研究，ならびに，筆者がこれまでに取り組んできた実証研究
および実態調査に基づいて，さまざまな側面から検討した研究書である。

　ところで，上記の状況を背景として，監査論研究においても，内外を問わず，
監査の品質という領域が一定の地歩を占めるに至っている。それは，監査の品
質に対する制度上の重要性や社会的な関心の高まりと同時に，監査の品質が有
する特性によるものともいえる。

　すなわち，一般に，監査の品質は，外部から捕捉することができず，監査の

失敗が生じたときにはじめて当該監査の品質が低かった証左として認識されるといわれている。そのため監査論研究では，監査の品質を何らかの代理変数（サロゲート）によって間接的に捕捉しようという試みが行われてきた。こうした代理変数には，たとえば，監査報酬や監査事務所の規模，監査人が表明した意見や継続企業の前提に関する追記情報等が挙げられる。これらの多くは，市販のデータベース等においてアーカイバル・データとして提供されており，いわゆる実証研究を行うのに適していることから，統計的な手法を用いて実証結果を提示することが求められる傾向にある海外の学会や学術誌等に投稿するには，有力な研究アプローチの1つとなったのである。

　しかしながら，そこには多くの問題があるように思われる。たとえば，利益の質 —— 一例としては，裁量的会計発生高の多寡によって利益の質の測度とするもの等 —— のように，財務会計の研究領域で一時期，数多くの研究が公表された概念をもって，監査の品質の代理変数とする研究がある。そこでは，財務会計の利益の質が高ければ監査の品質も高いとする，かなり乱暴な論理がとられているが，もともとの財務数値がどの程度の硬度を持っていたのかとか，監査人が財務諸表の公表前にどの程度会計数値の問題点を指摘したのか，という点はすべて捨象されてしまっている。現在では，財務会計領域においても，利益の質の概念を用いることの適切性が広く問い直されるようになったものの，未だに監査論の領域では，先行研究の手法を真似て，何の衒いもなく利益の質＝監査の品質としている研究論文が散見される。

　また，本書でも一例として「業種特化」の問題を取り上げているが，海外の実証研究を単に日本のデータによって再実施している研究も多い。しかしながら，海外，特にアーカイバル・データの背景となるアメリカの監査環境と日本の監査環境の相違を適切に把握せずに，実証された結果に飛びつくことは危ういだけでなく，わが国の監査に関する誤った認識や議論を惹起しかねない。

　監査の品質を研究するにあたっては，単に実証研究に適した利用可能なデータがあるというだけではなく，監査およびわが国の監査環境に関する一定の知識を基礎として取り組まなければ，上記のような"粗い"研究に陥ってしまうであろう。

　本書は，監査論研究者として，監査の品質の問題について現時点で筆者が考

えるところを提示し，今後の研究の基礎の一部となることを期待して，上梓するものである。本書によって，現役の監査論研究者はもとより，将来を担う若い研究者や研究者の卵たち，あるいは，監査の品質に思いを致す有意な会計プロフェッションの方々に，いくばくかの知見を提供することができれば何よりである。

　本書の内容は，『企業会計』誌上において，2016年4月より2017年12月まで掲載していただいた連載「質を高めろとはいうけれど…　じっくり語ろう監査のはなし」の内容をもとに，大幅に加筆修正したものである。

　同連載から本書の出版に至るまで，㈱中央経済社ホールディングス 山本 継代表取締役会長には多くのご高配を賜った。ここにお礼を申し上げたい。また，本書の編集作業にあたっては，㈱中央経済社会計編集部 取締役編集長坂部秀治氏に大変お世話になった。併せて，連載中に，毎回の原稿の遅延にもかかわらず最後までお付き合いくだった『企業会計』編集部の土生健人氏，武山沙織さん，川上哲也氏に心より御礼申し上げたい。

　　2018年2月

　　　　　　　　　　　　　　　　　　　　　　　町田　祥弘

　なお，私事ながら，本書の出版作業中の2018年1月末に，恩師である塩原一郎先生（早稲田大学名誉教授）の急逝の報を受けることとなった。2017年末にお会いした際に，3月に本書が上梓されることをご報告し，その際にお目にかかる約束をしていただけに，本書をお届けできなかったことが悔やまれてならない。私を研究者の道に導いてくださった塩原先生に，本書を捧げたい。

目　　次

はしがき　*i*

序　章　監査の品質の意義 ——————————— *1*

- 1 監査の失敗・*2*
- 2 監査の品質の代理変数（サロゲート）・*4*
- 3 監査の品質の定義・*5*
- 4 監査の品質に関する新たな動向・*8*

第1章　日本の監査の品質 ——————————— *11*

- 1 歴史の話・*12*
    - (1) レジェンド問題／*12*
    - (2) Wonderland Accounting／*12*
    - (3) 日本の監査規範の「国際対応」／*14*
    - (4) 不正に関する監査規範／*15*
- 2 監査規範の構造・*16*
    - (1) 日本の監査規範の構造／*16*
    - (2) 「監査基準」と「監査基準委員会報告書」／*18*
    - (3) 不正リスク対応基準／*19*
- 3 日本の監査の品質の課題・*20*

第2章　監査法人の規模と監査の品質 ——————— *23*

- 1 大手監査法人の歴史的経緯と寡占問題・*24*
    - (1) 監査法人の歴史／*24*
    - (2) 組織的監査／*26*
    - (3) 監査法人の寡占化の弊害／*27*
    - (4) 寡占の実態／*29*
- 2 大手監査法人であることの品質メリット・*30*
    - (1) 大手監査法人が有する品質メリット／*30*

（2）　大手監査法人に関する品質の研究／*35*

3　監査法人の規模に関する課題・*37*

第3章　監査報酬と監査の品質 ———————————— *39*

1　監査報酬の開示制度・*40*

（1）　監査報酬の開示／*40*

（2）　監査報酬開示の背景の相違／*43*

2　標準監査報酬制度とその後の対応・*45*

（1）　標準監査報酬規定／*45*

（2）　標準監査報酬規定廃止後の対応／*47*

3　監査報酬の実態・*49*

（1）　日本の監査報酬の実態／*49*

（2）　日米比較／*51*

（3）　国際比較／*51*

4　監査報酬の低廉化・*52*

（1）　監査報酬の低廉化の原因／*52*

（2）　監査報酬にかかる監査品質の課題／*54*

5　監査報酬の低廉な企業／*55*

（1）　監査報酬の低廉な企業の識別／*55*

（2）　標準監査報酬の算定式／*56*

第4章　監査時間と監査の品質 ———————————— *59*

1　監査時間の不足・*60*

（1）　「本当に監査時間不足なのか」／*60*

（2）　監査時間の調査結果／*62*

（3）　日米比較の意味するところ／*65*

2　監査期間・*65*

（1）　「決算日から監査報告書日までの日数」／*65*

（2）　監査時間と監査の品質／*67*

目　次　**Ⅲ**

　　　　3 監査の品質指標としての監査時間・*68*

　　　　　⑴　PCAOBの提案／*68*

　　　　　⑵　監査の品質指標としての監査時間／*70*

　　　　4 監査時間に関する制度と実務・*71*

　　　　5 監査時間に関する研究・*73*

　　　　　⑴　監査時間と監査報酬／*73*

　　　　　⑵　監査時間にかかる先行研究／*75*

　　　　6 監査品質指標としての監査時間／*76*

第5章　業種特化の問題 ──────────────── *79*

　　　　1 業種特化の識別・*80*

　　　　2 日本における研究・*82*

　　　　3 日本における監査品質指標としての業種特化の問題点・*84*

第6章　東芝問題と監査の品質の新たな要件 ──── *85*

　　　　1 Watts and Zimmerman以来のパラダイム・*86*

　　　　2 職業的懐疑心の議論・*88*

　　　　3 職業的懐疑心という新たな側面・*89*

　　補論　東芝における意見表明問題 ─────── *91*

　　　❶ 四半期報告までの事実関係・*92*

　　　❷ 四半期レビューにかかる論点整理・*95*

　　　❸ 年度決算と監査報告の論点整理・*99*

　　　❹ 東芝における意見表明問題が残した課題・*100*

第7章　監査法人のガバナンス・コード ─────── *103*

　　　　1 「提言」と監査法人のガバナンス・コード・*104*

　　　　　⑴　「提言」における考え方／*104*

(2) 監査法人のガバナンス・コード／*106*

② **英国の監査事務所のガバナンス・コード**・*112*

(1) UKコードの背景／*112*

(2) UKコード2010／*113*

(3) UKコード2016／*115*

③ **日本の監査法人のガバナンス・コードの特徴**・*116*

④ **監査法人のガバナンス・コードの影響**・*118*

(1) 監査法人のガバナンス・コードとともに公表されたもの／*118*

(2) 監査法人のガバナンス・コードに関する課題／*121*

第8章 監査法人の強制的交代制 ———————— *125*

① **アメリカにおける議論の経緯**・*126*

(1) 1977年メトカーフ小委員会の勧告／*126*

(2) 2002年SOX法による調査指示とGAO報告書／*127*

(3) 2011年PCAOBの提案／*130*

② **EUにおける議論の経緯**・*131*

(1) 金融危機前のアメリカ以外の国の状況／*131*

(2) 2004年EU提案／*133*

(3) 2014年EU規則／*134*

③ **日本における議論の経緯**・*135*

(1) 2003年公認会計士法改正時の議論・*135*

(2) 2007年公認会計士法再改正時の議論・*136*

(3) 東芝事件以後の状況・*140*

④ **海外での強制的交代制の議論の背景と日本の監査環境の異同**・*146*

(1) 大手監査事務所による寡占／*147*

(2) 監査契約の固定化／*148*

(3) 監査報酬の高止まり／*150*

⑤ **強制的交代制の影響の検討**・*151*

(1) 交代に伴う追加的なコスト／*151*

目　次　**V**

(2)　大規模監査法人の数の制約／*153*

(3)　上場企業および監査事務所の意識／*155*

6　先行調査・研究・*156*

(1)　先行調査／*156*

(2)　先行研究／*158*

第9章　監査品質の指標（AQI）————*165*

1　日本におけるAQIの認識・*166*

2　PCAOBとCAQの提案・*167*

(1)　PCAOBの提案／*167*

(2)　PCAOBの提案に対する反応と今後の予定／*171*

3　他の国々におけるAQI・*172*

(1)　日本の場合／*172*

(2)　諸外国の場合／*174*

4　AQIの重要性・*176*

第10章　監査報告書の拡充————*179*

1　監査の品質と監査報告書の拡充・*180*

2　ISAに基づく監査報告書・*181*

3　日本の取組み・*184*

4　監査報告書改革の意義・*186*

(1)　監査報告書の本質観／*186*

(2)　監査の品質との関連性／*188*

5　検討すべき課題・*191*

(1)　監査報告書の拡充の制度上の課題／*192*

(2)　監査報告書の拡充に対する関係者における対応／*196*

6　監査報告書の改革に向けて・*199*

第11章　ITと監査の品質 ——————————— *201*

① 公的または自主規制による取組み・*202*

② ITの活用の方向性・*204*

(1) ビッグデータの活用／*204*

(2) 監査データの標準化／*205*

③ ITの活用の背景・*206*

④ ITの活用と監査品質・*207*

終章　監査環境と監査の品質
―監査の品質を高めるには― ——————————— *211*

① 被監査企業の問題・*213*

(1) 被監査企業における会計リテラシー／*213*

(2) 監査役等／*215*

② 制度を含む環境整備の問題・*216*

(1) 監査規制／*216*

(2) 財務報告との関係／*218*

③ 監査の品質を高めるには・*220*

主要参考文献・*221*

索　　引・*231*

凡　例

略称	原語	日本語表記
AICPA	American Institute of Certified Public Accountants	アメリカ公認会計士協会
AQI	Audit Quality Indicators	監査品質の指標
CAQ	Center for Audit Quality	監査品質センター［アメリカ］
FEE	Federation of European Accountants（2016年12月以降，Accountancy Europeに名称変更。略称は同じ）	ヨーロッパ会計士連盟
FRC	Financial Reporting Council	財務報告評議会［英国］
GAO	General Accounting Office（2004年7月以降，Government Accountability Officeに名称変更。略称は同じ）	会計検査院［アメリカ］
IAASB	International Auditing and Assurance Standards Board	国際監査・保証基準審議会
IOSCO	International Organization of Securities Commissions	証券監督者国際機構
ISA	International Standards on Auditing	国際監査基準
PCAOB	Public Company Accounting Oversight Board	公開会社会計監督委員会［アメリカ］
SEC	Securities and Exchange Commission	証券取引委員会［アメリカ］
SOX法	*Sarbanes-Oxley Act of 2002*	2002年サーベインズ・オックスリー法［アメリカ］

序章

監査の品質の意義

　監査の品質の重要性は，世界的に見れば金融危機以後，監査規制における最大の課題の1つとして認識されてきており，さらにわが国においては2015年の東芝の粉飾決算事件を契機として一層の高まりを見せている。

　他方で，監査の品質は，一般のサービスとは異なり，利用者がその品質を捕捉できないという特異な性質があるとともに，監査が有する固有の限界によって，監査の結果のみで評価するわけにもいかないという困難な問題を抱えている。そのため，従来，監査の品質を高める手法としては，監査事務所の品質管理，すなわち監査事務所の内部統制とそれに対する外部からの規制に期待されてきた。

　われわれは，監査の品質をどう捉え，どのように取り組んでいけばよいのであろうか。

1 監査の失敗

2015年7月に発覚した東芝の粉飾決算事件は，多くの報道等もあって社会的な関心事となった。東芝という会社のネームバリューや，不正発覚後の第三者委員会報告等の事態の推移，企業に対する課徴金や監査法人に対する行政処分等が影響したのであろう。

しかしながら，東芝以外にも，多くの会計不正が発覚している。たとえば，報道（蒔森，2015）によれば，東芝事件と同時期の2014年7月1日から2015年8月14日までの1年間に「不適切な会計処理」として東京証券取引所で適時開示を行った企業が，東芝，LIXILグループ，東邦亜鉛，伊藤忠商事，KDDI，バリューHR，積水化学工業，虹技，日本道路，オカモト，タカラトミーの11社もあるという。その他，IPO企業における上場した途端の業績の大幅修正という事例もある。これらの事例をわが国の上場会社約3,500社のうちのわずか0.3%程度とみなすのか，これらの不正もすべて摘発すべきと考えるのか，という問題も1つの論点であろう。

いずれにしても，こうした問題が相次ぐと，必ず監査人は何をしていたのか，という批判が相次ぐように思われる。

たとえば，2011年10月以降に発覚した，オリンパスや大王製紙の企業不正事件は，第一義的には経営者による不正をいかに監視・監督するかというガバナンスの問題であった。ところが，会社法が予定していたすべてのガバナンス・システムが機能しなかったにもかかわらず，同じ時期に審議を行っていた法制審議会では，結局，大会社に限っても独立取締役1名の義務付けさえ為しえなかったのである。他方，外部監査については，2013年3月に，監査基準が改訂され，「監査における不正リスク対応基準」が新設されるに至った。

これは，わが国のガバナンスに関する制度対応の脆弱性に鑑みて「外部監査に期待するしかない」からなのか，あるいは，わが国の制度環境から見て，「外部監査に対する規制しかできない」からであろうか。

東芝事件のその後の展開も似たような様相を呈している。

東芝では，組織ぐるみの粉飾決算が行われていたにもかかわらず，会社によ

って訴えられた経営者は6名にとどまり，取締役会の一員であったはずの旧役員が，現在の社長や経営陣に名を連ね，取締役会においてガバナンスに失敗した社外取締役がそのまま社外取締役として留任した。課徴金は約70億円であるが，東芝の売上高6兆6,559億円に比べれば0.1%に過ぎない。

　他方，監査人であった新日本有限責任監査法人は，監査に関わっていた業務執行社員7名は業務停止の処分を受け，経営陣は総退陣となった。監査法人に課せられた課徴金約20億円は，業務収入991億円に対して2%に及び，また，民事上の損害賠償と異なり，課徴金をカバーする保険はないため，社員による直接負担になったものと考えられる。

　さらに，2015年10月に金融庁に設置された「会計監査の在り方に関する懇談会」では，今後の会計監査の在り方について，経済界，学者，会計士，アナリストなど関係各界の有識者から提言を得ることを目的として議論が重ねられ，2016年3月8日に，「『会計監査の在り方に関する懇談会』提言─会計監査の信頼性確保のために─」が公表された。同提言については，後に続く章で詳しく検討するが，同提言は，今後数年間にわたる監査規制の施策を示したものと捉えることができるものである。

　このように監査ばかりに焦点が当てられることについて，「泥棒ではなく泥棒を捕まえられなかった警察官ばかりを非難しているようなものだ」と揶揄する声さえある。

　東芝の問題に限らず，会計不正は，第一義的に経営者の問題であり，それをモニタリングできなかった企業のガバナンスや内部統制の問題ではあるが，筆者は，監査人について，そのことを言い訳に責任を回避してはならないと考える。少なくとも監査人が不正を発見できなかったことは事実であり，その点においては監査の失敗に他ならない。今後，仮に同様の事態に直面した際に，いかにして同様の監査の失敗が生じないようにするかを検討し，取り組むことが，会計プロフェッションとして求められているように思われる。

　たとえば，不正に対する監査人の責任の議論において，「不正の発見・摘発は監査人の第一義的責任ではない」とする見解が示されることがある。すなわち，監査は会計基準に従って財務諸表の適正性を検証するのが目的であり，不正の発見は第二義的な問題であること，また，監査には固有の限界があり，巧妙に

隠された不正は発見することはできないという意味である。

　しかしながら，監査基準には，「第一　監査の目的」において，「財務諸表の表示が適正である旨の監査人の意見は，財務諸表には，全体として重要な虚偽の表示がないということについて，合理的な保証を得たとの監査人の判断を含んでいる。」との規定が置かれている。1991年改訂監査基準，あるいは，遅くとも2002年改訂監査基準においては，「重要な虚偽表示を看過してはならない」ということは明確に規定されているのである。したがって，何を第一義とするにしても，不正（重要な虚偽表示）の発見は，もはや現在の監査における監査人の役割であるといわざるを得ないのである。

　すなわち，会社や経営者の不正の実施の問題とは別に，監査の問題は監査の問題として検討していかなくてはならないはずである。

　以上のことから本書では，わが国の監査は不正（重要な虚偽の表示）を有効に発見・摘発できるものとなっているのか，という問題意識に立って，監査の品質の問題を考えてみたい。

②　監査の品質の代理変数（サロゲート）

　監査の品質は，重要な課題ではあるものの，監査論の領域では，一般に，監査の品質は外部から捕捉できないといわれてきた。

　すなわち，監査業務は高度な専門性を伴うものであること，監査業務（サービス）の受け手である財務諸表利用者に提供されるのは，標準化された短文式の監査報告書のみであること，および監査業務は被監査企業と監査人の間の守秘義務契約のもとで実施されること等による。したがって，監査の品質が外部に明らかになるのは，被監査企業が破綻して粉飾決算が明らかになったとき，または，公的な検査等によって監査業務の不適切事項が指摘されたとき等に限られ，しかも，当該監査の品質が「低かった」ことが事後的に判明するだけなのである。

　そうした状況にあって，監査研究の領域では，監査の品質の代理変数（サロゲート）によって，個別の監査の品質を捕捉または測定しようとする試みが行われてきた。たとえば，監査報酬は，業務実施者の職位に応じた監査時間当た

り単価の総和に監査業務にかかる固定費を加えたものとして計算されることから，監査報酬の多寡が重要なサロゲートとされてきた。さらには，そこから派生して，監査報酬と非監査報酬の割合や監査時間の多寡等が調査され，検討されてきたのである。その他にも，監査人の評判（監査事務所の規模や国際的なネットワークの有無，監査事務所の専門性等），訴訟（訴訟件数，行政処分および自主規制の処分件数等），監査意見の厳格さ（限定意見の表明件数，継続企業の前提に関する監査意見の表明件数等），あるいは，財務会計領域の測度を援用した指標（利益の質，資本コスト等）もサロゲートとされる。

　他方，制度または監査規制の領域では，監査の品質の向上は，かねてより重要な課題であり，監査の品質を捕捉できないからといって放置するわけにはいかない。一般に，監査の品質に対する規制は，主に監査事務所に対する品質管理の要請と，監査の品質に影響を及ぼす事項についての規制強化という形で対応が図られてきている。前者は，監査の品質が外部から捕捉できないという前提に基づいて，監査事務所による管理，いわば監査事務所における内部統制に期待または依存して，監査の品質の向上を図るというものである。また後者については，独立性規制の強化や，監査基準における実施手続の規定の追加等が挙げられる。とはいえ，直接捕捉することができない監査の品質に対する規制は，多くの困難が伴うといえるのである。

③ 監査の品質の定義

　監査の品質が直接捕捉できないからといって，「定義できない」というわけではないと思われる。ここで監査の品質の定義を試みてみよう。

　品質の問題を財とサービスに分けて考えると，財（goods）の品質は，利用者に提供される前に生産者によって，あるいは提供された後に利用者によって，一定の規準によって測定し評価することができる。たとえば，車の走行性能や燃費，エアコンの消費電力や騒音の程度などが挙げられよう。いかなる規準をもって評価するかという点に判断の余地があるものの，客観的な品質評価規準を設けることが可能であることはたしかである。

　それに対して，サービスは，基本的に利用者，サービスの受け手の評価に依

存する。サービスであっても，何らかの方法で計測したり，測定したりすることは可能である。すなわち，サービスの速さ（たとえば，タクシーが目的地にいかに速く着くことができるか等）や，サービスの結果（たとえば，掃除の代行サービスでいかに部屋が綺麗になったか等）によって測定することも可能である。しかしながら，それらは具体的なサービスの提供される状況によってさまざまな影響を受けるものであり，一様に決定することはできないであろう。したがって，サービスの品質は，実際にサービスの提供を受けた利用者の具体的な評価の総和とならざるを得ないのである。かかる議論は，一般に，価格決定の問題の一環として認識されている[1]。

　監査もまた，一種の業務（サービス）であることから，利用者の評価に依存する。ところが，ここで監査業務の特異性が問題となるのである。

　監査は，被監査企業によって購入される。被監査企業の経営者は，自らが財務諸表等の開示を行うだけでは財務諸表利用者の信頼が得られないことから，監査というサービスを購入し，財務諸表等の信頼の程度を高めようとする。この場合，被監査企業の経営者は，たしかにサービスの購入者ではあるが，監査というサービスの最終的な受益者は，信頼の程度を高めた財務諸表を利用する株主や投資家ということになる。

　財務諸表利用者は，一般に監査人と直接会うことはなく，監査報告書を通じて監査の結果を知らされるだけである。その点で，監査サービスを直接評価する機会はなく，先に述べたように，監査の失敗が生じた際に，事後的に監査の結果をもって監査サービスの品質を知ることとなる。

　この財務諸表利用者の観点だけで評価するならば，監査の品質は，重要な虚偽表示を看過しない監査であるか否かという，○か×か（pass or fail）という評価になるであろう。

　しかしながら，ここで3つの問題が生じる。

　第1に，監査は，監査の実施プロセスにおいて，数多くの虚偽表示を発見し，それらの是正を被監査企業側に求めているという点である。たとえば，当初企業側から提供された財務諸表が，すでに適正に作成されていたとすれば，極端なことをいえば，監査人が何をしなくても，適正な財務諸表が開示され，重要

1　たとえば，上田（1995）等を参照されたい。

な虚偽の表示が利用者の前に示されない以上，監査も良い監査ということになる。この場合，監査サービスの内容や監査人の専門能力に関係なく，監査サービスの品質が評価されてしまうこととなる。それに対して，有能な監査人が，数多くの不適切事項を発見し指摘して，財務諸表を適正な状態にしてから開示するように指導したとしても，結果は同じこととなる。このように，適正な財務報告が行われたという結果だけから，監査の品質を評価することには問題が残るのである。

　第2には，結果から評価するという点である。いうまでもなく，監査には固有の限界がある。財務諸表は経営者の判断が含まれており，監査手続も，AI化の進んだ将来はともかく，少なくとも現時点では，試査によって行われているため，監査によって得られる保証は，合理的な保証，すなわち絶対的ではないが相当程度高い保証にとどまる。監査がかかる限界を有している以上，結果から監査の品質を評価することは必ずしも適切ではない場合があるということになる。

　第3に，監査の最終的な受益者，真の利用者が，株主や投資家であるとしても，監査人のサービスに直面するのは，被監査企業の経営者や監査受入部門たる経理部等の人々であるという点である。上記のように，監査人は，財務報告プロセスにおいて，財務諸表が開示される以前の段階で，被監査企業に対してさまざまな指摘を行い，場合によっては虚偽表示を未然に修正させている[2]。いわゆる指導的機能を発揮しているのである。被監査企業は，そうした監査人の指導内容や会社への接し方をもって，監査サービスを評価している。監査が被監査企業と監査人との間の自由契約に委ねられている以上，監査サービスの直接の受け手である経営者および被監査企業によるサービスの評価は避けて通れない問題である。いかに監査が厳格で，重要な虚偽表示の看過という監査の失敗を生じないとしても，かかる被監査企業からの評価という側面がある以上，そうした監査は質の高いサービスと呼ぶことができないかもしれない。

2　実際に，日本公認会計士協会が監査人を対象に行った意識調査（日本公認会計士協会，2014）によれば，「過去10年程度における『不正等との遭遇』の件数」に関して，1件以上と回答した監査業務経験者は48.8%に及び，1人当たり2.02件の不正等に遭遇した経験があるとの結果が示されているが，もちろんこれらの不正等が世間に「公開」されたわけではなく，未然に経営者に修正を求めて適正な財務報告を実現したものと考えられるからである。

8

　以上のような監査というサービスの特異性を考慮に入れたうえで，ここで暫定的な監査の品質に関する定義をしてみたい。

　ここで，任意監査ではなく，一般に，広く不特定多数の利用者を想定する一般目的の財務諸表に対する法定監査を念頭に置くとき，監査の品質は，暫定的に，次のように定義できるのではなかろうか。

> 　監査の品質とは，主に一般目的の財務諸表に対する法定監査を前提とするとき，監査を取り巻く規制や被監査企業の状況等の監査が実施される環境の影響のもと，監査人が，監査手続によって，重要な虚偽の表示を発見すること，かつ，それについて，経営者に対して修正させることによって適正な財務報告を実現するか，あるいは，監査報告を通じてそのことを明らかにして不適正な財務報告によって利用者が誤導されることを防ぐことの程度である。

4 監査の品質に関する新たな動向

　近年，国内外を問わず，監査の品質に関して，新たな取組みが開始されている。

　わが国においては，先に述べたように，東芝事件を契機として公表された「会計監査の在り方に関する懇談会」による提言がある。同提言の背景には，わが国では，2011年のオリンパス社の粉飾決算事件を契機として，国際監査基準（International Standards on Auditing：ISA）に示されている監査規範をさらに厳格化する形で，「監査における不正リスク対応基準」が新設され，不正への取組みが強化されたにもかかわらず，2015年に東芝の粉飾決算事件が発覚したという事態がある。

　同提言は，当面の金融庁における監査規制の方針を，5つの柱，17の施策に表したものであるが，その特徴は，監査基準を改訂して監査手続を追加するのではなく，監査法人の運営の強化や，監査プロセスの透明化等によって，監査規範の実効性を高めることに主眼が置かれているという特徴がある。[3]

　その後，同提言に基づいて，2017年3月31日に「監査法人の組織的な運営に

3　同提言の趣旨については，たとえば，八田・池田（2016）を参照されたい。

関する原則（監査法人のガバナンス・コード）」が公表され，2017年7月20日に「監査法人のローテーション制度に関する調査報告（第一次報告）」が公表され，さらに，2017年10月からは企業会計審議会監査部会において「監査報告書の透明化」，すなわち監査報告書の記載内容の拡充に関する審議が行われている。

　国際的にも，EUにおいては，2008年の金融危機以降，監査契約の長期に及ぶ固定化が監査の品質の低下を招いているとして，監査事務所の強制的な定期的交代制度（監査事務所のローテーション制度）の導入が図られ，2016年6月より実施されている。アメリカにおいては，公開会社会計監督委員会（Public Company Accounting Oversight Board：PCAOB）が2011年に提案した監査事務所のローテーション制度は，連邦議会の下院において反対決議が行われるなどして導入には至らなかったものの，監査事務所ごと，および監査契約ごとに，監査品質の指標（Audit Quality Indicators：AQI）を開示させ，監査契約の当事者である企業の監査委員会に監査品質を評価させ，監査事務所の選任に活かすことを提案している。[4]

　また，ISAおよびPCAOBの監査基準では，監査報告書の記載内容を全面的に改めて，無限定適正意見の表明の背景となるリスク情報とそれらに対する監査上の対応を記載させることとしている。すなわち，ISAにおける重要な監査事項（Key Audit Matters：KAM），およびPCAOB基準における重大な監査事項（Critical Audit Matters：CAM）のことである。併せて，アメリカでは，監査報告書において，従前からAQIの1つとして提案されていた監査事務所の継続契約年数（tenure）を記載することとなった。ISAは，2016年12月15日以降に終了する事業年度から，PCAOB基準では，早期適用企業（大規模企業）については2019年6月30日以降に終了する事業年度から，新たな監査報告書の実施が求められている。

　また，国際監査・保証基準審議会（International Auditing and Assurance Standards Board：IAASB）では，監査の品質に関するフレームワークを公表し，関係者の間における監査の品質にかかる共通のフレームワークを構築しよ

4　EUおよびアメリカにおける監査事務所のローテーション制導入に関する一連の経緯，ならびに，わが国における監査法人のローテーション制に関する議論については，第8章で詳しく検討するが，併せて，町田（2015）を参照されたい。
　　また，AQIに関する理論，制度および実態面からの検討については，町田（2017）を参照されたい。

うとしている（終章）。また，2015年12月には，職業的懐疑心，品質管理，およびグループ監査に関して討議文書（IAASB, 2015c）を公表して，現在，寄せられたコメントを検討中である。

　以上のように，監査の品質の問題は，現在，内外を問わず，最も重要な課題として，さまざまな取組みが行われているのである。

　監査論の領域では，長らく「監査の品質は，外部からは捕捉できない」という定説に囚われて，その本質を問うことをややもすると放棄してきたようにさえ見受けられる。しかしながら，監査規制の領域では，さまざまな新たな取組みが提起され，開始されてきている。

　本書では，AQIの議論も含めて，監査の品質に関する問題について，さまざまな側面から検討していくこととしたい。

第1章

日本の監査の品質

　監査の品質を高めるという要請や議論は，日本だけで生じていることではない。しかしながら，日本では，序章で述べたように，2013年に不正リスク対応基準が新設された後も，東芝事件に限らず，新規株式公開（IPO）企業における業績予想の大幅修正や，既存の大企業における不正な財務報告が数多く顕在化し，金融庁において「会計監査の在り方に関する懇談会」が設置されている。

　監査の品質を考える際には，さまざまな視点が考えられるが，まずは，監査規範の観点から考えてみることにしたい。

　わが国の監査規範，すなわち，監査制度，基準等は，海外に比べて見劣りするものなのだろうか。

1 歴史の話

(1) レジェンド問題

　監査の品質という場合に，かつて日本の監査の品質が国際的に問われた事態があった。いわゆるレジェンド（Legend Clause）問題である。

　レジェンドとは，1999年3月期から2003年3月期にかけてわが国企業の英文監査報告書に付された警句のことであり，「当該監査は，日本の会計基準および監査基準に基づいて実施されたものである」といった記載が行われた。これは，1990年代末に相次いだ企業破綻により顕在化したわが国監査に対する不信を背景として，世界銀行の要請を受けて，当時の世界的な5大監査事務所がわが国の提携先の監査法人に対して要求し，実施された，制度にない実務対応である。

　そのまま読めば何のことはない表現であるし，実際に他の国においても行われていた事例は部分的ながらある。しかしながら，こうした要請が行われた背景を考慮すると，わが国の監査に対する根強い不信が読み取れて，看過できない問題であることがわかる。

　すなわち，英文監査報告書では，"Generally Accepted Auditing Standards (GAAS)"に従って監査を行い，最終的な監査意見としては，財務諸表が"Generally Accepted Accounting Principles (GAAP)"に準拠して適正に表示されている旨が表明されていた。しかしながら，これでは，英米ないし日本以外の先進諸国におけるGAAPやGAASと区別がつかない。あくまでも日本におけるGAAPであり，日本におけるGAASであることを明記せよ，というのである。いわば，「日本の監査は質が低いので，要注意である」という趣旨の警句なのである。

(2) Wonderland Accounting

　こうした要請が行われた事情を理解するには，当時の状況を振り返る必要がある。

　日本では，1990年代初頭のバブルの崩壊を受けて，数多くの企業の破綻が生

図表1-1　Wonderland Accountingを報じるFinancial Timesの記事

Wonderland accounting

As successive collapses and scandals engulf the Japanese financial system it looks increasingly as though the external audit function, like so much else in Japanese business, is largely ceremonial. No matter that the big international accounting firms lend their name and imprimatur to the accounts of many leading financial institutions. There must be a growing suspicion that such international branding is a sham - a form of franchising without quality control.

Of course, the primary responsibility for the preparation of true and fair accounts lies with managements. Annual accounts in Japan are prepared in accordance with Japanese law and accountancy rules, which are not among the most rigorous. No audit is proof against determined fraudsters. Yet the auditors still offer big hostages to fortune. "We conducted our audits of these statements," reads the audit report on a leading securities house, "in accordance with generally accepted auditing standards in the United States."

Auditors, like the Red Queen in Alice in Wonderland, have been known to plead that the words should mean whatever they want them to mean. Even so, the phraseology here is unambiguous. It looks as though some international accountancy firms are obeying another of the Red Queen's injunctions to Alice: (favourable) verdict before evidence.

Until recently the reputations of the big international firms enjoyed some protection from audit liability thanks to a Japanese corporate culture that imposed strong non-contractual bonds of loyalty and integrity inside and outside the company. These operated as an informal but effective substitute for financial control. In the bubble economy of the 1980s the logic of this system of implicit contracting went haywire, with securities firms imprudently and illegally guaranteeing clients against loss.

This was the case at Yamaichi Securities, where liabilities were shuffled off the balance sheet and concealed. The Japanese sense of corporate loyalty seems to have been diverted into protecting the institution from external scrutiny. More generally, bad accountancy has exacerbated the banking crisis.

The international accountancy firms will no doubt plead that any negligence in Japan is the fault of their local affiliates. Given that these affiliates hold themselves out as being part of the big firms' international networks, this will not wash. Nor can the big firms that sign audit reports under their own names in Japan escape the suspicion of double standards in auditing.

The lesson for the Japanese is that better accountancy, tougher auditing standards and improved corporate governance are an urgent priority in a more market-oriented environment. Meantime competition watchdogs and clients of the big international firms should look with the greatest suspicion on the mergers currently being proposed in the interests of providing a better global service. The loose federal structure of most of the international networks may preclude better service in auditing - witness Japan.

じ，その中で，監査の失敗も明らかとなった。たとえば，1997年には，9月にヤオハン・ジャパン，11月には山一證券が経営破綻に至り，監査人の責任が問われる事態となった。[5]

　そうした中，1997年11月26日には，The Financial Times（以下，FT）誌が，"Wonderland Accounting"というタイトルで，日本の会計や監査を批判する論説を掲載した（図表1-1）。

　ここにいうWonderland（不思議の国）というのは，Lewis Carrollの『不思議の国のアリス』の比喩である。その書籍の中のエピソードに，検察官と裁判官が同一人物（トランプの女王）で，最初から判決が決まっていることをアリスが非難するという場面がある。これを受けて，日本の監査は，証拠（evidence）の前に評決（verdict）が決まっているような形式的なものだ，という批判なのである。

5　一連の事例については，たとえば，吉見（2014）を参照されたい。

本論説の中で，FTは，国際的な監査事務所の名前を使って，その提携先の日本の監査法人が（英文監査報告書に）署名することは，（海外の監査基準と日本の監査基準との）「ダブルスタンダード」の疑念が残る，とまで述べているのである。

(3) 日本の監査規範の「国際対応」

わが国の監査関係者にあっては，レジェンドを解消することを重要な目標として，さまざまな取組みが行われることとなった。まず1990年代末に，自主規制の領域において，継続的専門研修（CPE）制度や監査担当者のローテーション等が導入され，2002年には，監査基準の全面改訂によって国際基準へのキャッチアップが図られ，さらには，2003年公認会計士法改正によって，独立性規制をはじめとする監査人に対する規制の強化が法制面でも実施されたのである。

中でも，2002年に全面的に改訂された監査基準は，現在に至る監査基準の基礎となっている[6]。

その後も，図表1-2に見られるとおり，近年，監査基準等の改訂は相次いで行われてきている。その多くは，「国際監査基準への対応」を趣旨としたものであり，わが国の監査規範は，少なくとも財務諸表の監査に関する限り，間断なく国際的な監査の規範をキャッチアップしてきたといえよう。

図表1-2　近年の主な監査基準等の改訂

年	事項	背景	主な内容
2002年	改訂監査基準	レジェンド問題 山一證券等の破綻	目的基準の新設 リスク・アプローチの明確化および内部統制概念の定義 継続企業の前提に関する監査手続 監査意見および限定事項等の整備 実質的判断の導入 重要な虚偽表示に対する監査手続の整備

6　2002年監査基準の背景や問題意識については，山浦（2001）を参照されたい。

2005年	改訂監査基準 品質管理基準の新設	カネボウ事件，足利銀行事件等を受けての対応	リスク・アプローチの改善（事業上のリスク等を重視したリスク・アプローチの導入） 監査事務所の品質管理の強化
2007年	内部統制監査及び四半期レビュー基準の新設	内部統制報告制度及び四半期報告制度の導入	内部統制監査手続の導入 四半期レビュー手続の導入
2009年	改訂監査基準	金融危機（リーマンショック後の経済動向）を受けての対応	継続企業の前提に関する監査手続の改訂
2010年	改訂監査基準	国際監査基準への対応	監査報告基準の改訂 過年度修正に係る比較財務諸表の監査の考え方の導入
2013年	不正リスク対応基準の新設 改訂監査基準	オリンパス事件等を受けての改訂	不正リスク対応手続の厳格化
2014年	改訂監査基準	国際監査基準への対応	特別目的の財務報告に対する監査意見（準拠性意見）の導入

(4) 不正に関する監査規範

　不正に関する手続に絞ってみてみよう。

　まず，2002年のリスク・アプローチの本格的な導入により，重要な虚偽表示のリスクが高い領域に監査資源を集中的に投下することとなった。

　続いて，2005年の事業上のリスク等を重視したリスク・アプローチの導入によって，重要な虚偽表示のリスクが高い場合に対する全般的な対応（補助者の増員，専門家の配置，適切な監査時間の確保等）や，特別な検討を必要とするリスクの識別と対応（重要な虚偽表示のリスクが高い事項，不正の疑いのある取引，特異な取引等に対して，通常の監査プロセスとは別途の手続で対応）が導入された。

　同じく2005年には品質管理基準が新設され，監査実施者レベルと監査事務所レベルのそれぞれにおける品質管理の識別，監査契約時における品質管理手続の規定，審査部門による審査手続の明確化等が図られた。

16

さらに，2006年に日本公認会計士協会から公表された監査基準委員会報告書35号（現在の監査基準委員会報告書240）「財務諸表の監査における不正への対応」では，企業会計審議会の監査基準の改訂を待つことなく，不正リスク要因の検討（不正が生じやすい状況へのアプローチ），チーム内のディスカッション（複数の人間の目による検討），および通例ではないまたは予期せぬ関係の検討（監査計画からの逸脱の重視）といった新たな監査手続が導入されていた。

このように再三にわたる監査基準の改訂を重ねてきた中，わが国の監査規範は，国際的に遜色のない水準に達したものと解されていたのである。

2 監査規範の構造

(1) 日本の監査規範の構造

ここでわが国の監査規範の構造を確認してみよう。

金融商品取引法のもとでは，同法193条の2第1項に規定する財務諸表の「監査証明は，内閣府令で定める基準及び手続によつて，これを行わなければならない」（金商法193条の2第5項）とされている。その内閣府令とは，「財務諸表等の監査証明に関する内閣府令」のことで，同府令では，監査証明は，監査人による監査報告書によって行うこと（3条1項），監査報告書は，「一般に公正妥当と認められる監査に関する基準及び慣行に従つて実施された監査」の結果に基づいて作成されなければならないこと（3条2項），および「企業会計審議会により公表された監査に関する基準は，前項に規定する一般に公正妥当と認められる監査に関する基準に該当する」こと（3条3項）が規定されている。これによって監査基準に法的根拠が与えられているのである。

さらに，監査基準では，たとえば，2002年の改訂監査基準の前文（二　改訂基準の性格，構成及び位置付け　2　改訂基準の構成）では，次のように述べられて，日本公認会計士協会の実務指針と一体となって，わが国の監査規範を形成することが規定されている。

「監査基準とこれを具体化した日本公認会計士協会の指針により，我が国における一般に公正妥当と認められる監査の基準の体系とすることが適切と判

断した。」

　これは，2002年の改訂監査基準において採られた，「監査基準」の純化の徹底によるもので，企業会計審議会が公表する監査基準は，原則的なものに限り，実務において利用される監査の行為規範としては，日本公認会計士協会の実務指針に委ねようという方針によるものである。

　一方，日本公認会計士協会の監査基準委員会報告書[7]を見ると，次のように書かれている。

　「ここで示されている「監査実務指針」は，監査及び監査に関する品質管理に関して，日本公認会計士協会に設置されている各委員会が報告書又は実務指針の名称で公表するものが該当し，我が国における一般に公正妥当と認められる監査の基準の一部を構成している。監査基準委員会報告書は，企業会計審議会が公表する監査基準を実務に適用するために具体的・詳細に規定したものであり，監査実務指針の中核となるものである。」

　以上の一連のことをまとめると**図表1-3**のようになる。

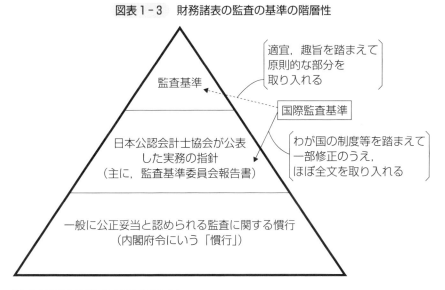

図表1-3　財務諸表の監査の基準の階層性

7　日本公認会計士協会監査基準委員会報告書（序）「監査基準委員会報告書の体系及び用語」(2013年6月17日最終改正)，2.監査基準委員会報告書を含む監査実務指針の位置づけ・2項。

⑵ 「監査基準」と「監査基準委員会報告書」

　わが国の監査規範の体系は，企業会計審議会が設定する「監査基準」とそれを踏まえて日本公認会計士協会の公表する「監査基準委員会報告書」からなる。

　このうち，「監査基準」の意義は，実質的な監査人の行為規範ではなく，以下のような点に整理できる。

- 金融商品取引法以下によって法的根拠を与えられている，金融商品取引法監査の規範
- 他の法律によって実施される監査においても適用される汎用目的の監査基準
- 日本公認会計士協会の実務指針が監査の基準の体系に含まれるための根拠を提供するとともに，監査の規範のうち，原則的な内容を規定した基本的基準
- 教育および公認会計士試験等において依拠される，会計プロフェッションとなるために理解しておくべき内容を備えた教育・啓発上の基本的基準

　一方，日本公認会計士協会の「監査基準委員会報告書」は，現在では，ISAとほぼ同一の内容となっている。

　また，国際監査基準は，国際会計士連盟（International Federation of Accountants: IFAC）のIAASBによって設定されているが，ISAを含む，IFACが公表する基準（Standards）については，国際会計士連盟に加盟する各国の職業会計士団体としての義務規程（Statements of Membership Obligations: SMOs）によって，わが国の会計士協会にあっても遵守が要請されている。そのため，日本公認会計士協会では，ISAの内容を監査基準委員会報告書として自らの実務指針に取り入れているのである。[8]

　現在，国際的に適用されているISAは，わが国においても「新起草方針に基づく監査基準委員会報告書」として，2012年4月1日に始まる事業年度から適用されている。したがって，現在のわが国の現行の監査規範は，ISAにほぼ準

8　正確を期すために述べておくならば，監査基準委員会報告書は，単にISAの翻訳ではなく，監査基準委員会において一定の検討が行われた後，確定・公表の前には，事前に，公開草案に付すなどのいわゆるdue processを経ているほか，日本公認会計士協会の会則によって設置されている「監査問題協議会」においてその内容や公表の是非について検討されている。

拠した内容を備えているといえるのである。

⑶ **不正リスク対応基準**

　そうした中で，2011年のオリンパス事件や大王製紙事件を受けて，わが国では，「監査に関する不正リスク対応基準」（不正リスク対応基準）が新設された。不正リスク対応基準は，基本的にISAの規定に追加する形で，リスク対応手続の厳格化を要請している。特に，入手した監査証拠に不正を示唆する状況等が含まれていた場合や，不正リスクに関して十分かつ適切な監査証拠が入手できない場合には，重要な虚偽表示の有無を確かめるための追加的な手続を実施するよう求めている。従来の監査手続が，ともすると当初の監査手続のみを規定して，その結果への対応を十分に規定していなかったことへの対応であると解される。

　ISAにおいて不正に関する規定はISA240に置かれている。日本の監査基準委員会報告書240もほぼ同様の内容を備えていた。そうした中で，不正リスク対応基準は，第1に，監査基準委員会報告書240の規定内容を企業会計審議会の制定する監査基準のレベルに格上げしたということ，第2に，ISAに規定されていないいくつかの規定の明確化を図ったという意義があるといえよう。

　第1の点については，格上げされたことによって，先に挙げた教育・啓発上の基本的基準としての効果が期待されるが，一方で，行政処分等との関連もある。行政処分は，基本的に監査基準に基づいて行われる。監査基準委員会報告書は，わが国の監査規範を構成するとはいえ，行政処分の根拠としては用いられない傾向にあるからである。オリンパス事件は，不正リスク対応基準のもとでは，異なる処分結果となっていたのではないか，との見解もある。

　また，第2の点については，実は，不正リスク対応基準の起草にあたって参考にされたものとして，アメリカのPCAOBの監査基準がある。PCAOBでは，2010年に，金融危機以降に生じた監査に対する不信を背景として，ISAの規定にいくつかの手続を追加する形で，リスクの評価およびリスクへの対応に関する8つの監査基準を一度に公表していたのである（PCAOB，2010）。わが国における不正リスク対応基準も，同様の考え方を基礎としており，PCAOBの監査基準の動向を踏まえたものとも解することができる。

日本公認会計士協会では，ISAに対応した監査基準委員会報告書240の体系を維持しつつ，不正リスク対応基準に対応した規定を織り込むために，不正リスク対応基準による新規定を「f-」の付いた項番号で表記している。

このように見てくると，今や，日本の監査規範は，財務諸表の監査に関する限り，ISAの内容を取り込み，さらに，PCAOBの動向も踏まえて，ISAの規定に追加（add-on）して形成されており，少なくともグローバルな基準との対比においては，もはや十分なのではないかとさえ思われるほどに，充実しているように見受けられるのである。

東芝事件が発覚した時に，基準設定に関わる関係者から，「不正リスク対応基準まで作って，このうえ，何を作ればいいんだ」という声が聞かれたのは，まさに偽らざる声であったと思われる。

3 日本の監査の品質の課題

では，日本の監査の品質が問題とされるときに，一体，何が足りないのであろうか。

ここでは，1つの動向を紹介しておきたい。それは，アメリカにおける監査の品質センター（Center for Audit Quality: CAQ）の取組みである。CAQは，アメリカ公認会計士協会の外部機関として設置された組織であり，監査事務所だけでなく，上場企業も参加している。そこでは，不正事例のケーススタディを作成したり，監査人の判断力を向上させる方策の検討が行われている[9]。こうした取組みの背景には，不正問題は，実務的かつ具体的なケースに基づいて監査人の経験値を高めていくことが不可欠であるとの考え方があり，不正問題に積極的に対応していこうとする会計プロフェッションの主導的な姿勢が垣間見えるのである。

言い換えれば，いかにして監査規範を実効性あるものにしていくかということが重要なのであり，その点について，わが国においても取組みが必要なのではないか，と思われるのである。

先に述べた「会計監査の在り方に関する懇談会」の提言でも，以下のように

9　たとえば，不正に関しては，CAQ（2010）のような資料を提供している。

述べられている。[10]

　「会計監査の充実に向けた累次の取組みを通じ，会計監査を実施するための規制・基準は相当程度整備されてきた。しかしながら，最近の不正会計事案などを契機として，改めて会計監査の信頼性が問われる状況に至っている。

　こうした背景には，

- これらの規制・基準が監査の現場に十分に定着していない，
- こうした規制・基準を定着させるための態勢が監査法人や企業等において十分に整備されていない，
- そのような態勢整備がなされているかを外部から適切にチェックできる枠組みが十分に確立されていない，

といった要因があるのではないかと考えられる。

　また，不正会計問題への対応に際しては，いたずらに規制・基準を強化するのではなく，その費用と便益を検証しつつ，問題の本質に焦点を当てた対応を取るべきである。」

　今や，わが国においても，監査の品質の観点から，監査規範の増加ではなく，その実効性の確保の段階に至っているといえよう。

10　金融庁（2016）Ⅱ．会計監査の信頼性確保のための取組み，2016年3月8日。

第 2 章

監査法人の規模と監査の品質

　監査研究の領域においては，監査の品質の代理変数として「監査人の規模」が採用されることがある。すなわち，監査人が大手監査法人であるか否かによって，監査の品質に影響があるか否かを検討するのである。

　われわれは，つい直感的に，東芝事件やオリンパス事件，カネボウ事件等の大規模企業の粉飾決算事件を想起して，大手監査法人だからといって質が高いわけではない，という結論に飛びついてしまいそうになる。しかしながら，不正な財務報告はそうした大規模なものに留まらないし，中小規模の監査法人が行政処分されている事例も少なくない。あるいは，本来は，不正な財務報告が行われているにもかかわらず，発見されていないケースや，発見されて事前に対処されている（監査人から経営者に対して是正要求が行われている）ケースもあるであろう。

　本章では，監査法人の規模の問題，あるいは，監査法人の規模によって監査品質のサロゲートとすることについて検討してみたい。

1 大手監査法人の歴史的経緯と寡占問題

(1) 監査法人の歴史

監査法人制度は，1966年の公認会計士法改正によって導入された。それまでは，証券取引法（現在の金融商品取引法）では，公認会計士個人による監査が求められていたのである。監査法人制度の導入は，1963年のサンウェーブ工業，1965年の山陽特殊製鋼による粉飾決算事件を受けて，公認会計士個人による監査ではなく，複数の公認会計士からなる組織的監査が必要であるとの認識に基づくものである。

その後わが国では，図表2-1に見られるように，何度も，組織的監査，すなわち監査法人による監査の実施を行政による通達等によって推進してきたといえる。

図表2-1　わが国における組織的監査の推進

年月日	公表物等	内　容　等
1966年6月	公認会計士法改正	組織的監査の推進のため，監査法人制度の導入 監査の充実強化に向けて公認会計士協会の指導・監督を図るべく，特殊法人化
1968年2月29日	大蔵省証券局長通達第449号「公認会計士監査の充実強化について」	契機：1965年以降実施した重点審査の結果を踏まえて 要請事項：「1　監査水準の向上　2　組織的監査の推進」
1969年11月6日	大蔵省証券局長通達第2676号「公認会計士監査の質向上について」	契機：相次ぐ粉飾事例 要請事項：○1968年通達の実効性の確保　○会員の処分等，協会の自律機能の強化　○組織的監査の更なる推進
1978年9月29日	大蔵省証券局長通達第1484号「公認会計士監査における組織的監査の徹底と独立性の保持について」	契機：相次ぐ粉飾事例（特に不二サッシ） 要請事項：○組織的監査の徹底　○独立性の保持

2003年6月	公認会計士法改正	単独監査の禁止
2005年10月	「監査に関する品質管理基準」新設	共同監査に関する品質管理の規定
2007年6月	公認会計士法改正	監査法人内の業務執行社員の交代制について,「大規模監査法人」の規定導入

　わが国における組織的監査の推進は，2003年の公認会計士法改正において，次の規定が置かれて単独監査が原則禁止となったことによって，一定の完成を見ることとなる。

第24条の4　公認会計士は，大会社等の財務書類について第2条第1項の業務を行うときは，他の公認会計士若しくは監査法人と共同し，又は他の公認会計士を補助者として使用して行わなければならない。ただし，他の公認会計士若しくは監査法人と共同せず，又は他の公認会計士を補助者として使用しないことにつき内閣府令で定めるやむを得ない事情がある場合は，この限りでない。

　本規定の趣旨は，大会社等，すなわち会社法の会計監査人設置会社のうち一定規模以上の会社，ならびに，金融商品取引法により有価証券報告書の提出が義務付けられている上場企業および一定規模以上の金融機関等の監査については，取引の内容が複雑・高度であり，取引規模も大きいため，複数の公認会計士による組織的監査が必要であるということにある。[11]

　しかしながら，ここでいう単独監査というのは，公認会計士が個人として行

11　公認会計士法24条の2では，「大会社等」とは以下の各号に該当する者をいう。
　一　会計監査人設置会社（資本金の額，最終事業年度に係る貸借対照表の負債の部に計上した額の合計額その他の事項を勘案して政令で定める者を除く。）
　二　金融商品取引法第193条の2第1項又は第2項の規定により監査証明を受けなければならない者（政令で定める者を除く。）
　三　銀行法第2条第1項に規定する銀行
　四　長期信用銀行法第2条に規定する長期信用銀行
　五　保険業法第2条第2項に規定する保険会社
　六　前各号に掲げる者に準ずる者として政令で定める者
　　このうち，1号については，公認会計士法施行令7条の2により，一定規模に満たないもの（最終事業年度に係る貸借対照表に計上した資本金100億円未満かつ負債総額1,000億円未満の会社）は除かれる。また，第2号については，同施行令7条の3により，金融商品取引法24条1項3号または4号に該当することにより有価証券報告書を提出しなければならない会社等であって，一定規模に満たないもの（資本金5億円未満または売上高（3年平均）10億円未満，かつ，負債総額200億円未満の会社）は除かれる。

26

う監査のことであり，公認会計士5名以上の要件を満たす監査法人でなく，それに満たない個人事務所であっても，あるいは，極端にいえば，公認会計士2名であっても，単独監査の禁止の要件は満たすことになる。

それでもなお，2003年以前に，個人で大会社等の監査を行っていたケースも多く，上記の規定を受けて，共同監査に移行するケースも散見されたのである。そうした事情を踏まえて，2005年10月に企業会計審議会から新設・公表された「監査に関する品質管理基準」では，共同監査の規定が置かれることとなった。

(2) 組織的監査

ここで，組織的監査について整理しておこう。

組織的監査とは，監査を個人ではなく，組織，すなわち監査法人や監査チームにおいて実施することで，合理的な監査の実施が確保できるとする考え方である。たとえば，組織的監査には，以下のような利点があるとされている。

- 監査手続の選択（を比較的自由に行うことができる）
- 監査手続の範囲（を広げることができる）
- 監査手続の適時性（実施すべきタイミングでの実施が可能となる）
- 監査手続の秩序性（監査計画に基づいて，組織として秩序立てて実施できる）
- 監査手続の同時性（複数の拠点の同時の往査が可能となる）

こうした監査の実施レベルの問題だけではなく，組織であることの利点も指摘できる。すなわち，以下のような点である。

- 単独監査に比べて，独立性が強化されること
  - 公認会計士個人であれば，被監査会社からの脅威等に対して脆弱となる場合もあるが，監査法人であれば，そうした脅威に対抗しやすいと考えられること
- 一定規模以上の監査が可能になること
  - 取引の複雑化に対応した専門性や企業規模の拡大に対応した一定数の監査実施者を確保できること
- 監査契約が安定的に継続できること
  - 自然人たる公認会計士には，病気や怪我，寿命等により監査契約が途切

れたり，その引継ぎに多大な労力がかかる場合があるが，法人たる監査法人であれば，監査法人内で業務にかかる知識等は比較的円滑に引き継がれることが想定できること

　以上のような組織的監査の利点を踏まえると，また，1960年代の粉飾決算事件の教訓を踏まえると，わが国における資本市場の発達とともに，上場会社の監査や大規模企業の監査については，組織的監査によるよう行政指導が強められたことも理解しうる。

⑶　監査法人の寡占化の弊害

　組織的監査の要請を受けて，わが国においては，監査法人の合併が相次ぎ，大手監査法人への統合が図られていった。こうした統合の流れは，わが国に限ったことではない。海外においても，1980年代においてBig 8 と呼ばれていた 8 大会計事務所は，2000年には 5 大会計事務所に統合されていたのである。

　しかしながら，監査法人の寡占化の弊害が顕在化することとなる。アメリカにおいては，2001年12月のエンロン事件を契機として，その後の会計不正の顕在化により，5 大会計事務所の 1 つであったアーサーアンダーセン会計事務所が2002年 8 月に破綻するに至り，大規模会計事務所は 4 つとなった。こうしたアーサーアンダーセンの破綻による影響の大きさおよび大規模事務所であっても監査の失敗やそれを受けての破綻が起こりうるという現実に直面して，"second10"というキャッチフレーズのもと，4 大会計事務所に次ぐ会計事務所の育成の必要性が強調されるようになったのである。最終的に，10の中堅事務所という状況にはならなかったものの，4 大会計事務所に次ぐ 5 つの中規模会計事務所に収斂し，その後の内部統制報告制度の実施にあたっての実務のすり合わせ等は，4 大会計事務所とそれらの 5 つの中堅事務所の計 9 つの会計事務所によって主導的に進められていった。

　他方，わが国においても，同様の課題が露呈する契機があった。すなわち，2005年カネボウ事件を受けて，2006年 5 月に担当監査法人であった当時 4 大監査法人の 1 つの中央青山監査法人に対し，法定監査に関する 2 か月間の業務停止という行政処分が下ったことである。かかる行政処分は，時期を選び，またいくつかの免除措置も設けたうえで，監査業務に対する影響を極力抑えようと

したものであったが，その後，中央青山監査法人（その後，みすず監査法人）は，信用低下に伴う顧客離れ，あらた監査法人の分離独立，他の監査法人による顧客企業および公認会計士の引き抜き等によって，2007年7月に解散するに至ったのである。

　また，先に挙げた「監査に関する品質管理基準」の新設の背景となった事例，すなわち，2004年12月に学校法人東北学園における監査，および2005年1月に足利銀行における監査に関して，非違事例があったとして担当監査法人に対する行政処分（いずれも戒告）が下されると，大手監査法人が中小監査法人・個人事務所等の吸収・合併を繰り返す中で，地方事務所の管理が十分でなかったことが明らかとなった。合併・吸収の過程で，既存の中小監査法人または個人事務所の社員を大手法人の社員として受け入れ，単に名目的に大手法人の名のもとに統合するだけで，従来どおりの中小監査法人または個人事務所運営を許容していたのではないかとも解される。すなわち，相撲部屋とか，タコツボ型の組織と称される法人運営が行われていた可能性が指摘されたのである。

　こうした一連の問題の中で明らかになったことは，以下のとおりである。

　すなわち，第1に，大手監査法人であっても，監査の失敗や監査規制に反する行為を行うことがあるということである。カネボウ事件は，監査を担当していた業務執行社員による独立性違反であった。

　第2には，監査法人は，財務諸表に対する監査によってその信頼性を高めることを担っている存在であるから，たとえ大手監査法人であっても，信用リスクの低下には脆弱だということである。

　第3には，大手監査法人において監査の失敗が発覚したとしても，大手監査法人を業務停止にすれば影響が大きいこと，および業務停止の処分によってその信用リスクに傷がつくと経営基盤が大きく揺るがされるということから，業務停止等の処分を下すことはなかなか難しいということも挙げられる。カネボウ事件の後の行政処分の影響の大きさを踏まえて，それまでの公認会計士法が設けていた行政処分，すなわち，戒告，業務停止，および解散命令の3種類の処分では，適切な対応ができないということから，2007年の公認会計士法改正では，行政処分が多様化され，業務改善命令や課徴金等が導入されることとなったのである。

さらに，第4には，大手法人となっても，十分な品質管理が行われているとは限らないこと，仮に不十分な管理体制のもとでは，中小監査法人ないし個人事務所の集合体に過ぎず，後述のような監査マニュアルの開発等の監査ツールの利便性は享受できるにしても，監査の品質という点では，必ずしも合併等を行う前と何ら変わらないおそれがあるということである。

後述するように，監査法人の規模が大きいことは，今日の監査環境において，品質を高めるのに重要な要素ではあっても，規模が大きいからといって必ずしも品質が高いとはいえないのである。

⑷　寡占の実態

欧州においては，監査事務所の寡占が顕著であるといわれている。すなわち，監査市場が競争的でなく，大手監査事務所による寡占下にあるとして，2015年，監査事務所の強制的交代制度が導入されるに至った。たとえば，英国では，2010年段階で，FTSE100の99％，FTSE250の95％超，欧州全体では，85％の上場企業の監査を4大監査事務所が担当していたことが，監査事務所の強制的交代制度の提案文書における背景説明として挙げられている（EC，2011）。

この点については，日本はどうなっているのだろうか。実は，日本における監査市場も，大手監査事務所の寡占下にあるといえる。

図表2−2は，2017年3月末時点の上場企業3,651社のうち，共同監査を除く3,645社について，2016年度（2016年4月期決算から2017年3月期決算）の担当状況を，監査事務所の規模別に分類した[12]。

大手監査法人の占有率は72.92％であり，準大手監査法人の占有率は10.89％となっている。上記の英国に見られるような圧倒的な占有率は示されていない。また，欧州の上場企業の85％が4大監査事務所によって担当されている状況と比較しても，若干低い数字といえる。

他方，日本の監査市場において問題とされるべきは，その他の監査事務所，すなわち，中小監査法人および個人事務所122社が担当する590社である。概算で，1事務所当たり約4.84社の担当会社数となる。さらに，1社のみを担当する監

12　ここでの規模の分類，および「大手」，「準大手」および「その他」の呼称は公認会計士・監査審査会（2017）の分類に基づいている。

30

図表2-2　日本の監査市場における監査事務所の寡占状況

監査事務所	監査事務所数（社）	担当会社数（社）	占有率（%）
大手監査法人（あずさ，あらた，新日本，トーマツ）	4	2,658	72.92
準大手監査法人（ひびき，京都，仰星，三優，太陽，東陽）	6	397	10.89
その他の監査事務所	122	590	16.19
（計）	132	3,645	100.00

注　共同監査を除く

査事務所は30社，2社を担当する監査事務所は28社に及ぶ。こうした状況は，海外には見られない日本の監査市場に固有の特徴である。

　担当企業が少ないことの問題点としては，独立性への懸念が挙げられる。日本公認会計士協会の「倫理規則」においても，特定の企業への過度な報酬依存度を問題とする規定が置かれているように[13]，少数の被監査企業からの収入に依存することは，独立性に対する阻害要因となるからである。

2 大手監査法人であることの品質メリット

(1) 大手監査法人が有する品質メリット

　では，大手監査法人であることは，監査の品質を高める要因となるといえるのだろうか。

① 組織的監査
　大手監査法人の品質メリットとしては，第1に，先に述べた組織的監査の意

13　日本公認会計士協会の「倫理規則」では，「付録1　会計事務所等所属の会員の業務環境に存在する阻害要因を生じさせる状況及び関係の例示」において，「会計事務所等が，特定の依頼人からの報酬に過度に依存していること」を例示している。
　　また，「独立性に関する指針」222項では，大会社等に係る追加規定として，「2期連続して，大会社等である依頼人に対する報酬依存度が15%を超える場合」をもって独立性に対する阻害要因となる旨の規定が設けられている。

義が挙げられる。一定以上の規模がなければ，取引が複雑化し，業容が拡大した企業の監査に対応できないし，通常であれば，独立性の確保もしやすくなるであろう。監査チームの編成にあたっても，専門性および経験において，豊富な人材の中から選抜したメンバーを擁することができる。

② 監査マニュアル等

第2には，監査法人のマニュアルに関しても利点がある。現在，日本の大手監査法人は，グローバルに事業展開している会計事務所のネットワークに属している。図表2-2で挙げた監査法人の提携しているネットワークを挙げれば，図表2-3のとおりである。

図表2-3 監査法人の提携ネットワーク

監　査　法　人	海外ネットワーク・グループ
大手監査法人	
有限責任 あずさ監査法人	KPMG International Cooperative
PwCあらた有限責任監査法人	PricewaterhouseCoopers International
新日本有限責任監査法人	Ernst & Young Global Limited
有限責任監査法人トーマツ	Deloitte Touche Tohmatsu Limited
準大手監査法人	
PwC京都監査法人	PricewaterhouseCoopers International
仰星監査法人	Nexia International
三優監査法人	BDO International
太陽有限責任監査法人	Grant Thornton International Ltd
東陽監査法人	BDO International
ひびき監査法人	PKF International Limited

これらによって，被監査会社の海外子会社・事業拠点に対する監査の実施が容易になることはいうまでもない。監査法人の規模が大きいほど，海外事業拠点のカバー率が高まることから，監査対応も十分なものとなる可能性が高いといえよう。

また，現在では，日本の監査法人では，独自に監査マニュアルおよびシステムを開発している法人はないといってよく，海外のネットワーク・グループにおいて開発されたマニュアルおよびシステムを日本語に翻訳し，日本の法制度

等に合わせて調整して利用している。これはわが国に限ったことではない。現在の高度に複雑化した監査においては，マニュアルの開発にも多大な時間的および人的コストがかかることから，グローバル・ネットワークにおいてその開発が行われることは効率的だからである。したがって，わが国の大手および中堅監査法人は，海外のネットワーク・グループにおいて開発されたマニュアルを受け入れているのだが，そうしたネットワークに所属するには，一定の規模を有し，そのメンバーとしての費用負担を行うことができなければならないといえよう。

さらに，現在，IFACには，多国籍監査事務所委員会（Transnational Auditors Committee：TAC）なる組織があり，グローバルなネットワーク・グループからのメンバー10数名によって構成されている。そこでは，監査実務の側から，IFACの基準設定等に対してインプットやフィードバックを行っている。そうしたグローバルな規範の設定にかかる関与または情報共有を図って，いち早く体制整備を行うことができることも利点であると思われる。

③　品質管理

大手監査法人における品質メリットの第3の点は，品質管理である。スケールメリットによって，監査法人内で品質管理に人員を割くことができるほか，業務執行社員の交代制，つまり，いわゆる監査法人内のローテーションにも対応できることも挙げられる。

たとえば，2007年の公認会計士法改正では，「大規模監査法人」という概念が導入された。公認会計士法施行規則では，次のように定められている。

> 第24条　法第34条の11の4第2項に規定する内閣府令で定めるものは，監査法人の直近の会計年度においてその財務書類について当該監査法人が監査証明業務を行った上場有価証券発行者等の総数が100以上である場合における当会計年度における当該監査法人とする。

この大規模監査法人については，それ以外の監査法人に求められている業務執行社員の交代制に加えて，筆頭業務執行社員，すなわち，監査実施の責任者1名（監査報告書の筆頭署名者）と審査担当の責任者1名を，継続関与期間5

年，その後の関与禁止期間5年とする監査法人内交代制の対象としなければならない。現在，この大規模監査法人の要件に該当するのは，有限責任 あずさ監査法人，新日本有限責任監査法人，有限責任監査法人トーマツ，太陽有限責任監査法人の4法人であるが，2015年度において担当上場企業が92社であったPwCあらた監査法人では，自主的に同種の規定を適用しているという。

このように，大規模監査法人については，特段の品質管理の規定が置かれるなど，より厳格な品質管理が求められているといえよう。

④ 第三者の眼

第4の点として，「第三者の眼」の問題がある。大手監査法人に対しては，日本公認会計士協会の品質管理レビューおよび金融庁の公認会計士・監査審査会（以下，審査会）による検査においても，大手法人が抱えている被監査企業数の多さもあって，レビューおよび検査の頻度が高いのである。

品質管理レビューにおいては，大会社等の監査を担当する監査事務所を対象に，中堅以下の監査法人が原則として3年に1度のところ，大手は2年に1度の頻度でレビューが行われている[14]。

また，審査会による検査は，大手監査法人（審査会において，「上場会社を概ね100社以上監査し，かつ常勤の監査実施者が1,000名以上の監査法人」と定義される新日本有限責任監査法人，有限責任監査法人トーマツ，有限責任 あずさ監査法人，PwCあらた監査法人の4法人）は，2年に1度，準大手監査法人（同じく「大手監査法人以外で，比較的多数の上場会社を被監査会社としている監査法人」。太陽有限責任監査法人，東陽監査法人，京都監査法人，三優監査法人，仰星監査法人，優成監査法人の6法人）では，2014年度より2年または3年に1度，中小規模監査事務所（「中小監査法人（大手監査法人および準大手監査法人以外の監査法人）ならびに共同事務所および個人事務所」）については，「必要に応じて（最短で3年に1度）」の検査を行うとされている（公認会計士・

---

14 日本公認会計士協会「自主規制の取組」，3．品質管理レビュー制度 (1)品質管理レビュー制度の概要（http://www.hp.jicpa.or.jp/ippan/about/self-regulatory/03_01.html）

監査審査会，2016)¹⁵。

　必ずしも，レビューや検査によって品質が高まるとは限らないものの，「第三者の眼」が光っていることは，少なくとも品質維持への環境要因となるといえよう。

　⑤　監査法人のガバナンス・コード

　最後に，2017年3月に金融庁より公表された「監査法人の組織的な運営に関する原則（監査法人のガバナンス・コード）」が挙げられる。

　金融庁において設置されていた「会計監査の在り方に関する懇談会」が2016年3月8日に公表した「提言」（金融庁，2016）では，5つの柱となる施策のうちの第1の柱として，「監査法人のマネジメントの強化」が掲げられており，その具体的な内容としては，監査法人のガバナンス・コードの導入が示されている。

　コーポレートガバナンス・コードについては，上場企業の一部について，すでに2015年より適用が開始されているが，これを監査法人についても，新たなガバナンス・コードを策定し，適用を求めようというものである。

　こうした監査法人のガバナンス・コードは，すでに，2010年より英国で，続いて2012年よりオランダにおいて実施されており，それをわが国でも採用しようとする動向にほかならない。たとえば英国では，「監査事務所のガバナンス体制」や「職業的専門家としての精神」のほか，上場企業における独立役員と同様の「独立役員」に関する規定等，20の原則からなるガバナンス・コードが策定・公表されており，監査事務所はそれらの原則の遵守状況を報告することが求められる。

　また，英国において，その適用を受ける監査事務所は，20社を超える上場企業の監査を行う監査事務所に限られており，その数は8つである（FRC，2010）。仮に日本で同様の基準で適用するとすれば，以下の11法人が対象となる（五十音順）。

15　先の監査法人の規模別の分類においても同様であるが，公認会計士・監査審査会が，前掲の公認会計士法施行規則とは異なる「大手監査法人」という概念を用いていることには違和感がある。品質管理と品質管理に対する検査においては，共通の概念または範囲区分が用いられるべきではなかろうか。

- 有限責任あずさ監査法人
- PwCあらた有限責任監査法人
- 仰星監査法人
- PwC京都監査法人
- 三優監査法人
- 新日本有限責任監査法人
- 太陽有限責任監査法人
- 東陽監査法人
- 有限責任監査法人トーマツ
- ひびき監査法人
- 優成監査法人

しかしながら，英国ではガバナンス・コードの適用を受ける8つの監査事務所で，少なくとも企業側のガバナンス・コード適用企業はすべてカバーされるのに対して，わが国では，上場会社の監査を担当する監査法人・事務所は，上記の11法人のほかに，121法人にも及ぶのである。

監査法人のガバナンス・コードの公表後，同コードを採用することを表明した監査法人は，上記の11法人を含め，15法人に及ぶものとなった。同コードが大規模監査法人への適用を念頭に置いているとしているのに対して比較的多くの法人が採用を表明したとも解することができよう。

⑵　大手監査法人に関する品質の研究

大手監査法人の品質が高いのかどうかについては，監査研究上も，重要な課題となってきた。嚆矢となったのは，会計事務所の合併が相次いだ1980年代にDeAngelo（1981b）が提示した主張である。それは，大規模な監査事務所では，特定の被監査企業の会計上の問題を発見し報告しないことによって失う評判（reputation）の喪失リスクが高いため，品質の高い監査を提供するという主張である。DeAngelo（1981b）は，監査の品質は直接，捕捉することができないことから，監査の品質に関する代理変数の1つとして，監査事務所の規模を使うことを提示したのである。

その後の監査研究では，監査意見における限定意見の表明や，継続企業の前

提に関する報告（いわゆるゴーイング・コンサーンに関する追記）を行うこと，あるいは，財務報告において裁量的会計発生高（Discretionary Accruals）が示す財務報告の質を監査の品質とみなして，監査人の規模が大きければDeAngelo（1981b）がいうように監査の品質は高いといえるのかどうかを検証するという研究が重ねられてきた。たとえば，裁量的会計発生高を使ったものとしては，Francis, et al.（1999）やNelson, et al.（2002）などがあり，いずれも大規模な監査事務所のほうが，被監査企業の裁量的会計発生高を抑制する，すなわち経営者の裁量的な会計行動に対して抑制するような，品質の高い監査を提供している傾向が見受けられる，と論じている。

わが国のデータを対象にした研究もある。矢澤（2010）は，上記の海外の動向と同様の結果が得られたこと，薄井（2007）は，負の裁量的会計発生高，すなわち過度に保守的ないし利益を低く抑える方向での裁量的会計行動に対しては，大規模な監査事務所はそれを抑制しているという結果を示したが，一方で，吉田（2006）では，監査事務所の規模と監査の品質との関連性は見出せなかったと結論付けている

その他，及川（2013）では，中央青山監査法人の解散を半強制的な監査事務所のローテーションとみなして，監査人の規模と裁量的会計発生高の関係を検証しているが，結果として，大規模な監査事務所は品質の高い監査を提供していること，および国際展開している上場企業においては，大規模な監査事務所の監査の品質を高く評価して，それらとの契約を志向していることを指摘している。

なお，海外での研究においては，単に大規模な監査事務所というだけではなく，監査事務所による相違も問題とされてきている。というのも，Big 4を大規模な監査事務所として捉えて検証している中で，特定の監査事務所（具体的には，PricewaterhouseCoopers）について，他の３つの監査事務所に比べて，監査の品質に対する影響の大きさに有意な差異が認められるケースが数多く示されたことによる。こうした結果を受けて，当該領域を研究する研究者の間では，"PwC indicator"という表現によって，PwCのサンプルを別扱いにしたり，あるいは，監査事務所についても，年度や産業と同様に，ダミー変数を使って個々の相違を識別しようとしたりする動向が見受けられるのである。

第2章　監査法人の規模と監査の品質　37

　わが国においても，東芝事件を受けて，今後，大手および中堅の監査事務所に対する監査の品質の研究が進められていくことが予想される。

3 監査法人の規模に関する課題

　監査事務所の規模にかかる監査の品質の問題は，歴史，制度，および研究動向に即してみれば以上のとおりである。

　私見ながら，上場企業ないし公共の利益に関連する事業体（Public Interest Entities：PIE）における監査業務が，国際的なネットワークを有する監査事務所に占有されていくことは，今日の財務諸表監査の要請に照らしたときに，いたし方ないのではないか，と考えている。上場企業ないしPIEの監査においては，国際監査基準やそれに準拠した各国の監査基準等によって，詳細かつ高度な監査手続の適用が求められており，また，監査事務所の品質管理も，年々，厳格なものとなってきている。さらに，高度な金融商品やIT等に対応し，不正な財務報告を適時に発見するためには，一定規模以上の監査事務所であることが，現実問題として求められるのではないか，と思われるからである。

　また，前述のように，一定規模に達しない監査事務所においては，上場企業の監査に求められる詳細な監査規範に対応して必要な監査マニュアルを整備したり，不正リスクへの対応の経験も含め，種々の監査上のノウハウを事務所内に蓄積することができるのか，さらには，審査や内部監査等の品質管理上の対応が現実的に可能かという問題もある。

　では，大手監査法人ならば監査の品質は高いのかといえば，それは自動的にそうであるとはいえないであろう。いわば，監査事務所の規模が大きいことは，今日の監査環境にあって，監査の品質を高めるための大きな要素，あるいは被監査企業の業容によっては必要条件であるということができるが，他方で，規模が大きいことは，決して監査の品質が高いことの十分条件とはいえないのである。

　問題の焦点は，いかにして，規模が大きくなった監査事務所の品質を高く維持するかということであり，今問われている監査の在り方の焦点ではないかと考えるのである。

第 3 章

監査報酬と監査の品質

　序章で述べたように，監査の品質は直接捕捉できないことから，かねてより代替的な指標によってそれを把握する試みが行われてきた。その最も典型的な指標が監査報酬である。監査報酬が高ければそれだけ監査に資源（時間や人員等）を割いていることが想定されることから，監査報酬の多寡をもって監査の品質の代理変数（サロゲート）とするのである。監査報酬は，外部に公開されるデータであることから，監査研究上も多くの研究の蓄積が進み，また，マスコミ等においても，監査報酬を基礎とした記事が掲載されることが多い。

　本章では，こうした監査報酬の観点から，監査の品質問題を考えてみることにしたい。

　監査報酬の低廉化問題は，いかなる背景から生じ，監査の品質にいかなる影響をもたらしているのだろうか。

1 監査報酬の開示制度

(1) 監査報酬の開示

　監査報酬は，わが国でいえば有価証券報告書や事業報告において開示されている。

　有価証券報告書については，企業内容等の開示に関する内閣府令の改正（2003年3月31日府令第20号）によって，2003年4月1日以後に開始する事業年度の有価証券報告書にかかる開示のガイダンスにおいて「コーポレートガバナンスの状況」の記載事項の例示が示されるようになり，その後，企業内容等の開示に関する内閣府令改正（2008年3月28日）によって，2008年4月1日以後開始事業年度の有価証券報告書から，開示（内容・形式等も含む）が義務化されることとなった。

　一方，事業報告においては，2002年の商法施行規則の改正によって，2004年4月決算以後，営業報告書（現在では，事業報告）において，

①　連結特例規定適用会社の会計監査人に対して支払うべき報酬等の合計額

②　①の合計額のうち監査報酬の合計額

③　②の合計額のうち連結特例規定適用会社の支払うべき額を開示しなければならないこととされたのである。

　このうち，有価証券報告書についてみてみれば，現在，有価証券報告書では，「6　コーポレート・ガバナンスの状況等（2）監査報酬の内容等」において，①監査公認会計士等に対する報酬の内容，②その他重要な報酬の内容，③監査公認会計士等の提出会社に対する非監査業務の内容，④監査報酬の決定方針の各項目について開示が求められている（**図表3-1参照**）。

第3章　監査報酬と監査の品質　41

図表3-1　監査報酬の内容等の開示例

(2)【監査報酬の内容等】
①【監査公認会計士等に対する報酬の内容】

区　　分	前連結会計年度		当連結会計年度	
	監査証明業務に基づく報酬(百万円)	非監査業務に基づく報酬(百万円)	監査証明業務に基づく報酬(百万円)	非監査業務に基づく報酬(百万円)
提出会社	89	21	98	60
連結子会社	126	8	143	8
合計	215	29	241	68

②【その他重要な報酬の内容】
　前連結会計年度
　当社の連結子会社のうち一部は，当社の監査公認会計士等である○○監査法人と同一のネットワークに属するABC会計事務所の監査を受けており，当該報酬額は133百万円であります。

　当連結会計年度
　当社の連結子会社のうち一部は，当社の監査公認会計士等である○○監査法人と同一のネットワークに属するABC会計事務所の監査を受けており，当該報酬額は191百万円であります。

③【監査公認会計士等の提出会社に対する非監査業務の内容】
　前連結会計年度
　当社が監査公認会計士等に対して報酬を支払っている非監査業務の内容は，主に財務報告に係わる内部統制に関する助言及び指導業務等を委託し，その対価を支払っております。

　当連結会計年度
　当社が監査公認会計士等に対して報酬を支払っている非監査業務の内容は，主に新株式発行に伴うコンフォートレターの作成業務を委託し，その対価を支払っております。

④【監査報酬の決定方針】
　当社の監査公認会計士等に対する監査報酬の決定方針としましては，当社の規模及び事業の特性，監査日数等を勘案したうえで適切に決定しております。

　有価証券報告書や事業報告に記載されることによって，企業の監査報酬額は一般に公表されている。この点について，監査報酬額を開示することは，同業他社との比較を容易にし，そのことで企業側からの監査報酬の引下げ要求の原

因となっているとの根強い批判が，会計士業界にはあるように見受けられる。

　たとえば，筆者が責任者の１人として関わっている「監査人・監査報酬問題研究会」では，日本公認会計士協会からの委託研究として，2006年度から現在まで，継続的に，上場企業の監査報酬等の調査と分析を行ってきているが，当初，2006年度から2010年度までは，調査・研究成果を『上場企業監査人・監査報酬白書』（日本公認会計士協会出版局）2008年版〜2012年版として刊行し，その中で，各社の監査報酬データを掲載していた。[16]ところが，そうしたデータの集約は，企業側に監査報酬の値下げ交渉の資料を提供するだけだとして，刊行している間，何度となく，厳しい批判的なご意見が寄せられたものである。

　しかしながら，ディスクロージャーの番人たる監査人が，情報の開示に対してネガティブな見解を示すのはいかがなものだろうか。もちろん，適切な業務の対価であるはずの監査報酬について不当な値下げ交渉をしているとすれば，企業側に問題がある。監査報酬額等は，「コーポレート・ガバナンスの状況」に記載されていることからもわかるように，企業のガバナンスの健全性を示す１つの情報として開示されるのであり，企業側，中でも監査役会等が，少しでも企業の「コスト削減」に貢献しようといった認識で，監査人に対して監査報酬の引下げを要求するというのは本末転倒であろう。

　ただし，現在の監査報酬の開示では，金額しかわからず，その業務の中身や，いかなる算定によってそうした金額になっているのかの違いがわからないことから，監査契約にあたっての資料が監査報酬という「価格」のみになってしまっているという側面があることも否めない。このことは，監査人の選任プロセスにおいても同様である。現在は，他の比較可能な指標や情報が提供されていないのであるから，「価格」が監査人を比較する際のための大きな部分を占めて

16　その後，各種の財務データベースにおいても，監査報酬データが収録されることになったこと等に鑑みて，書籍としての刊行は停止したが，2011年度から2014年度までの各年度の監査報酬の実態分析等については，日本公認会計士協会ウェブサイトにおいて，それぞれ『2013年度版　上場企業監査人・監査報酬実態調査報告書』，『2014年度版　上場企業監査人・監査報酬実態調査報告書』，『2015年度版　上場企業監査人・監査報酬実態調査報告書』，および『2016年度版　上場企業監査人・監査報酬実態調査報告書』として公表されている（各年度が２年ずれになっているのは，データ収集と公表のタイミングのずれによるものである）。

　　また，2006年度から2010年度までの５年間の委託研究の成果に，監査報酬に関連する諸問題の考察やアンケート調査結果の分析等を加筆した研究書として，監査人・監査報酬問題研究会（2012）を刊行している。

しまうのであろう。

(2) 監査報酬開示の背景の相違

　監査報酬の開示は，1990年代に英国において開始され，その後アメリカをはじめ各国に広がっていったものである。実は，国際的にみると，監査報酬額の開示制度は，監査報酬額の大きさによって監査の品質を示すものとして実施されるようになったわけではない。その背景には，かつて，海外において，監査業務とコンサルティング業務の同時提供が一般的に行われており，そうした非監査業務による収入が，監査人が被監査会社から受け取る収入の大きな部分を占めるようになったという問題があったのである。

　たとえば，アメリカでは，1970年代以降，監査業務とコンサルティング業務の同時提供は，監査人の独立性を侵害するとして禁止すべきだとの議会や規制当局の主張と，そうした独立性の侵害は実際には生じておらず，それどころか，コンサルティング業務を実施することによって被監査企業の実態をより深く理解することができるとする会計士業界の見解の対立が続き，規制の導入は見送られていた。そうした中で，2000年に，SECの規則によって，拡大傾向にある非監査業務の提供に対して牽制を図るために，監査報酬の開示が求められるようになったのである。すなわち，当初の監査報酬開示の目的は，監査人による非監査業務からの収入額を開示させ，それによって社会の監視のもと，非監査業務の提供およびそれによる収入によって監査人の独立性侵害が起きないようにすることにあったのである。

　実際，アメリカでは，SECに登録している企業は，株主宛の委任状（proxy statement）において，①監査報酬，②監査関連報酬，③税務報酬，④その他のすべての報酬に区分して開示することが求められており（SEC, 2003），要は監査報酬以外の報酬の多寡が大きな注目点として導入されたことがわかる。

　その後，エンロン事件やその後の不正な財務報告の社会問題化の影響のもと，2002年にサーベインズ＝オックスリー法（*Sarbanes-Oxley Act of 2002*：SOX法）が制定され，監査業務と非監査業務の同時提供が原則禁止となったため，制度導入当初の開示目的は後退してしまった。現在では，監査報酬の開示制度の趣旨は，監査人に対する報酬額を開示させることで，監査人に対する不当なダ

ンピングがないかどうか，あるいは逆に，過度な報酬の提供によって独立性の侵害のおそれがないかどうか，といった点のモニタリングの観点に置かれるようになったともいえよう。

　一方，日本では，2003年まで，標準監査報酬制度が存在した。わが国では，第2次世界大戦後，公認会計士監査制度が導入された際に，企業側の内部統制等の整備を図り，監査人側の経験等を蓄積するために，1951年から6年間の漸進的な導入を図り，ようやく1957年に現在のような財務諸表監査（いわゆる正規の財務諸表監査）が実施されることとなった。この間，企業社会においても，監査人たる公認会計士の側においても，監査人に対する監査報酬額の水準がわからないということで，当時はまだ任意団体であった公認会計士協会が経団連との間で協議し協定を結ぶ形で，法定監査の標準報酬規定が設けられ，標準監査報酬制度が開始されたのである。その後，公認会計士法において，1966年に公認会計士協会が特殊法人として法定化され，その会則において，標準監査報酬の規定を置くことを定めたことから，標準監査報酬制度は，自主規制から法的裏付けを得た制度となった。

　その後，2003年の公認会計士法改正によって標準監査報酬制度が廃止されるのに伴い，それに代わって，また，同改正において，先に述べたSOX法による非監査業務の同時提供禁止を受けて同様の規定が導入されたこともあって，前述のとおり，2004年から内閣府令に基づいて，監査報酬の開示が実施されることとなった。

　一方，商法または会社法のもとにおいても，2003年以降，監査報酬額の開示制度が置かれることとなった。こちらも，標準監査報酬規定が廃止された時期に開始されたものであるが，同時に，商法においてもエンロン事件を受けて，会計監査人に対する報酬額を営業報告書に示して，その適否を株主の判断に委ねようとの趣旨によるものであった。

　このように，日本と海外では，監査報酬に関する制度は，異なる目的や背景のもとで実施されてきたといえる。

第3章　監査報酬と監査の品質　45

2 標準監査報酬制度とその後の対応

(1) 標準監査報酬規定

　日本の監査報酬に関する制度は，歴史的に見れば，かつての標準監査報酬制度の影響を色濃く残している。先に述べたように，かつて監査報酬は，わが国において法定監査が実施されて以来，約50年にわたって，日本公認会計士協会が定める標準監査報酬規定の金額を参考として，契約当事者間の協議により決定されていたからである。

　標準監査報酬規定の制度は，1951年6月に初度監査の報酬規定について，経団連と公認会計士協会の間で協定が結ばれたことに始まる。その後，次年度監査，第3次監査，第4次監査，第5次監査の各段階においても協定が締結され，最終的に，正規の財務諸表監査が開始される1957年に「証券取引法監査の報酬規定」として，同じく経団連との協定が締結されて，法定監査の実施に適用されたのである。

　その後，日本公認会計士協会が1966年の公認会計士法改正によって特殊法人化されると，公認会計士法の規定上，次のような規定が置かれることとなった。

> **法44条**　協会は，会則を定め，これに次に掲げる事項を記載しなければならない。
> 　＜中略＞
> 十　会員の受ける報酬に関する標準を示す規定
> 　＜以下略＞

　この規定によって，それまで自主規制であった標準報酬規定は，法的裏付けを持つものとなったのである。

　上記の法定化を見据えて，先の規定は，1965年に「証券取引法監査の標準報酬規定」と改称され，その後，1974年の商法特例法の制定を前にして1973年には，「法定監査の標準報酬規定」と改称された。同規定は，2003年公認会計士法改正によって上記の法律上の規定が削除されたことに伴い，廃止されるまで続いたのである。

法定監査における標準監査報酬規定は，1957年に始まり，最終改訂は2002年
4月である。標準報酬規定は，物価や民間企業の賃金を勘案して上昇率が定め
られており，例えば，最後の2002年改訂では，人件費部分（2000年および2001
年の民間主要企業春季賃上げ率合計4.07%）と経費部分（GDPデフレーター（マ
イナス3.43%）による物価変動率に所定の割合2割をかけたもの）を勘案して，
3.4%上昇率となっている。
　また，同改訂後の基本報酬と執務報酬は**図表3-2**のとおりである。

図表3-2　標準監査報酬規定

基本報酬		執務報酬	
東証1部上場会社	9,950千円	責任者（25日まで）	2,480千円
東証2部上場会社	6,850千円	公認会計士（1日につき）	89千円
その他	5,750千円	会計士補（1日につき）	55千円

こうした標準監査報酬規定は，企業および監査人において，監査契約を結ぶ
にあたっての目安になるという利点があるが，以下のような問題点がある。

- 企業の規模やリスクではなく，東証1部上場といった基準で基本報酬が決
まっていること。したがって，同じ1部上場企業であれば，売上高1兆円
超の企業も売上高数十億円の企業であっても，同じ基本報酬となること。
- 執務報酬を日数によって計算していること。したがって，執務時間にかか
わらず，たとえ1時間の業務であっても1日として計算される一方，何時
間もかけた業務であっても同じ1日の内であれば，1日としかカウントさ
れないこと。
- 公認会計士と会計士補という資格によってしか，執務報酬額が計算されな
いこと。したがって，多くの報酬を得るためには，会計士の関与が必要と
なる。
- また，実際には，標準監査報酬が算定されたとしても，その金額が支払わ
れるのではなく，経営者側は，それを基準として，どれだけの値引きが得
られるかを監査契約交渉のテーマとしていたため，標準監査報酬額は，実
質的に，監査報酬のシーリングのように扱われていたこと。

中でも最後の標準監査報酬規定による算定額が，適正な監査報酬の算定・請求の障害となってきたことは，後述するようなわが国の監査報酬額の低廉化問題の背景の1つとなっている[17]。いったん低廉な状態に置かれた監査報酬を一気に引き上げて適正化することは，現実問題として非常に困難だからである。

こうした標準監査報酬制度については，2002年12月に公表された金融審議会公認会計士制度部会報告「公認会計士監査制度の充実・強化」において，規制緩和の観点から，「監査の複雑化・専門化・高度化に応じて，監査内容に見合った対価として監査報酬は位置づけられるべきであり，公認会計士協会の会則記載事項としての標準監査報酬規程については廃止することが適切である。」（各論，5(8)②）との見解が示され，2003年の公認会計士法改正において，前述の法規定は削除され，それを受けて日本公認会計士協会においても，会則の変更により，2004年4月1日以後，標準監査報酬制度は廃止されたのである。

したがって，現在では，監査報酬額についての法規はなく，また協会の標準規定も置かれていない。監査報酬額の決定は当事者間の交渉に完全に委ねられているのである[18]。

(2) 標準監査報酬規定廃止後の対応

標準監査報酬規定廃止後においても，日本公認会計士協会では，監査報酬の算定規準やそれに関連する報告書等を公表してきている。それを一覧にすると，次頁の**図表3-3**のとおりである。

このうち，まず，監査報酬算定のためのガイドラインについては，2003年10月，日本公認会計士協会が，標準監査報酬制度廃止後の監査報酬決定の参考に供するとともに，適正な監査の実施に対する社会の要請に応えるために公表されたものである。

このガイドラインでは，公認会計士が提供したサービスと公認会計士の監査

---

17 たとえば，標準監査報酬規定が監査報酬の低廉化の大きな要因であることについては，八田（2006）を参照されたい。

18 2004年2月17日に公表された会長通牒「改正公認会計士法の施行に当たって」では，会員がその業務内容等に基づいて報酬を被監査会社に請求することになるが，適切かつ十分な監査日数を確保したうえで適正な報酬が算出されるように留意することと，少なくとも低廉報酬に該当するとして日本公認会計士協会から注意喚起されることがないようにと要望している。

48

図表 3-3　標準監査報酬規定廃止後の日本公認会計士協会の対応

年月日	公　表　物
2003年10月	「監査報酬算定のためのガイドライン（標準監査報酬規定廃止後の新しい監査報酬制度）」
2004年3月17日	報告書「国際比較に基づく監査時間数増加の提言」
2004年9月16日	会長通牒「監査実務の充実に向けて－十分な監査時間数の確保の必要性－」
2005年3月	「監査実施状況調査」（2004年度分）の一般向け公表開始（以後，毎年公表）
2005年6月	「監査の充実強化策に関する提言」（中間報告）」
2006年9月	監査・保証実務委員会研究報告第18号「監査時間の見積りに関する研究報告（中間報告）」
2008年6月	監査・保証実務委員会研究報告第18号「監査時間の見積りに関する研究報告」（中間報告の改正）

報酬との対応関係の明瞭性および合理性，ならびに諸外国における監査報酬制度の状況等を勘案して，監査報酬の決定方式として，タイムチャージ方式が推奨されている。タイムチャージ方式とは，被監査会社からの受託業務に関与して公認会計士，会計士補およびその他の監査業務従事者の執務時間に当該公認会計等の請求報酬単価（チャージレート）を乗ずることによって監査報酬額を計算する方法である。

　また，日本公認会計士協会では，以前から，会員向けに，監査報酬等の状況をまとめた「監査実施状況調査」を作成してきていたが，2005年3月に，2004年4月期決算から2005年3月期決算までを対象とした調査結果を公表した（日本公認会計士協会，2005）。同調査の前文によれば，

　　「（同調査は）会員の監査の充実にご活用いただくために，公表するものでありますが，公認会計士報酬規定が廃止されたことに伴い，会員以外の方が報酬の状況について知り得ることにも配慮しております」

と述べられており，標準監査報酬規定の廃止によって開示が開始されたものとわかる。

　監査実施状況調査は，その後現在に至るまで毎年度公表されてきており，現在は，監査概要書および会社法監査実施報告書，ならびに信金・信組・労金の

監査実施報告書，学校法人監査実施報告書等に基づいて，金融商品取引法監査，会社法監査などの種類別に，監査従事者数（1社平均），監査時間数（1社平均），監査報酬額の平均・最高額・最低額が示されている[19]。

　他方，報告書「国際比較に基づく監査時間数増加の提言」や，会長通牒「監査実務の充実に向けて―十分な監査時間数の確保の必要性―」，さらには2度にわたる監査・保証実務委員会研究報告第18号「監査時間の見積りに関する研究報告（中間報告）」の公表は，標準監査報酬規定廃止後の監査報酬の適正化を目的としたものであったと解される。

　監査報酬は，監査時間の積算によって算定されることから，標準監査報酬規定のもとで低く抑えられてきた監査報酬額について，適正な監査時間を確保することによって監査報酬額の適正化も図ろうとしたと考えられるのである。

③ 監査報酬の実態

(1) 日本の監査報酬の実態

　監査論研究において，監査報酬は，監査の品質のサロゲートとして利用されることが多い。これは，多くの国々において監査報酬が開示されていることにより，データベースが構築され，研究上の利便性が高いことも影響しているように思われる。わが国においても，複数のデータベースにおいて，監査報酬額が収録されるようになっている。

　第1節でも言及したように，筆者が責任者として参加している「監査人・監査報酬問題研究会」では，日本公認会計士協会からの委託研究として，2006年度から現在に至るまで，わが国上場企業の監査報酬の実態を調査してきている。同研究会の調査報告書をもとに，2006年度から2015年度までの監査報酬額の平均値等を整理すれば，次頁の**図表3−4**のとおりである[20]。なお，年度データの

19　監査実施状況調査は，日本公認会計士協会の機関誌である『会計・監査ジャーナル』に掲載されるとともに，日本公認会計士協会のウェブサイトにおいても開示されている。

20　最も直近の調査報告書としては，次のものを参照されたい。

　　監査人・監査報酬問題研究会『2017年度版　上場企業監査人・監査報酬実態調査報告書』，2017年3月31日（http://www.hp.jicpa.or.jp/ippan/jicpa_pr/news/20170518eew.html）。

50

とり方は，たとえば，2015年度であれば，2015年4月決算から2016年3月決算までの上場企業のデータであり，2016年3月末時点で上場している企業に限定している。

図表3-4　わが国の監査証明業務に基づく報酬の推移

項　目		2006年度	2007年度	2008年度	2009年度	2010年度
企業数	（社）	3,938	3,940	3844	3,680	3,616
合計	（百万円）	142,308.3	156,614.1	224,954.4	227,867.0	223,003.7
平均	（百万円）	36.14	39.75	58.52	61.92	61.67
最大	（百万円）	4,494	4,957	4,362	4,200	4,449
中央値	（百万円）	19	20.8	30	33	32
最小	（百万円）	1	2	2	6	6.6
標準偏差	（百万円）	155.93	170.78	164.20	158.27	167.68

項　目		2011年度	2012年度	2013年度	2014年度	2015年度
企業数	（社）	3,553	3,513	3,529	3,559	3,611
合計	（百万円）	215,851.8	211,851.9	215,589.1	218,453.5	222,147.2
平均	（百万円）	60.55	60.31	61.09	61.38	61.52
最大	（百万円）	4,276	4,193	4,180	4,258	4,824
中央値	（百万円）	31	30	30	30	30
最小	（百万円）	7	4.76	4.76	5	5
標準偏差	（百万円）	163.08	165.85	169.02	168.30	171.89

　図表3-4に見られるように，2007年度から2008年度にかけて平均値（中央値）で，39.75百万円（20.8百万円）から58.52百万円（30百万円）へと47.2%（44.2%）もの大幅な上昇を見せているが，これは，2008年4月1日以降に開始する事業年度から導入された内部統制報告制度および四半期報告制度によるものである。その影響は，決算期の関係もあって，調査年度でいう2009年度にまで増加傾向が続いている。

　また，2012年度から2013年度にかけて，平均値で0.78百万円ほどの増加を見せているが，これは，2014年3月期から導入された「監査における不正リスク対応基準」の影響によって，2014年3月決算を含む2013年度の調査結果が増加

傾向を示したものと解される。

　これらの制度導入による影響を除くと，監査報酬は，逓減傾向を示していると指摘することもできるであろう。

(2)　日米比較

　わが国の監査報酬がどの程度の水準にあるのかを見るために，再び，同研究会の調査によって，これをアメリカと比べてみると，次のようになる。こちらでは，簡便のため，１ドル＝100円で換算している。

図表３－５　監査証明業務報酬の日米比較

項目		アメリカ 2015年度	日本（３月決算のみ） 2015年度
企業数	（社）	5,516	3,611
合計	（百万円）	1,270,050.17	222,147.19
平均	（百万円）	230.25	61.52
最大	（百万円）	7,670.00	4,824.00
中央値	（百万円）	79.50	30.00
最小	（百万円）	0.43	5.00
標準偏差	（百万円）	543.09	121.60

　図表３－５からわかるように，直近会計年度の監査証明業務報酬の平均（中央値）は，アメリカの230.25百万円（79.50百万円）に対して，日本では61.52百万円（30.00百万円）となっている。したがって，わが国の監査証明業務報酬額の対アメリカ比は，１：3.74（１：2.65）となっていること，つまりわが国の監査報酬はアメリカの約３分の１ないし４分の１程度であることがわかる。

　日本とアメリカの物価や会計士に対する社会的評価を考慮に入れたとしても，この差異は相当に大きいものであるといえよう。

(3)　国際比較

　とはいえ，中には，アメリカだけが訴訟リスク等が高いために，監査報酬が異常に高いのでないかとの見方もあるかもしれない。

　その点についての研究成果の１つとして，矢澤（2014）を紹介しよう。そこ

では，監査報酬データがとれる日本を含む31か国について，まず，監査報酬の対総資産比率で比較している。

それによれば，日本は，31か国中20位であり，31か国のうちOECDに加盟している22か国で比べてみれば，日本を下回るのは5か国（スペイン，オーストリア，ポルトガル，韓国，ポーランド）だけであり，さらに，G7の7か国で比べれば，日本は最下位となる。

また，数値で見ても，31か国の平均値が0.094％なのに対して，日本は0.064％と約3分の1となっており，先の日米比較と大きな差は認められない。

ここでは簡便のため，対総資産比率の数値を紹介したが，矢澤（2014）では，単に対総資産比率の分析だけにとどまらず，被監査企業の規模，複雑性，およびリスクをコントロールしたうえで，各国の監査報酬に有意な差が認められるかを分析している。その結果においても，日本より有意に監査報酬が高い国が12か国あり，日本は，31か国中13位から17位の間に位置付けられることが明らかにされている。

これは1つの分析視角に過ぎず，またデータベースの限界もあることは確かであるが，実際に，アメリカ以外の先進諸国との比較においても，わが国の監査報酬額は，相当程度，低廉であることが実態として明らかにされているのである。

4 監査報酬の低廉化

(1) 監査報酬の低廉化の原因

こうした監査報酬の低廉化の原因はどこにあるのであろうか。

第1に，第2節で述べたように，かつての標準監査報酬制度において，標準報酬規定による算定額が監査報酬の目安ないし，報酬のシーリングとして扱われてきたことが挙げられる。そのことが，日本の監査報酬の「相場」を形作ってしまい，今や，国際的に共通の監査マニュアルに従って実施される監査業務に関して，諸外国よりも低廉な監査報酬額を常態化してしまったと考えられる。

第2には，監査報酬が企業の担当者のコスト削減の対象と目されていること

が挙げられる。現在の監査業務は，その成果が定型的な監査報告書のみであることから，監査に対する適切な認識がなければ，監査の価値がわからず，単なる値下げ対象の筆頭と位置付けられてしまうであろう。これは，監査報酬の決定権が企業側にあることとも関連しているが，一方で，監査役等が会計監査人との協議の場において監査報酬の値下げ交渉をしているケースさえあることから，仮に監査役等の権限が，現在の監査報酬額についての同意権から，監査報酬の決定権に変更されたとしても，それだけでは問題の解決とはならないかもしれない。

　また，第3には，第2の点とも関連して，監査に対する認識の低さが挙げられる。

　「法律で求められているから（仕方なく）監査を受けている」，「監査報告書1枚になんで何千万も払わなければならないんだ」「自分たちで適正な財務報告は行うことができる。こちらは，若手の会計士に企業の業務を教えてやっているようなものだ」といった認識が，現状の監査報酬は高いから，引下げ要求をしようとの企図につながるといえよう。

　さらに，第4には，先の監査人・監査報酬問題研究会が2011年に実施したアンケート調査によれば，上場企業側も，監査法人側も，いずれも，低廉な監査報酬の背景には，監査事務所の過当競争があるとして，公的規制の必要性を指摘する回答が多数寄せられている（監査人・監査報酬問題研究会，2012，4章）。低廉な監査報酬の中で，顧客獲得によって業容を維持しよう，あるいは，上場企業の監査報酬は低くてもそれに連なる大会社子会社の監査報酬や，その他の関連業務からの報酬等を獲得しよう，という監査法人の姿勢が垣間見られるところである。

　その他，監査報酬の決定方法の日米間の相違も挙げられるかもしれない。

　日本では，監査契約書において，以下の文言が記載されることとされている。

9．報酬の額及びその支払の時期

　(1)　報酬の額

　　8．(1)　本業務の見積時間数に基づき算出した報酬の額は，

〇〇,〇〇〇,〇〇〇円（消費税等を除く。）

とする。なお，このうち，委託審査に要する費用は，〇〇,〇〇〇,〇〇〇円（消費税等を除く。）である。委嘱者は，報酬の額に消費税等相当額を加えた額を受嘱者に支払う。

　委嘱者の内部統制の不備，経営組織の改編，監査及び四半期レビュー手続の対象となる取引の増加若しくは合併買収の実施又は受嘱者が不正による重要な虚偽の表示を示唆する状況を識別した場合等，見積時間数を算定した時点で想定していなかった事由を原因として執務時間数が見積時間数を超える見込みとなった場合には，受嘱者は，委嘱者に遅滞なく通知し，当該原因となった事由，それによる受嘱者が実施すべき手続への影響等について説明する。

　上記の場合には，必要となる業務実施者の経験や能力及び増加した執務時間数に基づき，報酬額の改定について双方誠意をもって協議を行うものとする。

　すなわち，あくまで報酬額は固定報酬として示され，追加的な監査手続によって監査時間が増加した場合の監査報酬の改定は，「双方誠意をもって協議を行う」とされており，あくまでも企業側との協議事項なのである。

　これに対して，アメリカでは，監査契約書においては，以下のとおり監査報酬は固定報酬ではなく変動報酬として記載され，監査人は，監査報酬を，各監査事務所の標準単価を基礎として計算し，旅費等の経費を加算するとともに，事業年度の監査報酬をたとえば，「＄25,000から＄30,000の間になると見積もられる」としておいて，仮にこの金額が大幅に増加するような状況が生じた場合には，再度，企業側との協議が行われる。

　つまり，日本の監査報酬は事前協議で具体的な金額が定められたうえで，双方合意の場合に限って追加報酬が決められる形式となっているが，米国の監査報酬は作業時間の増加に伴って柔軟に変動するといった形式で定められている点で異なるといえるのである。

⑵　監査報酬にかかる監査品質の課題

　こうした監査報酬の低廉化傾向は，監査の品質という点で，いったい何が問題となるのだろうか。

それは第1に，監査報酬は監査時間の代理変数であるということである。監査報酬が少ないことは，他の条件が一定ならば，監査時間が少ないことを意味している。

実際に，日本公認会計士協会が2004年に実施した海外（アメリカ，イギリス，ドイツ，フランスおよびカナダ）と日本の「監査時間数の調査」によれば，海外における監査時間数は，総資産額を変数とした分析によると，日本の監査時間数に比べて，製造業で2.66ないし2.82倍，金融業で1.98ないし2.57倍であった。

監査が労働集約的な業務である以上，監査時間の低下は，監査の業務量の低下につながり，ひいては，監査の品質の低下につながると解される。この点については，次節に改めて，詳細に検討したい。

次に，監査報酬が低廉であることの背景として前掲した監査事務所同士の過当競争があるとすれば，顧客獲得のため，または既存の顧客の維持のために，監査人の独立性が侵害される可能性がある。あるいは，逆に，監査法人における収入が少ないために，契約維持を過度に求める傾向が生まれるという経路も考えられるであろう。この点は，監査の品質の脅威にほかならない。

そして何より，低廉な監査報酬と，その一方で重い責任が問われる職責ないし高リスクの業務というのでは，有能な会計プロフェッションを集められなくなるということが最大の問題かもしれない。こうした人材の問題は，公認会計士試験の在り方とも重なって，わが国の監査の品質の基盤を揺るがしかねない問題ともいえるのである。

5 監査報酬の低廉な企業

(1) 監査報酬の低廉な企業の識別

監査報酬が低廉である企業の監査には，監査時間等が十分に確保されていないおそれがあることから，監査の品質が低いというリスクがあるのだとすれば，監査報酬の低廉な企業を分析する必要がある。

たとえば，東芝の粉飾決算事件に関連して，同じ監査法人が監査をしていた日立と東芝の監査報酬額（2013年3月期）を比較してみると，**図表3-6**のよう

になる（町田・松本，2015）。すなわち，売上高では，東芝は日立の67.62％を占めるのに対して，監査報酬は，43.03％に過ぎない。仮に日立と同じ比率の監査報酬額とするならば，1,543千円となって，約7億円余り足りないこととなる。

図表3-6　日立と東芝の監査報酬および売上高の比較

	監査報酬（百万円）	対売上高比率（％）	連結売上高（百万円）
日立	2,282	0.0237	9,616,202
東芝	982	0.0151	6,502,543

　監査業務は，労働集約的な業務であることから，監査報酬は，おおむね監査時間の積算によって算出される。東芝の監査は，十分な時間をもって行われていたのかどうか。あるいは，過度な監査報酬の引下げ圧力に晒されて，監査人に十分な時間が与えられていなかったのではないか，という問題提起もできるかもしれない。

　先に述べた監査人・監査報酬問題研究会の調査報告書では，監査報酬の過度な値下げ等をモニタリングする意味もあって，例年，監査報酬額の増減分析を行っている。

　たとえば，2014年度についてみれば，2014年度に監査報酬が減少した企業数は831社と全体の24.05％を占める。さらに，監査証明業務報酬が前年度比50％以上減少した企業は7社であったことが報告されている。

(2)　標準監査報酬の算定式

　しかしながら，個別の会社の監査報酬の増減は，あくまでも個社の事情によるものであって，一概に比較することはできないという見解もあるであろう。確かに，あくまでも監査報酬の比較は，他の条件が一定であるならば，という設定が必要となる。

　この点について，監査論研究，特に監査報酬に関する研究では，監査報酬の決定要因を分析し，同一の国・社会・時期などの同一の経済環境に属する企業について，標準監査報酬を算定するモデルを構築する試みが行われてきている。かかる研究は，監査報酬の決定要因の研究と称することができるもので，Simunic（1980）以降，多くの研究が行われており，わが国においても，矢澤（2009）

や町田（2012）などがある。

　ここでは，町田（2012）を示すこととする。

　標準監査報酬モデルの検討は，監査報酬額を従属変数とするモデル式を作り，日本企業のデータセットをもとに，いかなるセットのモデル式が（共変性なく）成立し，かつ，一定の説明力を維持できるかを，SPSSを利用して，いわゆるステップ・ワイズ法に基づいて，1つずつ確認していくという方法によって行った。[21]

　結果として得られたのは，次のモデルである。

$$AFEE = a + \beta_1 Assets + \beta_2 INVAR + \beta_3 Liquid + \beta_4 GC + \beta_5 Loss + \beta_6 Subs + \beta_7 Market + \beta_8 Auditor + \beta_9 Industry + \varepsilon$$

$AFEE$	：監査報酬の金額
$Assets$	：総資産の自然対数
$INVAR$	：棚卸資産と売掛債権の合計を総資産で除したもの
$Liquid$	：流動比率
GC	：継続企業の前提に係る注記が付いている場合1，そうでない場合0
$Loss$	：当期に純損失を計上している場合1，そうでない場合0
$Subs$	：連結子会社数（＋1）の自然対数
$Market$	：上場市場が既存市場の場合1，新興市場の場合0
$Auditor$	：大手4法人の場合1，それ以外の場合0
$Industry$	：産業ダミー（32セグメント）
ε	：誤差項および本研究における異常監査報酬の測度

　このモデル式に，実際の各企業のデータを投入し，重回帰分析を行って，切片（a），各係数（β_1からβ_9）および誤差項を算定することによって，標準監査報酬を算定するためのモデル式が得られる。

　紙幅の関係から詳細は省くが，町田（2012）において，本モデル式による調整済みR^{2}は0.737であり，一定の説明力を有していたと解することができよう。

　標準監査報酬のモデル式が定立できれば，モデル式の各変数に，各企業における個別データを入れて，当該企業における標準監査報酬（いわば，その時点・

21　当該研究で利用したデータは，2009年3月決算会社2,656社を対象として，監査報酬等のデータは監査人・監査報酬問題研究会の調査結果，その他の財務データ等は日経NEEDS Financial Questによって入手したデータを利用した。なお，SEC登録企業等39社を除き，金融機関およびデータの不備のある企業等を除いて，対象企業は，2,416社であった。

その環境において，当該企業の業容等から想定される監査報酬額）を算定し，実際の監査報酬額と比較すれば，少なくとも，低廉な監査報酬や，過度な報酬ダンピングは識別できるように思われる。

　問題は，識別した企業に対して，いかなる対応を図るかである。

　公的な機関（たとえば行政当局や証券取引所）がそうした企業に対して何らかの警告を行うこと，あるいは，自主規制機関たる日本公認会計士協会が，監査人に対して何らかの措置をとることなどが考えられるであろう。

　本来，監査報酬は，契約自由の原則のもと，被監査企業と監査人との間の監査契約において決定されているのであるから，監査報酬の低廉化には，監査人側にも責任の半分はあるといわざるを得ない。しかしながら，PCAOBの議長であるJames Doty氏は，かつて，監査報酬はクライアントから支払われ，監査人にとっての出世とは，クライアントを喜ばせ，監査法人のビジネスを拡大することを意味する場合もあることから，「監査人はクライアントに媚びるプレッシャーに晒されている」とも述べている（Doty, 2011）。これは動かしがたい事実であろう。

　監査報酬の決定権限が企業側にあり，監査役等には同意権しかないというわが国の現状では，そうした制度を変えて，監査役等に決定権限を与えることも重要な一歩であるが，同時に，アメリカにおいても上記のようなリスクに監査人が晒されていることが指摘されているのだとすれば，さらなる何らかの措置が必要かもしれない。

第4章

監査時間と監査の品質

　前章では，監査報酬の問題を取り上げた。監査報酬は，わが国を
はじめとして多くの国において公表されている，最も外部から入手
しやすい監査の品質指標の1つである。

　しかしながら，監査報酬は，実際には，監査時間の代理変数であ
るともいえる。監査は，労働集約的な業務であり，スキルの異なる
監査実施者の業務時間の総和である監査時間が，監査報酬の大部分
を占めることになるからである。監査報酬は，監査時間が開示され
ていない中で，監査時間を類推することのできるという意味で重要
な指標なのである。

　ここで，仮に，監査時間が開示されるのであれば，監査時間のほ
うが，より監査の品質の代理変数として，あるいは，監査報酬と併
せて，現状よりも有用性の高い監査の品質指標として機能してくる
のではないか。

　本章では，監査時間の問題を検討することとする。

1 監査時間の不足

(1) 「本当に監査時間不足なのか」

はじめに，『企業会計』「三角波」に掲載された論稿[22]を引用する。

「東芝の会計不正事実を契機に，金融庁は，『会計監査の在り方に関する懇談会』を設置して議論を行い，3月8日に提言を公表した。並行して，自民党の金融調査会でも，監査のあり方をめぐって議論が行われた。

なぜ東芝の会計不正を，新日本監査法人が見抜けなかったのか。それは，端的には，新日本監査法人の監査品質が劣化していたからだ。よって，金融庁・自民党での論点は，企業の会計不正を見抜くためにいかに監査品質を向上させるかに尽きる。そうであるにもかかわらず，一番の当事者である日本公認会計士協会（JICPA）は，監査品質向上の議論を脇に置いて，監査環境の改善が必要だとして，「監査時間の確保」の主張に汲々としている。あ然とするばかりだ。

JICPAが自民党で説明した出所不明の資料によると，日本における1社当たりの平均監査時間および監査報酬の平均単価は，米国と比べてそれぞれ約2分の1であり，それゆえ，日本における1社当たりの監査報酬の平均は，米国に比べて約4分の1しかないという。ゆえに，日本における監査時間と監査報酬の確保を主張する。

まず，米国と日本との会計・監査・開示制度や法規制の仕組み，会社規模の違い等を加味せずに，日本と米国と監査時間を単純比較することは全く無意味である。平均単価についても，日米の監査法人における年齢構成や，IT投資を含めた監査効率の差，日米の物価水準・賃金水準等を加味する必要があることは明白だ。

よって，監査時間をめぐるJICPAの主張には全く根拠がない。そもそも，必要十分な監査時間が確保されていない状況での監査は，監査基準において

---

22 「本当に監査時間不足なのか」，『企業会計』68巻5号，2016年5月，97頁。同記事は匿名記事であるが，「TAKE」という署名が付されている。

許されてないことであり，JICPAがそのような安易な主張をすること自体，監査制度に対する国内外の信頼を揺るがすものである。」

　少し，補足説明が必要であろう。金融庁に設置された「会計監査の在り方に関する懇談会」の提言が2016年3月8日に公表されるに先立って，2月19日に開催された自由民主党の「金融調査会・企業会計に関する小委員会　合同会議」において，日本公認会計士協会が「会計監査の信頼性確保に向けて」という報告を行い，その中で，「当協会の考え」として，次のような主張を行ったのである。

　「『十分な監査時間の確保と適切な監査報酬』

　コーポレートガバナンス・コードに記載されている通り，高品質な監査を実施するには，十分な監査時間の確保が必要

　高品質な監査を実施するために必要となるコスト（適切な監査時間，監査技術の開発，審査体制の充実強化，スタッフの育成等）に基づく適切な監査報酬が必要」

　さらに，報告資料では，監査時間平均として，日本が5,176時間，アメリカが9,959時間で日米比率が52.1％であること，および，監査報酬額平均では，日本が平均6,100万円，アメリカが平均2億6,900万円，日米比率22.8％であることなどが示されていた。前掲の「三角波」の論稿は，こうした主張に対する批判である。

　これらの日本公認会計士協会のデータは，後日，同協会が前掲の自由民主党の会議に示した出典データによると，まず，監査報酬額については，日本公認会計士協会の資料は，筆者も責任者の1人として関わっている「監査人・監査報酬問題研究会」による「監査報酬実態調査結果」（監査人・監査報酬問題研究会，2016）によるものであるという。これは，日米における開示資料をもとに，すべての上場企業についてのデータを捕捉していることから，実際のデータの比較として問題はないであろう。

　他方，監査時間については，日本については，日本公認会計士協会に提出される監査実施状況調査に基づくものであって，金融商品取引法適用会社（連結アリ）の全社（3,208社）の平均をもって示されているのに対して，アメリカのデータは，アメリカの財務担当経営者協会（Financial Executive Research

Foundation）が毎年実施している監査に関する調査データを用いたもので，調査に回答した34社の平均にしか過ぎない。この点については，必ずしも十分なデータとはいえず，また，比較すべきデータ同士であるともいい難いことから，批判は甘受すべきかもしれない。

(2) 監査時間の調査結果

　この点について，筆者がかつて実施した調査結果をご紹介したい[23]。

　日本公認会計士協会が会員の実務での参考として提示している監査時間の見積りのためのシート[24]をもとに，**図表4-1**のような調査シートを作成し，個々の監査業務ごとに，監査時間と業務実施者の職位を同シートに記入してもらう形での実態調査を行った。

図表4-1 調査シートの概要

作　業　内　容	関　与　時　間　／　比　率			
大　項　目	業務執行社員・QRP	主査	Staff	合計
計　　画				
内部統制の評価				
実証手続等（表示の検討を含む）				
監査意見の形成等				
品質管理等				
合　　計				

　調査実施期間は，2010年8月から2011年6月までであり，調査対象とサンプルは，**図表4-2**のとおりである。このうち，AとX，BとYは，それぞれ同一の国際的なネットワークに所属するグループである。また，中堅B，Dおよび

23　以下の本節の記述は，（町田，2012）の一部である。
24　日本公認会計士協会監査・保証実務委員会研究報告第18号「監査時間の見積りに関する研究報告」，2008年6月3日。

アメリカのXとYに対しては，調査の制約から個々の監査業務についてではなく，事務所全体での合計および平均値の回答を得ている。対象となる監査業務は，いずれも上場企業の連結ベースでのものであり，金融業を除き，日本ではSEC登録企業および子会社上場企業を除いている。サンプル数は，日本467，アメリカ198である。

図表 4 - 2　調査対象とサンプル

年度	日本				アメリカ	
	大手A (一部)	中堅B	中堅C	中堅D	事務所X	事務所Y
2007	85	42	—	—	—	—
2008	85	42	29	14	52	47
2009	85	42	29	14	52	47

本調査は，一種の対面質問票調査であるが，これによって，一定のサンプルサイズは確保できており，日米比較にも前掲のような大きな問題はないと考えられる。

ここでは，「日米の監査時間の差異」についてのみ結果の概要を説明すると，次のとおりである。

まず，図表 4 - 3 から見ると，日本の監査時間は，アメリカの監査時間の27.4％にしか過ぎない。同じネットワークに属する事務所同士の比較によって対売上高比率で見ると，この傾向はさらに顕著であり，図表 4 - 4 のとおり，アメリカの22.9％にしか過ぎなかった。日本公認会計士協会の調査（日本公認会計士協会，2004）では1.1倍ないし2.8倍の差異があると報告されているが，同調査と比べて現時点における実際の監査時間には，より大きな差異があることがわかる。

図表4-3 監査時間の日米比較（概要）

(n=日本467；アメリカ198)

作業内容	関与時間							
大項目	業務執行社員・QRP		主査		Staff		合計（比率：%）	
	日本	アメリカ	日本	アメリカ	日本	アメリカ	日本	アメリカ
計画	60.3	223.1	188.2	679.5	125.2	324.8	373.7 (10.1)	1,227.4 (9.1)
内部統制の評価	82.4	321.5	301.0	1,524.8	948.3	4,782.5	1,331.7 (35.9)	6,628.8 (48.9)
実証手続等（表示の検討を含む）	59.02	102.8	344.5	1,057.0	1,300.5	3,414.1	1,704 (45.9)	4,573.9 (33.7)
監査意見の形成等	62.1	223.6	162.4	547.8	28.5	68.2	253 (6.8)	839.6 (6.2)
品質管理等	33.5	180.2	16.5	107.7	0.9	3.2	50.9 (1.4)	291.1 (2.1)
合計	297.3	1,051.2	1,012.6	3,916.8	2,403.4	8,592.8	3,713.3 (100.0)	13,560.8 (100.0)

図表4-4 提携関係にある事務所間の比較

	日本 n=255	アメリカ n=104	t値
平均監査時間（標準偏差）	4,419 (16,132.75)	16,525 (10,964.07)	8.2057***
平均売上高（標準偏差）	24,524.03 (2,228.78)	17,510.00 (1,215.02)	38.2219***
対売上高監査時間比率（標準偏差）	0.2010 (2.2658)	0.8776 (1.8999)	2.8892***

　また，図表4-3において監査プロセスごとの監査時間の割合について見てみると，日米の最大の差は，時間数の差で見れば，内部統制の評価にある。内部統制の評価にかかる時間は，アメリカに比べて4,000時間以上も少ないのに対して，実証手続になると，その差は3,000時間弱にとどまる。また，比率上では，

品質管理にかける時間が最も大きな差異を示しており，日本はアメリカの17.5％に過ぎない。

なお，職位による比率は，パートナー，主査，スタッフのそれぞれについて，日本は，アメリカの28.3％，25.9％，28.0％となっており，監査時間全体の比率と比べて大きな違いは見られない。言い換えれば，職位の低い者が担当することで監査報酬を低減しているのではなく，監査時間が全体として低いことによって監査報酬が低いのではないか，と解されるのである。

⑶　日米比較の意味するところ

上記のように，一定の調査の作法に基づいた調査結果を示すことができたとしても，確かに本章冒頭の「三角波」の筆者のいうように，日米のデータは，それぞれの国の「会計・監査・開示制度や法規制の仕組み，会社規模の違い等」が背景にあるのであって，単純比較をすることは無意味であろう。

しかしながら，日米の監査事務所における監査契約について，基本的に同じ監査マニュアルを利用していると想定される提携監査事務所の間で相違があることが確認され，そのうえで，平均監査時間が，若干大きい，小さいという程度の話ではなく，4倍（対売上高比率でも同様）もの格差があることは，異常なことなのではなかろうか。いうまでもなく，これは，「日米の監査法人における年齢構成や，IT投資を含めた監査効率の差，日米の物価水準・賃金水準等」で説明できる範囲を超えているように思われる。

監査報酬は，当該国の会計プロフェッションの社会的地位や収入の差異によって大きく影響されるということもできるが，監査時間は，監査業務に実際にかけられた業務量に直結するものであることから，事態はより深刻であろう。

2 監査期間

⑴　「決算日から監査報告書日までの日数」

再び「三角波」の記事に戻る。

同記事の続きの部分では，次のように述べられている。

「JICPA は，監査時間をめぐる議論の延長線上で，『決算日から監査報告書日までの日数』が短いことを問題視し，その解決のために，会社法と金商法の開示内容の一元化を主張する。自民党で説明した資料によると，「決算日から監査報告書日までの日数が，日本が42日，米国が58日，ドイツ・フランスは80日超だという。しかし，日本の42日というのは，会社法の監査報告書日までの日数であり，他国が日本における金商法（有価証券報告書）の監査報告書日までの日数であることを勘案すると，比較すらできないはずである。さらに，監査計画は，年間を通じてスケジュールが立てられるものであり，『決算日から監査報告書日までの日数』の短さのみをもって適切な監査ができないというのは，監査人の責任放棄以外の何物でもない。」

確かに，日本公認会計士協会が主張する「決算日から監査報告書日までの日数」の問題は，現場の監査実務にとっては非常に大きな問題である。上記のような会社法の監査報告書日までどころか，決算短信の公表前に，監査報告書とはいわないまでも，一定の監査人の結論を得ようとする会社側の意向はかなり強いといわれている[25]。

しかしながら，他方で，上記の「監査計画は，年間を通じてスケジュールが立てられるもの」との主張や，前掲引用における「必要十分な監査時間が確保されていない状況での監査は，監査基準において許されていないことであり，JICPA がそのような安易な主張をすること自体，監査制度に対する国内外の信頼を揺るがすもの」との主張は，一概に否定できるものではない。

それどころか，東芝事件を契機とした監査の品質の見直しの中にあって，「決算日から監査報告書日までの日数」という重要な問題を提起するにしても，時宜を失っているようにさえ思われる。本来議論すべきは，いかにして監査の品質を高度な水準に維持するかであって，そのために，東芝をはじめとする会計不正に監査がいかにして対応したか，できなかったかを徹底的に検討すべきではなかろうか。

---

25 2015年11月から2016年4月に開催されていた，金融審議会「ディスクロージャーワーキング・グループ」において，日本公認会計士協会から参加していた関根愛子委員（当時，日本公認会計士協会副会長）は，第4回における資料を他で，「決算開示書類の一体的開示及び監査の実質的一元化」として，この点を再三にわたって主張されていた。

http://www.fsa.go.jp/singi/singi_kinyu/disclose_wg/siryou/20160314.html

日本公認会計士協会にあっては，監査時間の少なさと，そのもとでどのように監査が行われているのか，どこにしわ寄せが来ているのかを正面から検討して，問題を提起すべきではないかと思われる。

　一方で，「三角波」の著者は，「①監査業務におけるITの積極的な導入，②若手会計士に対する十分な人材教育に，今こそ前向きに取り組むべきである。これにより，監査業務が効率化し，監査リスクの高い項目の監査に集中することができる。『監査時間を減らす』努力をすることが，回りまわって，監査品質の向上につながるのだ。」と結んでいるが，ITの利用や会計専門職業人の教育の重要性は当然のことながら，そうしたことでさらに監査時間を減らして，「監査報酬の値下げの余地がある」，といった議論を惹起することは，本末転倒であると思われる。[26]

⑵　監査時間と監査の品質

　監査時間が，監査業務の量的な測度であり，監査報酬はその監査時間の一定範囲の代理変数に過ぎないとも解される。他の条件が一定ならば，監査時間の少ない監査業務は，質が低いといえる。

　問題は，監査時間という量的な測度の問題に限らない。制約の大きい監査時間のもとでは，重要な監査事項に対する監査が適切に行われないおそれがある。監査報告書を発行する期限が近づいて，本来実施すべき監査手続が実施されないままに，監査の終了を迎えてしまうかもしれないからである。

　また，監査実務において，少ない監査時間に業務を集約しようとすれば，「三角波」の筆者のいうように，「会計士はますます疲弊し，監査業務の効率が低下し，監査品質も低下する。会計士試験を志す若者もいなくなるだろう。」という

26　この点について，筆者は，ある座談会で次のように主張したことがある（脇田ほか，2016）。
　「日本の監査では，報酬にせよ時間にせよ，欧米諸国の半分どころか4分の1，5分の1なのです。百歩譲って，報酬に関しては，日本の会計士は欧米に比べて低い賃金で働く職種なのだ，ということで済むのかもしれませんが，時間は違います。グローバルな事務所間の提携のなかで，同じマニュアルで監査していて時間が少ないということは，どこかをスキップしている，省略しているところがあるのではないかということです。スキップしているものをITで補うという議論にはなりません。
　　　＜中略＞
　監査人に対して，プロフェッショナリズムをもっと発揮すべきだというときに，それはそのとおりかもしれませんが，同時に，十分な監査時間という武器を与えているのかどうか，という点も問われなければなりません。」

のはそのとおりであろう。

　特に，法規で求められている監査の品質管理については避けられない事項として実施されるとすれば，少ない監査時間のもとでは，品質管理の要求事項を高めれば，逆に品質管理以外の判断業務に割くことのできる時間の割合が低下し，監査の品質の低下や，監査の品質管理に対する不当な不満を惹起することとなろう。

③ 監査の品質指標としての監査時間

(1) PCAOBの提案

　監査時間は，監査業務の重要な量的測度であり，監査報酬はその監査時間の一定範囲の代理変数に過ぎない。仮に他の条件が一定ならば，監査時間の少ない監査業務は質が低いということができ，特に，制約の大きい監査時間のもとでは，重要な監査事項に対する監査が適切に行われないおそれがあるため，監査の品質が適切な水準に達していない可能性があるのである。

　海外では，こうした監査時間の重要性に鑑みて，アメリカや韓国，さらにはEU諸国においても，監査時間を監査の品質指標として活用しようとする動向が見られる。

　まず，アメリカでは，PCAOBが，2011年8月16日に「監査人の独立性と監査事務所のローテーション」と題するコンセプト・リリース（PCAOB, 2011）を公表した。そこでは，PCAOBは，監査人の強制的交代のメリットとデメリットを比較検討して，大規模公開会社に限定して強制的交代を導入することを有力な案として提示しており，また，その強制的交代の期間としては，10年間が1つの目安とされていた。

　しかしながら，PCAOBでは，2012年3月にコンセプト・リリースに関して公開ラウンドテーブルを開催したところ，圧倒的多数の参加者から，強制的交代制の導入への懸念が表明された（PCAOB, 2012）。さらに，アメリカ公認会計士協会（AICPA）をはじめとする監査業界は，連邦議会に働きかけ，PCAOBによる監査事務所の強制的交代の制度化を禁じる内容のSOX法改正案（U.S.

House of Representatives, 2013）が下院で決議されたのである。本法案は，上院の銀行，住宅および都市問題委員会に付託されたが，民主党が多数を占める上院では決議されることはなかった。しかしながら，下院における決議の重みを受けて，当面，PCAOBは，単なる監査事務所の強制的交代を行うことはできなくなったのである。

そこでPCAOBは，2013年11月に，新たに，企業の監査委員会が監査事務所との契約にあたって監査事務所の品質評価を行うための監査品質指標（Audit Quality Indicators: AQI）を提案する討議資料（PCAOB, 2013）を公表した。この背景には，先のコンセプト・リリースに対する反対意見として，現状において監査事務所の強制的交代を実施すれば，後任監査人の選任にあたって監査報酬しか重要な情報がなく，価格競争に陥ってしまうとの意見が数多く示されたことがある。その後，2015年7月に，コンセプト・リリース「監査品質指標」（PCAOB, 2015）[27]が公表され，28件の具体的な監査品質指標が提案され，2015年9月29日までのコメント募集期間を経て，コメントの分析等の検討が進められたのである。

これらの指標は，監査事務所ごと，監査契約ごとに公表されることが提案されており，監査委員会が監査事務所との契約を検討する際に利用することができる。かかる指標が公表されれば，監査事務所の強制的交代を実施するための基盤が整うこととなり，強制的交代を求めなくとも，監査委員会に対して，これらの監査品質指標に基づく検討を要求することを通じて，実質的に監査事務所の交代を促す効果があるものと解される。

こうしたAQIについて，PCAOBでは，今後，28件あるAQIのうち，高い品質の監査と関連性のあるAQIを検討し，10件以下に絞り込むことを考えていて，そのために，検査プロセス等を通じて，情報収集と分析を継続するとしている（Hanson, 2015）。そのうえで，PCAOBでは，「数年後に，AQIの利用，討議，または開示を強制するための規則を設定する必要があるかどうかを，再度検討する」としている。すなわち，AQIが拙速に導入されることはないものの，今後数年間にわたって，AQIの絞込みのプロセスが進められていくというのである。

実際，PCAOBが2017年6月に公表した，監査報告書の記載内容の拡充を含

---

27 本コンセプト・リリースについての紹介記事として，甲斐（2015）があるので参照されたい。

む監査基準では，記載項目の1つとして監査事務所の長期間の関与（Audit firm tenure）についての記載が求められているなど，先行的な取組みも見られる。AQIは，監査報告書，監査事務所の公表する透明性報告書，監査委員会宛の説明文書，さらには，監査監督当局宛の提出書類等のさまざまな媒体，局面において，報告が求められる可能性があるといえよう。

こうしたPCAOBの動向に対して，AICPAの有する研究機関であるCAQにおいても，PCAOBのコンセプト・リリースに先駆けて，独自のAQIとその利用方法についての提案を行うとともに，フィールドスタディが実施されるなどしている（CAQ, 2014）。

⑵　監査の品質指標としての監査時間

PCAOBの監査品質指標の提案では，指標が「監査人」，「監査プロセス」および「監査結果」の3つの領域に分類されているが，そのうちの「監査人」の分類，さらにその中の「焦点（Focus）」という細分類において，監査時間にかかる2つの指標が提示されている。すなわち，「監査時間とリスク領域」および「監査の各段階への監査時間の配分」である。

これらの指標は，「監査人」という大分類の中の「焦点」，すなわち，監査人が識別したリスク領域に対して，監査計画上，どの程度の時間を配分し，また実績としてどの程度の時間を費やしたかを指標として公表させようというものである。たとえば，「監査時間とリスク領域」では，パートナー，マネジャー，監査スタッフ，会計および監査の専門要員，専門家，および審査担当者の監査時間と，特別な検討を必要とするリスクに割り当てられた監査時間について，前期および当期，ならびに，業種別区分での表記を求めている。これらの指標は，監査契約ごとに開示することとともに，監査事務所においても，平均値または比率によって開示することが求められる。

他方，本書では詳述しないが，CAQが提案するAQIは，比較的，定性的な情報や項目が多い傾向にあるように見受けられる。ところが，監査時間を監査の品質指標とする点については，CAQにおいても，ほとんど同様の記載があり，CAQとPCAOBの両者の提案内容が一致しているのである。この点からも，監査の品質指標として監査時間を開示することは，かなり現実的，または実施可

能性の高い提案なのではないかと考えられるのである。

4 監査時間に関する制度と実務

　監査時間について，公表を求める制度は，わが国には存在しない。現在，監査時間の開示が行われているのは，少なくともOECD諸国のうちでは，韓国のみである。

　韓国では，2014年9月2日に，国務会議において「外部監査に関する法律」にかかる施行令が承認され，同施行令第6条および別紙第22号において，監査人は，2014年11月29日以降に提出する監査報告書において，監査に関与した人数，監査時間，および監査業務内容等を記載した文書を監査報告書に添付しなければならないこととなった（監査業務内容については，監査計画，現場監査，実地棚卸，外部確認等に区分して遂行時期および業務実施内容等を記載）。

　『韓国経済新聞』（2015年8月19日）によれば，金融監督院が，「適正監査時間基準値」に達しない企業100社に対して特別点検を実施するという。韓国では，監査時間を監査監督機関による検査にすでに利用していることがわかる。

　他方，わが国においては，上場会社等（金融商品取引法上の監査対象会社）については，監査人に対して「監査概要書」の提出が求められており（金商法193条の2第6項，監査証明府令5条），その中で，「第二部　監査の実施状況等・1　監査の実施状況」において，監査時間の記載が求められている。

　監査概要書の書式は，次の**図表4−5**のとおりである。

図表4−5　監査の実施状況

従事者の内訳	人数	従事日数又は時間数
監査責任者又は業務執行社員		
公認会計士		
その他		
小計		
審査担当者		
合計		

また，監査概要書の提出は，監査，中間監査および四半期レビューのいずれも，報告書の作成日の翌月の末日までとなっており，提出先は，各財務局に対して，書面によってのみ提出可能とされている。監査概要書は，非公開であるが，被監査会社に対しては，その写しに当たる内容が，「監査実績報告書」等の名称で渡される慣行がある。金融庁では，監査人に対する処分が検討される際に，概要書を再検討することから調査が開始されることとなる。

他方，非上場の大会社については，会計監査人が「監査実施報告書」を日本公認会計士協会会長宛に提出することが会則上求められている。これは，日本公認会計士協会が，毎年2月に公表している「監査実施状況調査」の統計資料の資料となっている。日本公認会計士協会では，監査概要書の写しとともに，監査実施報告書の提出を会員たる監査人に対して求めており，統計資料として，監査報酬および監査時間の平均値等が公表されている。

監査概要書も，監査実施報告書も，いずれも実績値としての監査時間を記載することを求めていることから，非公表の資料ながら，監査時間の実績値の提出は行われているといえよう。英米においては，こうした制度はない。

さらに，実務においては，監査人は，被監査企業との契約において，また，監

図表4-6　監査報酬の見積りの例

監査報酬お見積金額

第150期

	日数	時間	金額
監査報酬お見積金額			117,000,000　円
要員別監査時間数内訳			
監査責任者	105	735	
公認会計士	413	2,891	
スタッフ	505	3,537	
合計	1,023	7,163	

備考　①　当期執務日数の中には弊法人における執務日数が含まれております。
　　　②　1日当たり7時間により算定しております。
　　　③　上記金額には消費税等を含んでおりません。

査役等とのコミュニケーションの一環として監査役等との会合においても，監査報酬とともに監査時間を提示している。ここで上場会社かつ大会社の監査人であることを前提として考えるならば，監査人は，株主総会において会計監査人としての選任，または「別段の決議」が行われないことをもって再任された後の，たとえば，3月決算企業であれば，おおむね7月末ないし8月上旬に，被監査会社側に監査計画とともに監査報酬見積書を提示する。この見積書の中で，図表4-6のような監査報酬とその積算根拠としての監査時間を示しているのである。

　ここで示されている監査時間は，あくまで見積りであるため，監査の実施によって追加の監査手続の実施等によって超過する可能性がある。とはいえ，この時間数を基礎として積み上げられた監査時間またはこの時間と同じ時間数が，監査終了後に，最終的な監査時間数として，監査概要書に記載されることとなろう。

　要は，実務として，監査時間はすでに監査役等，すなわちガバナンスに責任を有する者（Those Charged with Governance：TCG）に対しては，すでに監査時間の提示は行われているのである。さらなるステップとしては，①監査事務所としての平均値や比率を提示すること，さらには，②それらを開示することや，③個別の監査契約ごとの監査時間も公表することが考えられるが，いずれも，単なる実行可能性という点ではすでに可能な段階にあるといえよう。問題は，かかる監査の品質指標が公共の利益（public interest）という観点またはその他の目的のために，必要とされるかどうかにかかっていると思われる。

5 監査時間に関する研究

(1) 監査時間と監査報酬

　監査研究においても，監査時間について，あるいは監査報酬における監査時間の関係性を捉えることから研究は進められてきた。

まず，監査業務におけるコストをモデル化すると，次のようになる。[28]

$$E(c) = cq + [E(d) \times E(r)]$$

$E(c)$：期待総コスト

c　：外部監査資源の１単位投入ごとのコスト（すべての機会コストを含む）

q　：監査を実施する際に監査人が投入する資源

$E(d)$：今期の財務諸表からクライアントの株主が蒙るかもしれない潜在的な損失の期待現在価値

$E(r)$：監査人が今期の財務諸表に関連する損失の責任を負わされる確率

このモデルにおいて，監査報酬は正常利益を含んだうえで，監査の期待総コストをカバーするように設定される。ここで，cqは，先に述べた監査事務所における監査資源の投入に伴う直接的な監査コストに等しく，$E(d) \times E(r)$ は監査人にとっての保険加入ないしは損害賠償責任を負わされるリスクの期待コストに等しい。

さらに，cqの部分については，次のように展開させることができるであろう。

cq：監査事務所にとっての直接監査コスト

　　＝Σ｛監査時間×監査実施者の時間当たり単価×監査人の専門性／経験の高さ｝

ここで，達成すべき目標が合理的な保証の水準として所与であれば，他の条件を一定とした場合，より多くの監査要点に対して監査資源を投入したと想定できる，あるいは１つの監査要点により多くの監査資源を投入したと想定できるような高い監査報酬を獲得する監査契約ないし監査事務所のほうが，そうでない事務所ないし契約よりも質的に高い監査品質を確保していると推測される。もちろんこの推測には，既述のように，投入監査資源量以外の条件を一定としているため，事務所ごとに異なるはずの時間当たり単価や監査人個人の熟練度等の条件を無視しているという点では限界がある。しかしながら，それらの監査の品質指標が，これまでのところ開示されてこなかった状況において，公開

28　本モデルの詳細については，松本・町田（2012），およびSimunic（1980），Pratt and Sice（1994）を参照されたい。

データとして公表されてきた監査報酬額は，研究上，監査の品質の高低を判定するために極めて重視すべき指標として取り扱われてきたのである。

⑵　監査時間にかかる先行研究

では，直接に監査時間を扱った研究にはいかなるものがあるのかというと，制度上，監査時間については，韓国を除いては公表資料がないため，監査事務所に対する一種の聴き取り調査によって得られた非公表の資料をもとにした実態調査が中心となる。したがって，追試が困難であることもあって，必ずしも同じ研究が重ねられていく傾向にないことが特徴となっている。

まず，監査時間を監査人の業務量として捉えて，被監査会社の特徴との関係で検討したものとして，Johnstone and Bedard（2001），Bell et al.（2008），などが挙げられる。このうち，Johnstone and Bedard（2001）は，不正リスクによって監査人は専門家の配置とともに調書の査閲にかける監査時間を増やすこと，また，Bell et al.（2008）は，ビジネスリスクの増加が監査時間に影響を及ぼすという結果を示している点で，AQIの議論との関連性が高い。

また，監査報酬と監査時間の関連性を分析したものとしては，Deis and Giroux（1996）が重要である。同研究では，監査人の交代による監査報酬と監査時間に対する影響を検討して，監査人が交代した際には，監査時間自体は有意に増加していることを示している。同様に，第1節で紹介した拙稿（町田，2012）もまた，日本の監査報酬が低廉な理由を監査時間に求め，内部統制の評価を含むリスク評価，および品質管理の領域に割り当てられる監査時間が有意に少ないことを論じている。

その他，監査事務所の規模との関連で監査時間を扱ったものとしては，Blokdijk et al.（2006）があるほか，利益の質との観点で，監査時間の問題を取り上げたものとして，Caramanis and Lennox（2008）が挙げられる。

他方，監査時間の実態調査としては，再掲になるが，日本公認会計士協会（2004）の国際比較調査がある。同調査では，数年ごとに実施している「監査実施状況調査」の一環として，日本の大手4大監査法人の協力のもと，アメリカ，英国，ドイツ，フランスおよびカナダの5か国と日本との監査時間数の比較調査を行っている。それによれば，海外における監査時間は，おおむね日本の1.1

倍ないし2.8倍であることが示されている。

6 監査品質指標としての監査時間

　AQIとして，監査時間を利用する場合には，韓国のケースが参考になる。現在でも期末監査の実施報告にあたって，監査人は，被監査会社側，特に監査役会に対して，監査概要書の写しからなる監査実施報告書を提出していることから，これを整理して，監査報告書の添付書類とすることが考えられる。

　しかしながら，PCAOBが求めているのは，①監査チームおよび監査事務所の職位別の監査時間，②前期と当期の監査時間，③監査計画と実績，および④特別な検討を必要とするリスクにかかる監査時間の開示を求めていることから，その内容はかなり詳細になるものと予想される。

　海外においては，監査事務所内での業務管理のために，こうした数値は把握されていると考えられるので，それをどこまで公表するかという問題になると思われる。逆に，監査報酬をトップダウンアプローチで決定している中小規模の監査事務所にとっては，かかる監査時間の算定は，大きな負担かもしれない。

　他方，現在のわが国の場合には，監査報酬は，アメリカの3分の1から4分の1程度ということが知られているが，報酬の多寡は，各国の経済水準や職業専門家の社会的地位等によって，判断が異なるものであるとして，単純比較をするのには困難が伴う。しかしながら，具体的に監査時間が公表されるとなると，ほぼ同一のマニュアルのもとで実施されている監査の投入業務量の少なさが問題となるであろう。さらには，SEC登録企業等における監査時間と，業容がほぼ同じ日本国内のみに上場する企業とで，なぜ監査時間が大幅に異なるのかについての説明は難しいであろう。わが国の監査実務環境において，監査時間を指標として公表することについては，反対意見が大きいかもしれない。

　金融庁から公表された「会計監査の在り方に関する懇談会」の提言においては，次のように述べられている。

　　「このほか，会計監査の透明性を向上させる観点からは，アメリカを中心に，監査の品質を測定する指標（Audit Quality Indicators）の策定に向けた取組みも進んでいる。このような指標をめぐっては，共通の基準に基づく客観的

な監査品質の評価を可能とすることが期待される一方，そのような指標の実現可能性や指標を念頭に業務を行う形式主義への懸念なども示されているところである。このため，まずは諸外国における指標をめぐる動向等をフォローしていくことが考えられる。」

すなわち，当面は，諸外国の動向をフォローすること，さらには，自主的な対応に委ねるというスタンスが示されているのである。わが国でのAQIの導入は，まだ将来的な検討課題に留まるのかもしれない。

しかしながら，先に述べてきたように，すでにアメリカ以外の国々においても，AQIの対応は進んでいる点に留意すべきであろう。

第 5 章

業種特化の問題

　監査研究，特にアーカイバル・データを利用した実証的な研究において，よく検討される変数として，業種特化がある。業種特化とは，監査事務所が特定の業種に占めるシェアを変数として，シェアが高い監査事務所は当該業種に関する知識や経験を蓄積しており，監査の品質が高くなる，との仮説である。

　こうした業種特化の変数は，監査報酬や監査法人の規模等と並んで，監査の実施手続に関する考慮をしなくても操作可能なため，わが国でも，財務会計研究者が監査のテーマに取り組む際の"便利な"変数となっている。

　しかしながら，業種特化に関しては，歴史的な経緯と英米における監査事務所形態が背景にあり，特にわが国においては，当てはまりの悪い変数なのである。

① 業種特化の識別

　財務数値や企業情報という基礎的なデータが開示される財務会計領域と異なり，監査研究においては，アーカイバル・データの利用はかなり限定的なものとなる。今後，AQIの公表が制度化されるまでは，アーカイバル・データが適用可能なものとしては，監査報酬，監査契約（担当監査事務所の種類や規模，あるいは監査人の交代等），監査意見（継続企業の前提に係る追記情報等を含む）等に限られるからである。

　そうした中で，業種特化に関する研究は，アーカイバル・データを利用した監査研究において，一定の研究群を構成している。上記のように，ある監査事務所が特定の業種において占めるシェアを変数として分析に適用することは，監査にかかる知識に関係なく，比較的容易だという側面も指摘できる。

　監査事務所における業種特化は，1960年代から指摘されていた（Zeff and Fossum, 1967）が，監査の品質の問題との関連で問題提起した嚆矢は，おそらくDopuch and Simunic（1980）であろう。彼らはあくまでも記述的に，監査事務所が特定の業種に占めるシェアが高ければ，当該業種に関する知識や経験が監査事務所内に蓄積されて，監査の品質に影響するのではないかという可能性または仮説を指摘したに過ぎない。その後の研究者たちは彼らの仮説を実証したり，あるいは，他の研究テーマにおいて業種特化を1つの変数として用いることで，業種特化にかかる数多くの研究成果が積み重ねられてきた。

　監査事務所の業種特化に関する研究としては，業種特化の把握の仕方によって，おおむね3つの類型がある。

　第1に，Balsam et al.（2003）等に見られる被監査企業の総資産を利用したもので，次のように示される。

監査事務所の業種特化の程度
　＝（当該監査事務所が担当する企業のうち，当該産業に属する企業の<u>総資産</u>
　　の合計額）÷（当該産業に属するすべての企業の<u>総資産</u>の合計額）

第2の類型は，Krishnan（2003）等に見られるもので，上記の総資産に替えて，売上高を用いるものである。

　第3の類型は，監査事務所が当該業種に占める被監査企業数を用いるもので，次のように示される（Chin and Chi，2009）。

監査事務所の業種特化の程度
　＝（当該監査事務所が当該業種において担当する被監査企業の数）÷（当該業種に属する企業数）

　これらのうち，最も利用されているのは，第2の類型であるが，売上高は会計年度による変動が大きいことや損益分岐点企業の取扱いが難しいことなどが指摘されている。また，第1の類型の総資産にしても，第2の類型の売上高にしても，複数の業種にわたって業容を有する企業については区分が複雑なものとなることや，小規模の企業を多数担当することによって総額としては大きなシェアを占めてしまう場合があることなどから，批判的な見解も多い。

　そうした議論の中で，第3の類型に注目が集まり，少なくとも第1または第2の類型と，第3の類型の2つ以上を使って業種特化を検討するケースが多いように見受けられる。

　また，単に業種におけるシェアではなく，特定業種において最大のシェアの監査事務所か否か（Palmrose，1986），あるいは，最大なだけでなく，競合する監査事務所がない程度に支配的な地位を占めているか否か（Mayhew and Wilkins，2003）といったことをもって，業種特化をロジスティックな変数（該当すれば1，そうでなければ0）として捉えることも行われている。

　一連の研究成果では，業種特化が認められる，すなわち特定の業種に支配的な地位を占める監査事務所は，そうでない監査事務所に比べて，たとえば，被監査企業における裁量的会計発生高の抑制といった監査の品質の代理変数に対して，有意に監査の品質が高いことを示すことが報告されている。

　また，上記のように，業種特化を測定する変数についても，まだいくつかの選択肢が試されており，共通の見解には至っていない。

2 日本における研究

　わが国においても，業種特化を変数として利用して，監査の品質や財務報告の質を問う研究が行われている。

　たとえば，髙田（2014）は，監査事務所の業種特化の程度が高まると利益属性への影響が生じ，被監査企業における財務報告の比較可能性が高まる，すなわち，監査の品質の向上につながる，との結果を論じている。

　藤原（2012）は，業種特化の程度の高い監査事務所について，継続企業の前提に係る追記情報を付す程度が高いかどうか（かかる追記情報を付すことは厳格な監査を実施しているという意味で監査の品質が高いと仮定する）を検証した結果，そうした傾向は認められないことが発見されたことを報告している。

　その他にも，筆者の知る限り，学会報告においては，業種特化をテーマとした，または変数として利用した複数の報告が行われている[29]が，それらにおいて示される研究成果においては，いずれも，業種特化による監査の品質への影響が認められるという結果と，逆に，影響が認められないという結果との双方が示されているように見受けられる。

　そうした結果と直接的な関連性があると言明することはできないが，少なくとも，日本において業種特化を扱う場合には，相当程度の難しさがあることを考慮する必要がある。

　第1に，わが国における監査事務所の寡占状況と中央集権的な管理体制が挙げられる。第2章においても，監査法人の規模の議論として取り上げたが，わが国の監査市場は，大手4ないし3法人による寡占状態にある。このことは，多くの業種において，大手監査事務所が業種特化な監査法人として識別され，結局は，監査事務所の規模変数と同じ結果を導いてしまう可能性があるということである。

　このように述べると，「それは海外でも同じではないか」という反論が想定されるが，たとえば，先行研究においてデータが利用されているアメリカ監査市

29　たとえば，日本会計研究学会日本会計研究学会第75回大会では，次のような報告があった。
　仙場胡丹「監査法人の業種特化と監査の質」，自由論題報告Ⅲ（第8会場），2016年9月14日。

場では，監査事務所は，州ごとに存在し，その州の事務所における業種特化を識別することが可能である。また，英国をはじめとする欧州諸国においては，特定の業種にまさに特化して監査業務を行う「専業監査事務所」ともいうべき事務所が存在している。

わが国のように，ほとんどの監査担当者が東京所在の本部事務所に所属している環境では，業種特化の変数を監査事務所の規模の変数と区別して認識することには，一層の留意が必要となるはずである。

第2に，わが国の監査事務所の組織体制の点が挙げられる。業種特化が監査の品質を高めると考えられるのは，特定の業種における監査業務によって得られた情報が知識・経験として監査事務所に蓄積され活用されるということが前提となっている。しかしながら，わが国の監査事務所は，大手事務所においても，部門は業種によって区分されているとは限らない。場合によっては，吸収合併した旧監査事務所の体制をそのまま監査事務所内に部門として存続させている場合もある。これでは業種特化を識別したとしても，単に特定の業種において大きなシェアを占めているだけで，監査の品質を高めることに機能しないはずである。

現在，4大法人において，業種別の部門構成をとっているのはPwCあらた有限責任監査法人のみである。今後，他の法人でも同様の業種別部門構成をとる予定があるといわれているが，現時点までの業種特化の検討においては，いわゆるPwC Indicatorによってその差異を検討する必要があるかもしれない。

いずれにしても，日本の監査事務所における旧来のタコツボ型の組織体制のもとでは，業種特化を検討する際には，たとえば，監査担当者別の検討や，部門別の検討をする必要があるかもしれないのである。

第3に，監査事務所の規模の議論においても言及したように，わが国の監査市場においては，2006年の中央青山監査法人の分裂および2009年のみすず監査法人の解散による影響があるということである。中央青山監査法人の分裂およびみすず監査法人の解散は，一種の強制的な監査事務所の交代ともみなすことができる事態であり，その結果として，大手監査事務所や中堅監査事務所等において生じた特定の業種内のシェアの拡大は，特定業種における知識・経験，さらにはそれに基づくブランドによって被監査企業を惹き付けたとはいえないで

あろう。

これらの分裂や解散からすでに10年近くが経過しているとはいえ，監査研究上は，その影響をどのように考慮して実証分析をするかが問題となる。他方で，それ以前の状況においては，監査事務所の部門別の独立的な運営は現在以上に顕著であり，第2の点として挙げた問題がより大きく影響してくる可能性がある。

このように，わが国の監査研究において，業種特化を監査の品質の指標として取り扱うには課題が山積しているのである。

3 日本における監査品質指標としての業種特化の問題点

上記のような問題にもかかわらず，業種特化の問題は，海外において監査の品質に一定の影響がある指標として位置付けられている以上，避けて通ることはできないかもしれない。そうだとすれば，問題なのは，業種特化というテーマではなく，それに関する問題設定の仕方ではないか。

上記のように，わが国の監査事務所のタコツボ型の組織形態が及ぼす影響を問うとか，部門別に分析を細分化するとか，考えうるアプローチはいくつかある。

要は，単に海外の先行研究をそのままわが国の監査市場に当てはめて，"統計処理"をするだけの研究であってはならない，ということに尽きるであろう。近い将来，AQIの開示が行われる場合に備えて，監査研究者や，監査研究に取り組もうとする財務会計研究者は，そうした監査環境の相違を踏まえた分析を実施すべく，十分に備えておかなければならないのではなかろうか。

第**6**章

東芝問題と監査の品質の
新たな要件

　監査法人の強制的交代制の導入は，従来，独立性を高めることに
目的があるとされ，監査人の交代コストを別にすれば，独立性の強
化と，その一方で失われていく被監査会社に対する知識や経験のト
レードオフが問題とされてきた。アメリカにおける2001年エンロン
事件以後，日本における2005年のカネボウ事件以後の状況は，独立
性の強化が導入の最大の目的であったと考えられる。

　しかしながら，昨今，特に金融危機以後の監査環境においては，独
立性が主たる問題なのではなく，パラダイムシフトが起きているの
ではないか，と筆者は考えるのである。すなわち，監査法人の強制
的交代を導入しようという動向には，Watts and Zimmerman
(1986) 以来のパラダイムであった，監査の品質を専門能力（適格
性）と独立性という2つの軸で把握しようとする動向に対して，新
たな観点を付加することが必要なのではないか，ということである。

　今や，多くの監査に関する実証研究も，監査の品質に関する変数
を扱うことに終始してしまって，それらの変数が媒介しているとし
て規定された監査の品質にかかる2つの属性（専門能力と独立性）
の議論が，やや等閑視されているようも思われる。

　本章では，今一度，議論の出発点に立ち戻って検討してみたい。

1 Watts and Zimmerman以来のパラダイム

Watts and Zimmerman (1986) は, 契約理論 (エイジェンシー理論) を基礎として, 以下のような監査の品質に関する問題設定を行った。[30]

「契約不履行が発生する場合に監査人がそれを報告する確率は, 次のことに依存している。

1. 監査人がその契約不履行を<u>発見する</u>確率
2. 発見された契約不履行を監査人が<u>報告する</u>確率

最初の (発見する) 確率は, 監査人の専門能力 (competence) と監査に費やされるエネルギーの投入量に依存する。2番目の (報告する) 確率は, 依頼人に対する監査人の<u>独立性</u> (independence) に関連している。契約不履行が発見され, 依頼人がそれを<u>公開しないよう</u>監査人に圧力をかけたとき, 監査人は依頼人の圧力に抵抗できるかどうかが問題となる。」(下線は原著に同じ)

上記の引用文中の「契約不履行」というのは, 企業の所有者 (principal) たる株主と, その株主から企業の経営を委任された代理人 (agent) たる経営者との間における契約関係において, 経営者が裏切ることをいう。ここでは, 経営者による不正, すなわち, 不正な財務報告や資産の流用を想定すればよいであろう。

Watts and Zimmermanは, 上記の監査人の専門能力と監査人の独立性という2つの概念に影響を与えるものとして, 監査人の評判 (reputation), 監査人の職業団体の存在, 監査事務所の組織形態と規模, および監査人が被監査企業の産業に特化すること等を検討している。これらの事項は, 本書においてこれまで取り上げてきた監査の品質の代理変数 (サロゲート) である。

彼らによれば, 監査人の専門能力と監査人の独立性という2つの概念は, 監査人が経営者の契約不履行を報告する確率を構成する要素であり, それらは, 監

30　Watts and Zimmerman (1986, ch.11).
　　これに先立つWatts and Zimmerman (1978) においても, 同様の問題意識が提示されているが, ここでは, 翻訳書が刊行されている前者によることとした。

査が資本市場において需要される際の中心的な価値を構成することとなる。現在の用語でいえば，監査の品質の中心的な属性と位置付けられているものと解される。

同様の問題設定は，松本（2002）においても論じられており，そこでは，前者を「適格性」として規定している。

Watts and Zimmermanの示す2つの概念のうち，独立性については，ここでは議論の外としたい[31]。問題は，監査人の専門能力の点にある。上記の記述を読む限り，「監査人がその契約不履行を発見する確率」は，「監査人の専門能力」と「監査に費やされるエネルギーの投入量」に依存するものとされている。前者からは，監査資源を多く抱えた大規模監査事務所のほうが監査の品質が高いのか，という問題が識別され，後者からは，監査時間，あるいはそのサロゲートとしての監査報酬の多寡が監査の品質に影響を与えるのか，という問題が設定されるのである。

ところが，ここで，一定水準以上の能力を有する監査人が，所定の監査時間をかけて監査を実施した場合には，100％ではないものの，監査の固有の限界[32]を踏まえた合理的な水準において，不正を発見できるという前提が置かれていることが指摘できる。

本当にそうであろうか。

31　監査人の独立性に関しても，監査人は，発見した不正については経営者に指摘して財務諸表を修正させようとすることを考慮に入れれば，より複雑な様相を呈してくる。

　　実際に，日本公認会計士協会が監査人を対象に行った意識調査（日本公認会計士協会，2014）によれば，「過去10年程度における『不正等との遭遇』の件数」に関して，1件以上と回答した監査業務経験者は48.8％に及び，1人当たり2.02件の不正等に遭遇した経験があるとの結果が示されているが，もちろんこれらの不正等が世間に「公開」されたわけではなく，未然に経営者に修正を求めて適正な財務報告を実現したものと考えられるからである。

32　監査は，合理的な保証を提供するのみであって，絶対的な保証を提供することはできない。その理由として，監査には固有の限界があることが挙げられる。すなわち，第1に，監査対象である財務諸表が，経営者による会計方針や手続の選択，さまざまな会計上の見積りによって作成されているものであり，相対的な真実性を示すものであること，第2に，監査人は，経営者による財務諸表の作成にかかる判断を記録や証憑書類等に基づいて裏付ける証拠を入手するに過ぎず，財務諸表の信頼性を保証するために得られた心証は相対的なものとならざるを得ないこと，および第3に，現代の監査は，企業規模の拡大等により試査によっており，試査のもとで生じうる一定のサンプリング・リスク（抜取りの対象とならなかった部分に重要な虚偽表示の原因となる事項が含まれている可能性）は避けられないこと等である。

2 職業的懐疑心の議論

ここで再び「会計監査の在り方に関する懇談会」の提言[33]を見てみよう。以下のような記述を発見することができる。

「監査業務は個別性・専門性が高く，企業の機密情報の取扱いを伴うことから，時に『ブラックボックス』とも言われるように，その過程や結果の適正性を外部からチェックすることが困難である。その結果，特に企業と監査人の関係が長期間にわたる場合，監査人の独立性が損なわれたり，職業的懐疑心の発揮が鈍らされたりすることとなり，適正な会計監査が確保できないおそれがある。

最近の不正会計事案においても，長期間にわたって同じ企業やその子会社の監査を担当した者が監査チームの中心となっていたことにより，企業側の説明や提出資料に対して職業的懐疑心に基づく検証が十分に実施できなかったことが，不正会計を見逃した一因として指摘されている。

適正な職業的懐疑心の発揮を促し，会計監査の品質・信頼性を確保するためには，監査人の独立性の確保を徹底することや，当局や協会といった独立した「第三者」による監査の品質チェックの実効性を向上させることが不可欠である。」

上記の記述に見られるように，同提言では，（おそらく東芝の粉飾決算事件だと想定される）「最近の不正事案」を踏まえて，監査人が企業側の説明等を鵜呑みにしてしまうことを問題視しており，職業的懐疑心の発揮を促すべく各種の施策を提示しているのである。

ここに職業的懐疑心（professional skepticism）とは，国際監査基準（日本公認会計士協会の監査基準委員会報告書に同じ）によれば，「誤謬又は不正による虚偽表示の可能性を示す状態に常に注意し，監査証拠を鵜呑みにせず（a questioning mind），批判的に評価する（a critical assessment）姿勢をいう」と定義

---

[33] 金融庁（2016）「会計監査の在り方に関する懇談会提言―会計監査の信頼度確保のために―」II. 会計監査の信頼性確保のための取組み・4.「第三者の眼」による会計監査の品質のチェック。

されている。[34]

　監査研究の領域において，職業的懐疑心の研究は，近年，最も関心を集めている課題の１つである。[35]その背景には，2008年に頂点に達したグローバルな金融危機において監査／監査人は十分な役割を果たさなかったのではないか，という問題提起がある。そこでは，監査人は，能力もあり，独立性にも問題がなかったにもかかわらず，被監査企業のリスクに対して必ずしも十分に対応していなかったのではないか，との批判がなされたのである。

　従来であれば，監査人が不正等を発見できるかという問題は，監査人の専門能力によって検討されるか，さらにいえば，能力の前提として，監査人の精神的独立性が発揮されていたか，という問題で捉えられてきた。しかしながら，一定水準以上の専門能力を有する監査人が，所定の監査時間をかけて監査を実施した場合であっても不正等を発見できない事態については，従来の枠組みでは十分に捉えられない。そこで，「職業的懐疑心」という概念枠組みを用いることで，それらを捉え直そうとしているように思われる。

　専門能力もあり，独立性も有している監査人において，不正等に対する指摘ができないというのは，不正を発見する能力と発見した不正を報告する独立性との間に，自らの能力を十分に行使するという属性に問題があると解される。この自らの能力を十分に行使するというのが，「監査証拠を鵜呑みにせず，批判的に評価する姿勢」という職業的懐疑心の問題にほかならない。

3 職業的懐疑心という新たな側面

　この職業的懐疑心の問題を，監査人の専門能力または適格性に帰すことも，監査人の独立性のうち精神的独立性に帰すことも，それらの定義の仕方によっては可能かもしれない。概念枠組み自体は必ずしも決定的な問題ではない。

　しかしながら，問題は，今般問われている監査の品質に関する規制の議論，特に，監査法人の強制的交代の導入や監査法人のガバナンス・コードの設定等の

34　日本公認会計士協会監査基準委員会報告書200「財務諸表監査における総括的な目的」2013年６月17日最終改正，12項。なお，括弧内の英語の語句は，国際監査基準のpara.13による。

35　職業的懐疑心に関する詳細な議論は，増田（2015）を参照されたい。

議論が，職業的懐疑心を発揮させようとして新たな規制の導入を図ろうとしている点にある。

前掲の「提言」においては，監査法人の強制的交代制はあくまで独立性の文脈で論じられてはいるものの，具体的な記述を見れば，「企業と監査人の関係が長期間にわたる場合，監査人の独立性が損なわれたり，職業的懐疑心の発揮が鈍らされたりする」と述べられ，また，「監査法人等が実効的なガバナンスのもとで有効にマネジメントを機能させ，企業と共に高品質で透明性の高い会計監査を実施する」という「会計監査の在り方」が提示されている。言い換えれば，今般の不正事案を踏まえ，また長期の継続監査が数多くみられる現状，および肥大化した組織形態となった監査法人においては，監査規制によって，職業的懐疑心の発揮を促すための措置が必要だと考えられているのである。

長期の契約や大規模化した監査法人組織が職業的懐疑心の発揮にとって障害となるおそれがあることは，一概に否定できないかもしれない。仮にそうであったとしても，監査規制，特に監査法人の強制的交代制によって，被監査企業と監査人との自主的な契約関係をいわば撹拌されなければ，職業的懐疑心を維持したり発揮したりできないのであろうか。

かつてわれわれは，公的規制に委ねなくとも，それを上回る自主規制によって会計プロフェッションが社会との間に擬制的な契約関係を維持している，と学んだ。最終的な公的規制に委ねる前に，職業的懐疑心の維持・発揮を促す方策はないのだろうか。

次章以下，「会計監査の在り方に関する懇談会」が直近の課題として掲げる，監査法人のガバナンス・コード，監査法人のローテーション，および監査報告の問題を取り上げて，監査の品質にかかる監査規制の問題を検討していくこととしたい。

第6章　補論

東芝における意見表明問題

　本章で取り上げた東芝の粉飾決算事件における監査法人の問題は，すでに行政処分も課せられており，一定の範囲で問題が明らかになっているといえよう。

　ところが，その後，東芝と，後任の監査人たるPwCあらた有限責任監査法人（以下，PwCあらた）との間で，四半期レビューの結論不表明および年度監査における意見限定の限定付適正意見の表明等の問題が生じた。ここでは，この問題について考えてみることとしたい。

　すでに，新聞紙・週刊誌等の報道では，「『意見不表明』自体が極めて異例な出来事だというのである」「PwCあらたは，今後の方針について説明する必要があるのではないか」といった監査法人に非があるとする記事[36]や，「東芝が，会計監査を担当するPwCあらた監査法人を変更する方向で検討に入った」「後任に，準大手の『太陽有限責任監査法人』の名前が挙がっている」といった記事[37]などが，先を競うように報道された。さらには，「準大手の監査法人への変更を検討していたが，引受先が見つからなかった。前期決算について適正な監査意見を得るため，あらた側との調整を急ぐ。18年3月期については引き続き後任探しを進める。」といった事の顛末を喧伝するかのような記事[38]や，「監査に妥協があってはならないが，東芝とあらたがいま一度協議し，不信を解く糸口を見いだせないものだろうか。」[39]といった両者の歩み寄りを促すかのような社説さえ見られたのである。

　本事案は，2015年の東芝の粉飾決算事件とは別の問題ではあるものの，上場企業による監査法人との意見の対立を背景とした度重なる決算報告の延期，四

36　「東芝決算，なぜ監査意見を出せないのか」，『日経ビジネス』2017年4月13日号。

37　「東芝監査法人の変更検討」，『朝日新聞』2017年4月27日。

38　「監査法人，17年3月期は変更せず　東芝，後任探し検討」，『日本経済新聞』2017年5月11日。

39　「社説　厳格監査から逃げる企業は信頼されない」，『日本経済新聞』2017年5月4日。

半期報告の監査人による四半期レビューの結論不表明およびそれに伴う過去の四半期レビュー報告書の遡及修正，さらには，期末を過ぎての監査法人の交代（つまり，オピニオンショッピング）が堂々と議論されていること等，本書のテーマである監査の品質に関わる論点を多数含むものと思われる。

　本当に，悪いのは監査法人なのだろうか。

❶　四半期報告までの事実関係

　初めに，いくつかの事実を確認しておくことにしよう。時系列で並べると，以下のとおりとなる。

① 　東芝は，2015年3月決算を担当していた監査法人（新日本有限責任監査法人）を交代し，2016年度から新たな監査法人（PwCあらた）を選任した。

② 　東芝の2016年度第1四半期および第2四半期の四半期報告は期限内に提出され，監査法人もそれぞれの四半期財務諸表に対して「適正に表示していないと信じさせる事項がすべての重要な点において認められなかった」旨の，いわゆる「無限定の結論」を表明している。

③ 　監査法人は，第3四半期報告の提出期限（2016年12月末から45日以内，すなわち，2017年2月15日）を2回にわたって延期し，2017年4月11日に提出した。この間の状況は，**図表補-1**のとおりである。

図表補-1　東芝における第3四半期報告延期の経緯[40]

年月日	経　緯
2016年12月27日	東芝が子会社のウェスチングハウスによる企業買収に伴い，「のれんが数十億ドル規模（数千億円）にのぼり，当該のれんの一部又は全額減損を実施することで，当社業績へ影響を及ぼすことが判明した」旨を公表[41]

40　本図表は，東芝の監査委員長名で公表された次の資料をもとに作成している。
　㈱東芝「ウェスチングハウス社における調査の状況・結果について」，2017年4月11日。
　(http://www.toshiba.co.jp/about/ir/jp/pr/pdf/tpr2016q3_3.pdf)
41　㈱東芝「CB&Iの米国子会社買収に伴うのれん及び損失計上の可能性について」，12月27日。
　(http://www.toshiba.co.jp/about/ir/jp/news/20161227_2.pdf)

第6章　東芝問題と監査の品質の新たな要件　93

〃	12月28日	監査法人からの示唆により，上記損失を東芝およびウェスチングハウスが以前から認識していたかどうかの調査①開始
2017年1月8日		当該買収に伴う取得価格配分手続に関して，「経営者による不適切なプレッシャー」があったとの内部通報を受けて，調査②開始
〃	2月10日	東芝の監査委員会による見解書案，ならびに，調査①および②についての調査報告書案を提示したところ，監査法人からの示唆により，内部通報にかかる調査の範囲を東芝およびウェスチングハウスの経営者による「不適切なプレッシャー」の有無に拡大（調査③）
〃	2月14日	レビュー報告書を得られず，四半期報告書提出の期限延長を申請
〃	3月9日	調査③の調査報告書骨子案を監査法人に提出
〃	3月10日	監査法人より，特定の4件の会計処理について，ウェスチングハウスにおいて損失の認識がなかったかどうかの調査④が示唆
〃	3月14日	レビュー報告書を得られず，四半期報告書提出の期限再延長を申請
〃	4月9日	調査①から④までの包括調査報告書を監査法人に提出
〃	4月10日	監査委員会において見解書を決議
〃	4月11日	取締役会に監査委員会の見解書提出 東芝が第3四半期報告書の提出および決算発表

④　監査法人は，東芝の第3四半期財務諸表に対して，結論不表明の四半期レビュー報告書を提出した。なお，監査法人が，「結論の不表明の根拠」に記載した事項は，次のとおりである。

結論の不表明の根拠

　注記21.重要な後発事象の通り，米国ウェスチングハウス・エレクトリック・カンパニー社（以下，「WEC」という）による，CB＆Iストーン・アンド・ウェブスター社の買収に伴う取得価格配分手続の過程に関連して，一部経営者による不適切なプレッシャーの存在を示唆する情報がもたらされた。株式会社東芝の監査委員会は，外部弁護士事務所等を起用して，一部経営者による不適切なプレッシャーの有無及び会計への影響等に係る調査を実施した。当監査法人は当該調査の評価を継続中であり，本四半期レビュー報告書日現在終了していないが，株式会社東芝は第3四半期連結財務諸表を作成し，提出することとした。

　継続中の評価の対象事項には，注記19.企業結合に記載されている，2016年度第3四半期末における四半期連結貸借対照表計上額4,958億5,900万円の前提となる取得日現在の公正価値6,357億6,300万円の工事損失引当金について，当該損失を認識すべき時期がいつであったかを判断するための調査に対する当監査法人の評価も含

まれている。また，その他にも当監査法人の評価が終了していない調査事項があり，これらの影響についても，確定できていない。

　四半期レビュー報告書日現在，当該評価手続が継続中であり，当監査法人は，株式会社東芝の監査委員会による最終的な調査結果を評価できておらず，その結果，当監査法人は，上記の四半期連結財務諸表に修正が必要となるか否かについて判断することができなかった。

⑤　また併せて，監査法人は，東芝の第1四半期財務諸表および第2四半期財務諸表に対する四半期レビュー報告書についても，先の無限定の結論を訂正し，結論不表明とする訂正報告書を東芝に提出した。

⑥　これら一連の公表を受けて，東京証券取引所は，2016年9月15日から特設市場銘柄に指定していた東芝を2017年3月15日から管理銘柄に指定することとした。

　上記から確認できるのは，第3四半期の期末近くになって巨額ののれんとその減損損失の可能性が生じ，東芝および監査法人が調査を開始したこと，また，その途上で，内部通報により，「経営者による不適切なプレッシャー」があったとの情報が寄せられ（加えて，監査法人が特定の会計処理を指摘して），調査範囲が逐次拡大されたということ，ならびに，監査委員会は，「2016年度第3四半期以外の期で本件損失を認識すべき具体的な証拠は発見できなかったと判断しており，一連の調査は完了したものと判断」しているということであり，他方，監査法人については，当該調査に関して「評価手続が継続中」であり，「監査委員会による最終的な調査結果を評価できて（いない）」という立場だということである。

　なお，一部報道では，日本公認会計士協会が「社会的な影響が大きいとみて，東芝の担当会計士らから事情を聞く方針」「監査業務審査会で調査を始める。あらたから監査のプロセスなどを聞き，監査調書を分析する」ともいわれており[42]，同様に，公認会計士・監査審査会においても検査を行うかのような報道があった。その後日本公認会計士協会は，2018年2月16日付で監査業務審査会による調査の結果，監査法人に対する処分は必要ない旨の報告を行っている。

42　「東芝の監査法人を調査　会計士協会，『意見不表明』受け」，『日本経済新聞』2017年4月14日。

❷ 四半期レビューにかかる論点整理

では，今回の問題における種々の論点を整理してみよう。

① 四半期レビューに結論不表明はありうるのか

本件における監査法人による四半期レビュー報告書での結論不表明という事態は，東芝の四半期報告書の提出延期要請の理由として示されたことから，驚きをもって受け止められたといえよう。

四半期レビューは，監査人が見た限りにおいて「適正でないと認める点はなかった」とする結論を表明するものであり，四半期報告の適時性に鑑みて，簡易な手続による「中程度の保証」が求められているのみである。したがって，監査人の行為規範である「四半期レビュー基準」においては，制度上，結論不表明は認められているが，今般の事態のように，次の四半期末（第4四半期末である3月31日）を越えてもなお，監査人による「評価」が未了とされ，結論不表明となる事態は，（年度監査ではともかく）四半期レビューの制度導入時の趣旨として想定されていたのかどうか，という懸念もある。

他方，第3四半期の期末間近になって，数千億円規模の巨額損失が明らかとなり，その原因となる問題が内部通報によって指摘された以上，監査人としては，十分かつ適切な証拠が得られるまで結論を表明すべきではないし，できないであろうとも考えられる。

② 四半期レビューに遡及訂正はありうるのか

EDINETでは，訂正四半期レビュー報告書は公表されていないようであるが，東芝の適時開示資料[43]によれば，「当社は，監査法人から，2016年度第1四半期報告書及び第2四半期報告書について，上記と同様の理由で，結論を表明しない旨の四半期レビュー報告書をそれぞれ受領しております」と述べられており，第1四半期および第2四半期の四半期レビュー報告書が遡及修正されたとみら

---

43 ㈱東芝「四半期レビュー報告書の結論不表明に関するお知らせ」，2017年4月11日。
　(http://www.toshiba.co.jp/about/ir/jp/news/20170411_1.pdf)

れる。

　ここで，現時点から，第１四半期，第２四半期の保証を今から取り消して意味があるのであろうか。結論不表明となれば，監査人は何も保証を付けていないことになるため，以後の責任は生じない。しかしながら，第１四半期（８月12日公表），第２四半期（11月11日公表）の決算発表以来，資本市場で東芝の株式を取引してきた投資家の意思決定はどうなるのであろうか。今般，四半期レビュー報告書の遡及訂正をして，一連の情報開示には何ら保証は付けられないのだといっても，この間の情報開示とそれに基づく意思決定は取り消すことができない。かかる遡及修正は，逆に，四半期開示の制度に対する信頼性を損なうのではないか，との懸念もあろう。

　他方，監査人としては，判明した事実がある以上，それに基づいて過去の誤りをその段階で訂正するのは，現時点で採りうる最善の方策である，とも考えられる。本件とは関係ない問題ではあるが，近年，遡及修正が非常に多く行われている。その適否の問題を考慮の外とすれば，判明した時点で遡及修正するのが現在の一般的な考え方だとする見方もあろう。

③　東芝の第３四半期の２度にわたる四半期報告書の提出延期に問題はないのか

　図表補−１に示したとおり，東芝は，「レビュー報告書を得られず」四半期報告書の提出期限の延長および再延長を申請したのである。

　そもそも四半期報告の制度趣旨からして，次の四半期末（第４四半期末の３月31日）を越えて決算発表を行うことに問題はないのだろうか。有価証券報告書の提出期限が「当該事業年度経過後３月以内」であるのに対して，四半期報告書の提出期限が四半期末後45日以内とされているのは，３か月以内では次の四半期末を迎えてしまうからである。東芝の２度にわたる四半期報告書の提出延期は，適時な情報開示を目的とする四半期報告制度の趣旨にはそぐわないものであるといえよう。

　問題は，かかる延期の申請が，東芝からの意向によるものなのか，監査人からの意向によるものなのかという点であろう。

　万が一にも，監査人が，四半期報告書の提出を延期すれば，結論を表明できる，または，できるかもしれない，と述べていたとすれば，二重責任の原則の

逸脱とみなされかねず，職業倫理上も，大きな問題が残る可能性がある。

他方，監査人が，結論が表明できない，または結論不表明の四半期レビュー報告書を提出する旨を表明していたにもかかわらず，東芝側が四半期報告の提出期限の延長を行ったとすれば，東芝に四半期報告が遅延したことの責任が帰せられるであろう。無限定の結論が表明された四半期レビュー報告書がなければ，あるいは，結論不表明の四半期レビュー報告書では，四半期報告ができないとするのは，企業側の理屈である。四半期末ないし四半期報告の提出期限の時点で，しかるべき四半期レビュー報告書を受け取り，四半期報告書を公表することが本来の在り方であろう。

他方，監査人側についても，2月15日の段階で，あるいは，少なくともいったん延期した後の3月15日の時点で，結論不表明の報告書を東芝側に提出してしまうべきではなかったのかとも思われる。

さらにいうならば，東芝の監査委員会は，問題となった事象の調査の当事者となり，または当事者側に立ってしまい，こうした一連の事態を，十分にコントロールできていなかったのではないか，という懸念も生じるところであろう。

④　そもそも監査契約の受嘱に問題はなかったのか

東芝は，2015年の粉飾決算の発覚によって，当時の監査法人から監査契約の継続を断られ，同時に，自らも監査法人の交代を希望して，監査人の交代を行った。それを受けて監査契約を受嘱したのが，PwCあらたである。問題は，監査法人は，監査契約の受嘱にあたって，適切な「監査契約に係る予備的な活動」を実施したのかどうか，という点であろう。

監査契約の引継ぎにあたって，後任監査人においては，期首貸借対照表の検証は，必須の手続であり，特に，東芝の抱えている偶発債務／損失の評価において，ウェスチングハウスの契約等を十分に調査したのかどうかという疑問が残る。

前任監査法人が，東芝の粉飾決算の訂正に伴う監査手続を2016年8月まで実施していたことから，後任監査人の監査手続が実質的に開始されたのは，第3四半期ではなかったのかとさえ想像されるところである。仮にそうだとすると，第1四半期，第2四半期の四半期レビュー手続はどこまで適切に行われたのか，

との問題が指摘できるかもしれない。

⑤　監査法人の交代は可能なのか

先に述べたように，一連の報道によれば，東芝は年度決算で適正意見を得るために監査法人の交代を希望し，さらに，種々の事情により，それを「断念」したとされている。監査論の観点からは，これは奇異な話である。

監査論では，当該年度において，担当監査人が自社に都合の悪い監査報告書を提出することを回避すべく，または決算にかかる監査人との意見の対立から，監査法人を交代することを，一般に，「オピニオンショッピング」（自社に望ましい監査法人を訪ね歩いて，契約を結ぶこと）と呼んで，否定されるべきものとされている。

こうしたことが行われれば，担当していた監査人の独立性に対する大きな脅威ないし侵害にほかならない。後任の監査人についても，期末後の短い期間で監査意見が表明できるなどということは，1年間をかけてリスクの評価とそれへの対応手続を行っている監査プロセスを無視するものであって，不当との誹りを免れないであろう。

通常の会社がこれを行えば，社会的にも非難され，また，金融庁や日本公認会計士協会による公的または自主的な規制の対象となってくる。実際に，2003年にアドバックス（2010年に上場廃止）が大手監査法人からのオピニオンショッピングを画策したことが明らかになっており（その後，後任監査人においても，期待された会計処理は認められなかった），また，2000年には，当時の店頭登録企業であったサワコー・コーポレーションがオピニオンショッピングを画策して，金融庁の担当官に指摘され，日本公認会計士協会を通じて後任監査人が監査契約の受嘱を辞退して，同社は店頭登録廃止に至った，といった事案がある。

東芝であっても，問題は同じであろう。なぜ非難されないのであろうか。ましてや監査に精通した監査委員が選任されているにもかかわらず，東芝が監査人の交代を検討中であるかのような発言を行っていることは理解に苦しむところである。

❸ 年度決算と監査報告の論点整理

　その後東芝は，2017年3月期の年度決算における財務諸表に対して，2017年8月10日に監査法人から，「限定付適正意見」，また同じく内部統制報告書に対しては，「不適正意見」の監査報告を得たことを明らかにして，決算報告を行った。

　このような帰結に関して，いかなる問題があるのであろうか。

① 限定付適正意見（意見限定）の表明は妥当か

　「意見限定」の限定付適正意見とは，財務諸表に重要な虚偽の表示があるが，当該事項を除いて，財務諸表は全体としては適正に表示されている，とするものである。

　しかしながら，意見限定は，本来，会計方針の継続性違反等のケースにおいて表明されるなど，限られた状況でしか表明されないものであった。監査報告書には「当連結会計年度の連結損益計算書に計上された，652,267百万円のうちの相当程度ないしすべての金額は，前連結会計年度に計上されるべきであった」として，「限定」にかかる除外事項が述べられているが，かかる重要な虚偽表示は，本来，会社側に財務諸表を修正させて，適正な財務諸表を開示させることが監査の役割ではないのだろうか。

　もし会社側が修正に応じないのであれば，売上高の10%にも及ぶ大きさの除外事項に関しては，金額的重要性に鑑みて，当然に，不適正意見を表明すべきではないかと思われるのである。

　仮に，限定付適正意見を表明するとしても，当該事項について監査手続が実施できなかったとして，その部分を除外する「範囲限定」とすべきではなかったかとさえ思われる。

　何より，今後，監査法人と見解が分かれた際に，会社側が一定の交渉力を有している場合には，限定付適正意見を求めることにつながらないかという懸念を生じさせる問題なのである。

② 内部統制監査における不適正意見をどう捉えるか

次に，会社側が公表した内部統制報告書では内部統制は有効とされていたが，監査人が公表した内部統制監査報告書では，内部統制報告書は不適正とされた点である。

内部統制報告書に不適正意見が付くことは，内部統制報告書とはいえ，東芝の開示に問題があるということであると解される。内部統制監査報告書に不適正意見が付いても，何も影響がないとすれば，今後への影響は大きいのではなかろうか。

また，東京証券取引所は，東芝の改善報告をもとに，上場維持の判断を下したが，監査人が内部統制報告書に不適正意見を表明したということは，東芝の内部統制の評価が適切ではないということであり，そのような会社の改善報告を信用して上場維持の判断を下すことに問題はないであろうか。

③ 東芝の監査委員会および株主総会での対応は問題ないのか

監査役等には，会社法上，会計監査人の監査の方法または結果が相当でないときは，その旨およびその理由について，監査役等の監査報告書において意見表明することが求められている。この点に関して，東芝の監査委員会は，監査委員会の監査報告書において，PwCあらたの監査結果について，「意見限定の部分を除いて，相当である」との監査委員会の意見を表明した。

監査役等の意見表明において，「限定付意見」が表明されることは制度が想定しているものなのだろうか。

さらに東芝は，本件に関して株主総会で出された会計監査人に対する質問を会計監査人に答えさせなかったが，少なくとも，監査委員会と会計監査人の見解が分かれている以上，会計監査人に発言させるべきではなかったか，と考えるのである。

❹ 東芝における意見表明問題が残した課題

四半期レビューから始まり，年度監査に至るまで，東芝における意見表明問題は，監査基準等の制度が想定する事態を大きく超えた推移を見せたと解され

る。これらの点については，改めて検討する必要があろう。

　そうした中でも，今般の事態において非常に重大な問題であると考えられるのは，守秘義務があって監査に関して何も公に述べることができない監査法人に対して，企業側が，自らの主張を展開するばかりか，オピニオンショッピングと捉えられる監査人の交代に言及したという点であろう。

　場合によっては，監査法人の交代が実際に行われることになれば，退任する監査人は，会社の適時開示を通じて，会計監査人の交代の理由および経緯について意見を表明することができることから，その理由の中で，一定の主張が行われる余地は残されている。しかしながら，かかる理由表明は，監査法人の評判（reputation）を損なうことにもつながりかねないとして，現状では，多くの場合，新たな情報が開示されるケースは稀である。

　監査人についての最大の問題は，当該監査契約を受嘱したことにあるのかもしれない。とはいえ，少なくとも，受嘱した会計期間の監査に関しては，監査法人が独立不羈の立場で，自らの良心と監査基準にのみ基づいて監査手続を実施し，意見を表明（または不表明）すればよいのである。ときに，監査人が裁判官にたとえられ，「自由心証主義」に基づいて事実認定プロセスをとるとされる所似でもある（内藤，1995）。

　もの言わぬ「資本市場のゲート・キーパー」である監査人に，何かというとすべての責任を帰するかのような議論は止めて，公共の利益のために，質の高い監査を実施してもらうよう，静かな監査環境を用意すべきではなかろうか。

第 7 章

監査法人のガバナンス・コード

　2016年3月8日に金融庁から公表された「『会計監査の在り方に関する懇談会』提言 −会計監査の信頼性確保のために−」を受けて，「監査法人のガバナンス・コードに関する有識者検討会」が開催され，2016年7月15日より5回にわたって審議が重ねられ，2017年3月31日に，金融庁より，「監査法人の組織的な運営に関する原則」（監査法人のガバナンス・コード）が確定・公表された。

　監査法人のガバナンス・コードは，「提言」のもとで具体的に実施や検討が進められることが予定されている大きな3つの監査規制問題の1つであり，監査の品質の向上に向けての取組みと位置付けられている。

　本章では，監査法人のガバナンス・コードの導入の背景と英国との比較を中心に検討してみたい。

1 「提言」と監査法人のガバナンス・コード

(1) 「提言」における考え方

　金融庁「会計監査の在り方に関する懇談会」による「提言」（金融庁，2016）においては，「Ⅱ．会計監査の信頼性確保のための取組み　1．監査法人のマネジメントの強化」において，東芝問題を想起させる「最近の不正会計事案においては」という表現で，「大手監査法人の監査の品質管理体制が形式的には整備されていたものの，組織として監査の品質を確保するためのより高い視点からのマネジメントが有効に機能しておらず」，他の大手監査法人についても，「当局の検査等において，マネジメントの不備が監査の品質確保に問題を生じさせている原因として指摘されている」と述べられている。

　この原因として，「提言」では，監査法人が公認会計士法上，5名以上の公認会計士によって設立されるパートナーシップ制が採られているものの，実際に，大手監査法人では，数千名の公認会計士を擁する体制となっており，準大手監査法人でも百名を超える規模となっていることから，現行のマネジメントが監査法人の「規模の拡大と組織運営の複雑化に対応しきれていないことが，監査の品質確保に問題を生じさせている主な原因の一つである」と捉えている。

　なお，ここでいうマネジメントの強化によって期待される効果には，「提言」の記述を踏まえれば，

- 監査の現場やそれを支える監査法人組織において職業的懐疑心を十分発揮させること，
- 当局の指摘事項を踏まえた改善策を組織全体に徹底させること
- 監査品質の確保に重点を置いた人事配置・評価が行われること

等が含まれると解される。

　「提言」が想定するのは，以下のような監査規制のモデルである。

　⓪　主に大手上場企業等の監査の担い手となる監査法人が対象

　①　運営について明確な権限と責任を定めた実効的なガバナンスを確立させる

　②　組織全体にわたってマネジメントを有効に機能させる

③　組織的な運営の状況を外部からチェックできるようにする

④　組織的な運営が有効に機能している監査法人が評価されるようにするた
め，監査法人の運営の透明性を向上させる

　これらのうち，⓪がその対象ということになることから，監査法人のうち一
定規模以上の監査法人が対象となると考えられる。すでに第2章で述べたとお
り，後述の英国の例に倣うのであれば，20社以上の上場企業の監査を担当する
監査法人が対象となり，有限責任 あずさ監査法人，PwCあらた有限責任監査
法人，仰星監査法人，PwC京都監査法人，三優監査法人，新日本有限責任監査
法人，太陽有限責任監査法人，東陽監査法人，有限責任監査法人トーマツ，ひ
びき監査法人，優成監査法人の11法人が対象となる。なお，提言では，大手監
査法人の寡占状況を踏まえて，「寡占が品質向上に向けた競争を阻害している懸
念があることも指摘されている」として，「大手上場企業等の監査を担う能力を
有する監査法人を増やしていくための環境整備に取り組む必要がある」とも述
べている。

　また，④については，監査法人が公表するいわゆる「透明性報告書」を念頭
に，対象となる各監査法人が，監査法人のガバナンス・コードへの遵守状況を
含む情報開示を，公的規制，自主規制または自主的な報告書を通じて行うこと
を想定しているといえよう。

　そう考えると，③と④の記述は，丁寧に読めば異なるものであることがわか
る。すなわち，④が透明性報告書に基づく，資本市場，あるいは，株主ないし
その立場に立って監査法人の選任に当たる監査役等を念頭に置いているのに対
して，③は，当局による検査等を念頭に置いているものと解される。

　最後に，①が監査法人のガバナンス・コードの問題であるが，「提言」では，
「Ⅱ．会計監査の信頼性確保のための取組み　1．監査法人のマネジメントの強
化・（1）監査法人のガバナンス・コード」において，「実際のガバナンスやマ
ネジメントの形態は，各法人の規模や特性等に応じて，違いが出てくることも
考えられることから，組織的な運営の形態について一律のルールを定めて対応
することは適当でなく，各監査法人がプリンシプルの実現に向け，創意工夫を
行いながら対応をとることができるような仕組みを考えていくことが望ましい」
として，英国等の例を引きながら，いわゆる原則主義（プリンシプル・ベース）

106

のガバナンス・コードへの取組みを提言している。

　「提言」では，具体的に，「コードの具体的な内容」として，以下の事項を例示列挙している。

- ●職業的懐疑心の発揮を促すための経営陣によるリーダーシップの発揮
- ●運営・監督態勢の構築とその明確化
- ●人材啓発，人事配置・評価の実施等

(2)　監査法人のガバナンス・コード

　前述の「提言」を受けて，金融庁のもと，「監査法人のガバナンス・コードに関する有識者検討会」（以下，検討）において議論の末に，2017年3月31日に公表された「監査法人の組織的な運営に関する原則（監査法人のガバナンス・コード）」（金融庁，2017a）（以下，コード）では，**図表7-1**に示す5つの原則

図表7-1　監査法人のガバナンス・コードの5つの原則

【監査法人が果たすべき役割】
　原則1　監査法人は，企業の財務情報の信頼性を確保し，資本市場の参加者等の保護を図り，国民経済の健全な発展に寄与する公益的な役割を有している。これを果たすため，監査法人は，法人の構成員による自由闊達な議論を確保し，その能力を十分に発揮させ，会計監査の品質を組織として持続的に向上させるべきである。

【組織体制】
　原則2　監査法人は，会計監査の品質の持続的な向上に向けた法人全体の組織的な運営を実現するため，実効的に経営（マネジメント）機能を発揮すべきである。
　原則3　監査法人は，監査法人の経営から独立した立場で経営機能の実効性を監督・評価し，それを通じて，経営の実効性の発揮を支援する機能を確保すべきである。

【業務運営】
　原則4　監査法人は，組織的な運営を実効的に行うための業務体制を整備すべきである。また，人材の育成・確保を強化し，法人内及び被監査会社等との間において会計監査の品質の向上に向けた意見交換や議論を積極的に行うべきである。

【透明性の確保】
　原則5　監査法人は，本原則の適用状況などについて，資本市場の参加者等が適切に評価できるよう，十分な透明性を確保すべきである。また，組織的な運営の改善に向け，法人の取組みに対する内外の評価を活用すべきである。

と，その下位原則である22の指針から構成されている。コードの前文では，そこで規定されている内容を以下のとおり，要約している。

- 監査法人がその公益的な役割を果たすため，トップがリーダーシップを発揮すること
- 監査法人が，会計監査に対する社会の期待に応え，実効的な組織運営を行うため，経営陣の役割を明確化すること
- 監査法人が，監督・評価機能を強化し，そこにおいて外部の第三者の知見を十分に活用すること
- 監査法人の業務運営において，法人内外との積極的な意見交換や議論を行うとともに，構成員の職業的専門家としての能力が適切に発揮されるような人材育成や人事管理・評価を行うこと
- さらに，これらの取組みについて，わかりやすい外部への説明と積極的な意見交換を行うこと

① トップのリーダーシップ等

これらのうち，「監査法人がその公益的な役割を果たすため，トップがリーダーシップを発揮すること」については，上記の原則1が関係している。

まず，ここにいう「公益的な役割」とは，公認会計士法に規定されている「企業の財務情報の信頼性を確保し，資本市場の参加者等の保護を図り，国民経済の健全な発展に寄与する」という役割のことであり，監査論においては，public interestと称されているものである。

次に，トップのリーダーシップに関連して，監査法人が果たすべき役割として期待されている点は，以下のとおりである。

- トップ自らおよび法人の構成員がそれぞれの役割を主体的に果たすよう，トップの姿勢を明らかにすること（指針1-1）
- 法人の構成員が共通に保持すべき価値観を示すとともに，それを実践するための考え方や行動の指針を明らかにすること（指針1-2）
- 法人の構成員の士気を高め，職業的懐疑心や職業的専門家としての能力を十分に保持・発揮させるよう，適切な動機付けを行うこと（指針1-3）
- 法人の構成員が，会計監査をめぐる課題や知見，経験を共有し，積極的に

議論を行う，開放的な組織文化・風土を醸成すること（指針1-4）

これらの役割を果たすべくとりうる具体的な行動としては，監査法人トップによる所信表明，監査法人の理念にかかる方針等の文書化と共有，さらには監査法人内における議論の場の設定等が考えられるが，本質的には，監査法人の社風や組織風土の醸成の問題であり，一朝一夕に組織改革が実現できるものではないであろう。

② 実効的な経営（マネジメント）機関

次に，「監査法人が，会計監査に対する社会の期待に応え，実効的な組織運営を行うため，経営陣の役割を明確化すること」に関連するのが，原則2である。

そこで求められることを抽出すれば，以下のとおりである。

- 実効的な経営（マネジメント）機関を設け，組織的な運営を行うこと（指針2-1）
- 経営機関は以下の事項を含む重要な業務運営を担うこと（指針2-2）
    - 監査品質に関する重要事項についての適正な判断
    - 監査上のリスク等についての分析や被監査会社との間での率直かつ深度ある意見交換を行う環境の整備
    - 人材育成の環境や人事管理・評価等に係る体制の整備
    - ITの有効活用の検討・整備
    - 監査実務に精通しているだけではなく，法人の組織的な運営のための機能が十分に確保される経営機関の構成員の選任（指針2-3）

ここでは，「提言」以来，標榜されているマネジメントの強化によって監査法人における構成員および監査業務へのグリップを強めて，品質の向上に資する体制を整備・運用することが企図されている。

他方で，指針2-3に示されているように，監査実務に精通するだけではなく，法人の運営に適した人材を経営機関の構成員として選任することを求めている。このことから，コードでは，諸外国におけるような事務所の経営にあたる者と監査業務を担う責任者とを分離する体制は念頭にないことが想定される。あくまでも「監査法人」としての経営機関を求めていると解されるのである。

③ 監督・評価機能

コードでは,「監督・評価機能を強化し,そこにおいて外部の第三者の知見を十分に活用すること」が求められている。これは,監査法人に,外部の第三者が構成員として含まれる「監督・評価機関」を設置することを求めているものである。

コードで求めているのは,以下の点である。

- ●経営機関による経営機能の実効性を監督・評価する監督・評価機関を設け,その役割を明らかにする（指針3-1）
- ●監督・評価機関の構成員に,独立性を有する第三者を選任し,その知見を活用する（指針3-2）
- ●かかる独立性を有する第三者については,以下の業務を行う（指針3-3）
  - 組織的な運営の実効性に関する評価への関与
  - 経営機関の構成員の選退任,評価および報酬の決定過程への関与
  - 法人の人材育成,人事管理・評価および報酬に係る方針の策定への関与
  - 内部および外部からの通報に関する方針や手続の整備状況や,伝えられた情報の検証および活用状況の評価への関与
  - 被監査会社,株主その他の資本市場の参加者等との意見交換への関与
- ●監督・評価機関の構成員に対し,適時かつ適切に必要な情報が提供され,業務遂行にあたっての補佐が行われる環境を整備する

ここでイメージすべきは,上場企業の独立役員であろう。経営機関に対して客観的な位置付けにある監督・評価機関ということであるから,監査役会における社外監査役を想起すればよいかもしれないが,上記のうち,たとえば,「経営機関の構成員の選退任,評価および報酬の決定過程への関与」や「法人の人材育成,人事管理・評価および報酬に係る方針の策定への関与」を担うという点では,その役割はより広範かつ経営機関の活動の評価に責任を有するものとなっているように思われる。

④ 法人内外との意見交換および人事

コードの原則4では,法人内外との意見交換・議論や人事の問題が取り扱われている。前者については,以下の点が挙げられている。

- 経営機関が監査の現場からの必要な情報等を適時に共有する（指針4-1）
- 経営機関等の考え方を監査の現場まで浸透させる（同上）
- 法人内において会計監査の品質の向上に向けた意見交換や議論を積極的に行う（同上）
- 被監査会社のCEO・CFO等の経営陣幹部および監査役等との間で監査上のリスク等について率直かつ深度ある意見交換を尽くす（指針4-4）
- 監査の現場における被監査会社との間での十分な意見交換や議論に留意する（同上）
- 内部および外部からの通報に関する方針や手続を整備し，公表する（指針4-5）

　これらは，組織一般の内部統制における基本的要素の1つである「情報と伝達」の内容を監査法人において具体化したものといえよう。このうち，監査リスクに関する被監査企業の経営陣との意見交換は，近い将来に導入が想定される監査報告書でのリスク情報の提供の問題とも関連して，今後，非常に重要な問題となってくると考えられる。また，監査法人における外部からの情報提供への対応の問題は，カネボウ事件（2005年），オリンパス事件（2011年）等においても問題視された監査法人の品質管理の重要な課題の1つである。

　他方，人事については，以下の点が述べられている。

- 法人の構成員の士気を高め，職業的専門家としての能力を保持・発揮させるために，法人における人材育成，人事管理・評価および報酬に係る方針を策定し，運用する。その際には，法人の構成員が職業的懐疑心を適正に発揮したかを十分に評価する（指針4-2）
- 以下の点を考慮した構成員の配置を行う（指針4-3）
  - 幅広い知見や経験についてバランスのとれた構成員の配置
  - 非監査業務の経験や事業会社等への出向などを含め，会計監査に関連する幅広い知見や経験を獲得する機会の提供
  - 構成員の幅広い知見や経験の適正な評価と計画的な活用

　これらの人事の問題は非常に難しいといえよう。職業的懐疑心を適正に発揮したかどうかをどのようにして評価したらよいのか，公認会計士志望者が少なく，公認会計士試験合格者が需要超過の状況にあって，バランスのとれた構成

員の配置が可能なのか，ましてや，非監査業務の経験や事業会社等への出向の機会を提供できる余裕があるのかどうかという点が問題となるであろう。

とはいえ，これらの問題に何らかの解を見つけなくては，監査法人の品質の向上につながる人事管理や人材育成は望めないといえるのかもしれない。

⑤　透明性報告書

最後に，「外部への説明と積極的な意見交換を行うこと」に関しては，指針5-1において，次のように述べられている。

「監査法人は，被監査会社，株主，その他の資本市場の参加者等が評価できるよう，本原則の適用の状況や，会計監査の品質の向上に向けた取組みについて，一般に閲覧可能な文書，例えば『透明性報告書』といった形で，わかりやすく説明すべきである。」

透明性報告書とは，諸外国の監査事務所においては，広く公表されている監査事務所の組織体制や業務運営に関する年次報告書であり，わが国においても，PwCあらた監査法人（当時）が2015年に公表したのをはじめとして，透明性報告書という名称は付していないものの，他の監査法人においても2016年以降，順次公表されている。

コードでは，透明性報告書において，以下の事項の説明を求めている（指針5-2）。

- 会計監査の品質の持続的な向上に向けた，自らおよび法人の構成員がそれぞれの役割を主体的に果たすためのトップの姿勢
- 法人の構成員が共通に保持すべき価値観およびそれを実践するための考え方や行動の指針
- 法人の業務における非監査業務の位置付けについての考え方
- 経営機関の構成や役割
- 監督・評価機関の構成や役割。監督・評価機関の構成員に選任された独立性を有する第三者の選任理由，役割および貢献
- 監督・評価機関を含め，監査法人が行った，監査品質の向上に向けた取組みの実効性の評価

ここに示された事項は，原則1から4まで，ならびに，その指針に示された

112

内容にほかならない。すなわち，前述の原則および指針は，透明性報告書における一定の開示を前提とした枠組みとなっているのである。

こうした透明性報告書をもとにして，「被監査会社，株主，その他の資本市場の参加者等との積極的な意見交換」および「監督・評価機関の構成員に選任された独立性を有する第三者の知見を活用」（指針5-3），「本原則の適用の状況や監査品質の向上に向けた取組みの実効性を定期的に評価」（指針5-4），ならびに「資本市場の参加者等との意見交換から得た有益な情報や，本原則の適用の状況などの評価の結果を，組織的な運営の改善に向け活用」（指針5-5）することが求められている。

ここで留意すべきは，本コードでは，透明性報告書の記載内容についてまで，原則主義のアプローチとはいえ，実質的に規定しているということである。この点が，透明性報告書の開示規定を当局が規則として公表している英国のケースとは大きく異なるといえる。

2 英国の監査事務所のガバナンス・コード[44]

(1) UKコードの背景

先に引用した「提言」の記述においても述べられているように，コードには海外の先行事例がある。英国では2010年1月に「監査事務所のガバナンス・コード」（以下，「UKコード2010」）（Audit Firm Governance Working Group, 2010），オランダでは2012年1月に「監視と透明性：公益事業体にかかるライセンスを有する監査事務所のコード」（以下，「Dutchコード」）（Koninklijke Nederlandse Beroepsorganisatie van Accountants, 2012）が公表されている。

このうち，「UKコード2010」は，財務報告評議会（Financial Reporting Council：FRC）が設置した「市場参加者グループ（Market Participants Group）」が2007年10月に公表した『英国監査市場における選択』（*Choice in the UK Audit Market*）という勧告書に応じて，FRCがイングランド・ウェールズ勅許会計士協会（Institute of Chartered Accountants in England and Wales：

---

44 本節の内容は，町田（2016b）において詳述している。また，併せて，林（2016）も参照されたい。

第7章 監査法人のガバナンス・コード 113

ICAEW）を招聘し，Cairn Energy会長のNorman Murray氏を議長とする独立
的な会議体「監査事務所ガバナンス・ワーキング・グループ」（Audit Firm
Governance Working Group）によって検討が開始されたものである。

　「UKコード2010」は，当初，英国における監査市場が大手監査事務所による
寡占状態にあり，監査報酬の高止まりや，2002年に破綻したアーサーアンダー
センのように監査事務所の退出リスク等の懸念から策定が進められた。

　同時に，コードの策定の背景となった2つの状況を指摘することができよう。

　1つは，2008年に顕在化した金融危機である。英国においても，金融危機に
おいて監査人が十分な役割を果たしていなかったのではないかとの懸念が示さ
れ，ブラックボックス化している監査の透明性を高め，監査の信頼性を確保す
ることが求められたのである。

　もう1つは，FRCが，同じ2010年に，かつて1998年に公表され実施されてい
た上場企業の「統合規程」（Combined Code）を大幅に改訂して，コーポレー
トガバナンス・コードを公表し，併せて同年，スチュワードシップ・コードを
公表したことである。後述するように，監査事務所のコードは，コーポレート
ガバナンス・コードにおける監査委員会の規定との連携がなくては目的を果た
すことができない。英国は，2010年に，3つのコードを公表して，コードのも
とでの，comply or explainアプローチ，利害関係者との対話，およびコードに
基づく開示とそれを基礎としたFRCによる監督という体制を構築したのである。

⑵　UKコード2010

　UKコード2010は，20の原則と31の規定からなり，前述のようにcomply or
explainアプローチが採用されている。適用対象となるのは，先に述べたように
20以上の上場企業を担当する監査事務所であり，英国では，現在，7つの監査
事務所が対象となっており，ほかに1つの事務所が任意適用を行っている。

　コードを遵守する監査事務所は，そのことを「透明性報告書」（transparency
report）において表明しなければならない。この透明性報告書というのは，2006
年に公表されたEC8号会社法指令の改訂版（2006/43/EC）において要請され
たもので，英国では，2006年から任意の公表が行われていたが，2008年1月に
FRCから公表された「法定監査人（透明性）規則」（FRC，2008）によって，監

査事務所に提出・公表が義務付けられたものである。

透明性報告書に関しては，証券監督者国際機構（IOSCO）から，「公開企業の監査を行う監査事務所の透明性」（IOSCO, 2015）が公表され，透明性報告書に関する望ましい方針を示しているなど，すでに国際的に広く行われつつある実務といえるのである。

監査事務所は，透明性報告書を通じて，自らの高度な品質の業務を提供していることを報告する際に，コードの枠組みに従って報告することが求められており，かかる開示は，資本市場における選択を向上させ，監査に対する信頼が失われるリスクを減少させることが期待されている。

「UKコード2010」は，その主要な目的を「上場企業を監査する事務所にかかる良好なガバナンスに関する公式のベンチマークを提供し，それらの事務所が上場企業の株主のために報告を行うことができるようにすること」と述べている。また，株主以外にも，以下の者に役立つことが期待されている。

- 取締役，特に監査人を指名する責任を有している監査委員会のメンバー
- 監査の品質の信頼に責任を有する規制当局
- 監査事務所のパートナーおよび従業員

ここでは，監査事務所における望ましいガバナンスを提示することで，監査事務所のガバナンスを改善することや規制当局による監督の向上も目的の１つとされているが，何より強調されているのが，監査報告書を利用し，監査人が財務諸表の保証を提供する主たる利害関係者である株主に対する報告目的，すなわち公共の利益目的（public interest）なのである。

コードの特徴的な点としては，第１に，独立非執行役員（independent non-executives：INEs）の指名が挙げられる。すなわち，独立非業務執行役員は，公共の利益にかかる事項を監督する機関の過半数を占めること，かつ／または，監査事務所内のその他の関連するガバナンス機関のメンバーとなることが求められている（C.1.1）。この点については，コーポレートガバナンス・コードの影響を指摘することもできよう。UKコード2010では，次のように規定している。

また，第２の特徴としては，監査事務所に対して，上場企業の株主との対話を求めていることが挙げられる（F.1）。これは，株主の代理と位置付けられる監査委員会との対話にとどまらず，株主の意見，問題意識および懸念に関して

第 7 章　監査法人のガバナンス・コード　115

常に連絡を取り合うことが求められ，対話の方針および手続と連絡先等にかかる情報を監査事務所のウェブサイトで公表することも求められているのである。こうした対話は，スチュワードシップ・コードの考え方と通底するものがあるように思われる。

(3)　UK コード2016

　英国では，コードの公表時点から，4 年後に適用レビューを行うことを予定していた。そこで，2014年 4 月にコードの見直し作業が開始され，2015年 5 月には，第 1 次の討議文書（FRC, 2015a）が公表され，その後，2015年12月にフィードバック文書兼討議文書（FRC, 2015b），2016年 6 月にはフィードバック文書（FRC, 2016）が公表された。

　一連のFRCが行ったコードの適用レビューでは，コードは，適用対象となる監査事務所のすべてによって遵守が表明されていたものの，その適用方法には相違があり，特に事務所のガバナンス構造においてINEsをどのように位置付けるかについては多様な適用が認められた。FRCとしては，統一的な適用を求めるつもりはないが，監査事務所が，特定の方法を採る場合に，それがいかにして監査の品質の向上に寄与するのかを公表して説明することが求められると考えていた。

　また，適用レビューによって，従来のコードが，明瞭性に関して不十分だったこと，投資家からみてINEsが果たしている役割が明らかでなく，その独立性に懸念が持たれていたこと，および投資家との対話が期待したように機能しておらず，コーポレートガバナンス・コードのいくつかの事項を監査事務所のコードに取り入れることが有用となりうること等も明らかとなった。

　こうした点を踏まえて，さまざまな改訂が行われ，最終的に，2016年 7 月27日に新しいコード（「UK コード2016」）が確定・公表されたのである。新コードは，2016年 9 月 1 日以降に開始する会計年度から適用されている。

　UK コード2016では，20の原則については変更を加えないなど，UK コード2010の枠組みを維持しながらも，望ましいガバナンスを促進するための新たな規定が追加されている。

　特に，ここで注目されるのは，英国のコーポレートガバナンス・コードの内

容が大きく取り入れられてきている点である。たとえば，「KPI」や「主要なリスク」についての取組みと開示が求められるようになっており，これらは，2014年の上場企業のコーポレートガバナンス・コードで導入された概念であり，上場企業において，毎年の評価が義務付けられているリスクと同じ概念である。

　また，監査業界の反対の声にもかかわらず，INEsの人数規定も導入され，UKコード2016では3名以上が望ましい実務とされたのである。

　このように，「UKコード2016」は，従来のコードをさらに発展させるとともに，監査事務所に対しても，公共の利益に資するという目的の違いはあるものの，英国において広く適用されてきているコーポレートガバナンス・コードの考え方を大幅に導入し，監査事務所においても上場企業と同様のガバナンス構造を導入することで，厳格なガバナンスの実効性を高めるとともに，株主等の利害関係者にわかりやすいガバナンスを導入しようとしていると解されるのである。

３ 日本の監査法人のガバナンス・コードの特徴

　わが国では，英国の例を踏まえて，監査法人のガバナンス・コードが取りまとめられた。両者を比較してみると，いくつかの相違とそれに基づく課題が見て取れる。

　第1に，わが国では，透明性報告書の開示規定がなく，一部の監査法人を除いて，その開示実務は定着していないという点である。監査法人コードの原則5において，透明性報告書に記載すべき事項が規定されているとはいえ，その内容に関して各監査法人の裁量に委ねられている部分は非常に大きいように思われる。先に述べたように，透明性報告書に関しては，IOSCOによる「望ましい実務」等の提案があるところであり，それらをもとにして，各監査法人の創意工夫に委ねるということであろうか。何より，透明性報告書がboilerplate化することのないように，また，透明性報告書がもっぱら監査法人の規制監督の手段となることがないように，注視する必要があると思われる。

　第2に，適用対象である。先に述べたように，わが国においても英国と同様に20社以上の上場企業を担当する監査法人をコードの対象とした場合，その範

囲は，第3章で用いた，監査人・監査報酬問題研究会の調査による2017年3月末時点でのデータによれば，先に挙げた11法人となる。その後，2017年11月30日現在で，わが国のコードを採用した監査法人は15法人となった（金融庁，2017b）。これら15法人の相当する上場企業は3,165社，上場企業合体の86.83％を占める。

　これでも十分な対象範囲だとも考えられるが，英国では，コードの適用対象の監査事務所でFTSE350の約95％をカバーしていることと比較すると，わが国のカバー率が若干低いこと，加えて，カバーされない監査法人は，担当上場企業数が少ないのであるから，結果的に，多数の監査法人が「上場企業を担当しながら，監査法人のガバナンス・コードを適用していない」という状況となる懸念がある。

　これらの監査法人については，コードの任意適用を促すか，または，徐々に強制的な適用範囲を広げていくのであろうか。あるいは，これらの監査法人から，コードを適用する監査法人への交代が進むことを想定するのであろうか。

　第3に，上場企業のガバナンス・コードとの連携の問題である。

　英国では，監査事務所のコードに，上場企業のコードの内容を大幅に取り入れてきている。そこでは，上場企業の株主の視点から，彼らが馴染んでいる上場企業のコードとの整合性を重視し，また，監査事務所であっても，目的の相違はあっても，事業として行っている以上，同様のガバナンスを期待されるという考え方が採られていると解される。

　一方，わが国においては，監査法人コードでは，必ずしも，既存の上場企業のコードとの整合を図っているようには見受けられない。何より，UKコード2016において，INEsの人数について3名以上が望ましいと規定されたのに対して，わが国のコードでは，「独立性を有する第三者」についての人数規定も，個別具体的な属性要件も置かれていない。これは，初期の導入にあたっては，監査法人の自主性に任せて，上場企業のガバナンス・コード同様に「フォローアップ」の段階で，あるいは英国同様に，数年後の見直しの段階で，規定を置くことを検討するのであろうか。

　第4に，コード策定の目的である。

　わが国では，「提言」における「監査法人のマネジメントの強化」の一環とし

て，コードの策定が求められた。しかしながら，少なくとも英国では，監査事務所の寡占状態を解消するために，監査事務所を選択するためのツールとして透明性報告書の提供が企図されたのであり，監査事務所のコードは，上場企業の株主，あるいはその意を踏まえた企業の監査委員会のために，監査事務所のガバナンスの強化とその透明性を図るべく策定されたのである。

　したがって，英国のコードは，当初は，監査委員会における監査事務所との契約の入札に向けて，また現在では，EUにおいてすでに導入された監査事務所の強制的交代制を前提としてのものとなっている。そこでのコードの目的の達成の可否は，逆にいえば，企業の監査委員会や株主による評価に委ねられているといえよう。

　では，わが国の監査法人のガバナンス・コードは，その導入によってマネジメントの強化を実現しようとするとはいえ，それはどうやって事後的に把握され，評価することができるのであろうか。それは，とりも直さず，監査法人のガバナンス・コードによって監査の品質が向上したか否かを，どのように把握して，評価するのかということにほかならないと思われるのである。

④ 監査法人のガバナンス・コードの影響

(1) 監査法人のガバナンス・コードとともに公表されたもの

　コードとともに公表されたものとして，3つの文書が注目に値する。

　1つは，金融庁から公表されたコードを採用した監査法人のリスト（金融庁，2017c）である。同リストは，随時更新されるらしく，2017年11月30日現在では，以下の15の監査法人が監査法人コードの採用を表明している。なお，それぞれの括弧内は2017年3月時点での上場企業の担当会社である。

- 有限責任 あずさ監査法人（710）
- かがやき監査法人（4）
- 仰星監査法人（54）
- 三優監査法人（62）
- 新日本有限責任監査法人（922）

- 清陽監査法人（13）
- 太陽有限責任監査法人（133）
- 有限責任監査法人トーマツ（912）
- 東陽監査法人（81）
- ひびき監査法人（26）
- PwCあらた有限責任監査法人（114）
- PwC京都監査法人（41）
- 優成監査法人（54）
- 明治アーク監査法人（35）
- 清稜監査法人（4）

前節で述べたように，これら15法人で合計3,165社，上場企業全3,645社の86.83％を占める・大手および準大手のすべての監査法人は含まれている。しかしながら，中には，かなり小規模の監査法人も含まれている点を指摘できよう。

わが国のコードでは，前文において，次のように述べられている。

「本原則は，大手上場企業等の監査を担い，多くの構成員から成る大手監査法人における組織的な運営の姿を念頭に策定されているが，それ以外の監査法人において自発的に適用されることも妨げるものではない。」

ここに示されているように，わが国のコードは，大手監査法人での採用を想定して策定されたものであるが，上記のように，結果として，準大手や一部の中小監査法人をも採用することになったということができる。

問題は，今後の展開である。コードを採用する監査法人がさらに広がっていくかどうかである。後述するように，日本公認会計士協会および金融庁の公認会計士・監査審査会においては，監査法人コードの適用状況をレビューまたは検査することを想定しているようである。その場合に，中小監査法人までもが，本質的に適用することができるのかどうか，という問題が惹起されてくる。コードが「大手監査法人における組織的な運営の姿を念頭に策定されている」にしても，コードそのものがcomply or explainの開示を求めるソフト・ローである以上，任意で適用した監査法人について，レビューや検査の中で無視することはできないであろう。そのことを懸念する考え方もありうるように思われる。

コードと同時に2つ目の文書は，コードの確定・公表と同日に，日本公認会計士協会から公表された会長声明「『監査法人の組織的な運営に関する原則（監査法人のガバナンス・コード）』の公表を受けて」（日本公認会計士協会，2017）である。

　同会長声明では，次のように述べている。

　　「本原則の公表は，監査法人のガバナンスの更なる向上の契機であり，本原則を適用する監査法人の真摯な取組と実践は，監査に対する資本市場からの信頼性の維持向上に資するものとなります。監査法人の組織運営の透明性に関する報告は，本原則の適用状況などを形式的な表現によることなく，各監査法人の自らの表現により説明し，資本市場の関係者，特に上場企業の取締役・監査役等及び株主・投資家との監査品質の向上に向けた一層の意見交換・対話に繋げる必要があります。」

　ここに見られるように，同会長声明では，「監査に対する資本市場からの信頼性の維持向上に資する」としてコードに一定の評価を与えるとともに，会員たるコードを採用する監査法人に対してのメッセージであろうか，「監査法人の組織運営の透明性に関する報告は，本原則の適用状況などを形式的な表現によることなく，各監査法人の自らの表現により説明し，資本市場の関係者，特に上場企業の取締役・監査役等及び株主・投資家との監査品質の向上に向けた一層の意見交換・対話に繋げる必要があります」と述べて，形式的な監査法人コードへの準拠による透明性報告書を戒めていると解される。

　3つ目の文書は，同じく，コードの確定・公表と同日に，公認会計士・監査審査会から同会長名で公表された「監査法人のガバナンス・コードの公表を受けて」（公認会計士・監査審査会，2017）という文書である。そこでは，次のように述べられている。

　　「大手監査法人を中心に，すでに本ガバナンス・コードの趣旨を踏まえた態勢強化に向けた取組が進められているところと承知しておりますが，公認会計士・監査審査会としては，今後，各監査法人が構築・強化した態勢の実効性を検証してまいります。」

　ここで公認会計士・監査審査会長は，コードに基づいて実施されつつある態

勢強化の取組みに関して，「公認会計士・監査審査会としては，今後，各監査法人が構築・強化した態勢の実効性を検証してまいります」と述べている点に留意する必要がある。

これに対して，監査法人のガバナンス・コードの確定・公表に際して，金融庁から公表された「主なパブリックコメントの概要及びそれに対する回答」（以下，「コメントへの回答」）においては，次のように述べられている（金融庁，2017b）。

「●コメントの概要

　本原則はソフト・ローとなるのか，あるいは自主規制や法令に基づく規制・検査・処分の判断規準となるのか。

　●回答

　監査法人は公認会計士法上，経営の基本方針に関する措置等を含む業務の執行の適正を確保するための措置などの業務管理体制の整備が義務付けられ，経営陣その他の社員は，こうした業務管理体制の下でそれぞれの職責を果たすことが求められているものと考えますが，本原則は監査法人の組織的な運営に関する原則を規定したものであり，本原則自体が，規制・検査・処分等の直接の規準となるものではありません。」

このように，寄せられたコメントに対する「回答」では，「本原則自体が，規制・検査・処分等の直接の規準となるものではありません」と述べているのである。

審査会の文書と本「回答」との関係はどのように整理すればよいのであろうか。

⑵　監査法人のガバナンス・コードに関する課題

最後に，コードの内容自体に関する課題を述べてみたい。

実は，筆者は，共同研究者とともに，「監査研究会」として，コード案に対するいくつかのコメントを寄せた。そのうち，上記に述べたコードの適用範囲に関しては，「コメントへの回答」において取り上げられていたと考えているが，他の点については「回答」が得られなかった。

「コメントへの回答」では，そのタイトルに「主なコメント」とあるように，

すべてのコメントを取り上げているわけではないし，そもそも今般のコード案の公表と意見募集は，「法令等に係る意見募集とは異なり，有識者検討会での審議に活用する観点から行うもの」であり，「意見の取扱いについては，有識者検討会で判断される」と断られていることから，必ずしも回答が得られなかった事項があることについては，異論があるわけではない。

　しかしながら，筆者としては，重要な点であると考えているものであること，およびコードが，案として公表されたものから，ごく一部が修正されたにとどまっており，筆者たちがコメントした点は案の段階から変わるものではないと考えられることから，以下，筆者たちのコメントのうち３点をここに示しておきたい。

⑶　**指針２－２について**

　公認会計士法の求めに応じて，各監査法人には，審査部が設置されている。また，上場企業の財務諸表監査に適用される「監査に関する不正リスク対応基準」では，「不正による重要な虚偽の表示の疑義」があった場合には，「監査事務所としての審査」が求められている。これらの規定と，上記の「監査法人としての……主体的な関与」とは，いかなる関係にあり，「主体的な関与」としてどの範囲まで及ぶものが求められるのかを明らかにすべきである。

　監査法人は，公認会計士という専門職業人が集まって設立される法人であって，一般企業とは異なる。有識者検討会の議事にあったような，一般企業のトップであっても，問題があればライン上にある現場の判断に口を出す，ということと同一視することはできない。専門職業人の専門的な判断は，個々人の良心と監査規範のみによって制約されるのであって，「心証自由」が担保されるべきである。「主体的な関与」によって，その判断はどこまで制約されるのかに懸念を抱いている。

　また，公認会計士法の規定との関係で，「主体的な関与」を行った者は，監査を担当した指定社員と連帯する責任を負うのか。本コードと公認会計士法との関係を整理して明記すべきである。

⑷　**指針４－４について**

　本コードが策定されることになった大きな契機は，東芝事件であり，監査の品質を高めることが目的であったはずである。いわば監査の厳格化を求めるべきコードにおいて，「被監査会社のCEO・CFO等の経営陣幹部・・・との間で監査上のリスク等について率直かつ深度ある意見交換を尽くす」というのは，被監査会社の言い

第7章　監査法人のガバナンス・コード　123

分に耳を傾けること，あるいは，有識者検討会の議論にあったように，監査人は，被監査会社とともにヨリ良い財務報告を実現するために協力することを求めているかのような文言であり，本コードが規定すべき事項ではないように思われる。

　英国のコードにおいても，ガバナンスに責任を有する者（監査委員会等）との連携は強く求められているものの，被監査企業のCEO・CFOの意見を聴くことを要請する規定はない。

　本指針については，「CEO・CFO等の経営陣幹部」の語句を除いて，監査役等との連携の要請に焦点を絞った上で，連携を確保するための体制整備に言及すべきである。

(5)　透明性報告書の宛先又は利用者について

　指針5－1では，「被監査会社，株主，その他の資本市場の参加者等が評価できるよう」透明性報告書を作成することを求めている。ここで，被監査会社，株主，その他の資本市場の参加者等が並列になっているが，透明性報告書は，何よりも監査報告書の利用者，したがって同時に，財務諸表利用者のために作成されることを明記すべきである。IOSCOの報告書でも，英国の事例でも，透明性報告書の宛先又は利用者として想定されているのは，第一義的には，監査報告書利用者＝財務諸表利用者であり，より具体的には，株主であり，株主の利害を代表する監査委員会である。透明性報告書が行政当局の検査に利用されるにしても，それは第二義的な問題である。被監査会社は，監査契約の当事者であるが，少なくとも，監査の品質の向上という観点から，直接的に被監査会社を宛先にすべきではない。また，監査法人の選択に資する情報の提供という文脈において「被監査会社」という用語を用いると誤解が生じる可能性もあるので，「被監査会社の株主および監査役等，その他の資本市場の参加者等」という表現に変えてはどうか。

　本コードでは，英国のコードと異なり，株主との対話に関する規定が含まれていない。かかる規定を，現時点で入れることの当否はあるにしても，本コードは，もっと明確に，監査の第一義的な受益者である監査報告書利用者＝財務諸表利用者，ないし株主に対する監査法人の説明責任（accountability）ということを明示すべきである。

　またわが国固有の事情として，機関投資者による専門的な情報の解釈や分析とその伝達が十分に期待できない状況では，透明性報告書が実態に即したものであるか否かに関する第三者評価のための措置が別途必要になろうと思われる。

　上記のような「課題」がいかにして対応され，若干の懸念がいかにして解消されていくかを慎重に見守っていきたい。

第**8**章

監査法人の強制的交代制

　「『会計監査の在り方に関する懇談会』提言 −会計監査の信頼性確保のために−」の中で，当面の課題とされている3つのテーマのうち，本章では，監査法人の強制的交代制の問題を取り上げる。

　監査法人の強制的交代制については，「提言」において，「まずは諸外国の最近の動向も踏まえつつ，我が国における監査法人のローテーション制度の導入に伴うメリット・デメリットや，制度を導入した際に実効性を確保するための方策等について，金融庁において，深度ある調査・分析がなされるべきである」として，金融庁において，「深度ある調査・分析」が行われた。その結果として，2017年7月20日に「監査法人のローテーション制度に関する調査報告（第一次報告）」（金融庁，2017a）が公表されたのである。

　本章では，現在もなお喫緊の課題である監査法人の強制的交代制について内外の制度的経緯，わが国における実態，および先行研究等の観点から幅広く検討してみたい。

1 アメリカにおける議論の経緯

(1) 1977年メトカーフ小委員会の勧告

　監査法人の強制的交代制の導入の議論は，アメリカに端緒を見ることができる。

　アメリカでは，1970年代に，いわゆる監査の失敗の事例，すなわち，企業の経営破綻に際して粉飾決算が発覚し，その際，監査報告書には適正意見が表明されていた事例が頻発したことから，議会においても，監査の品質，監査人の独立性等の問題が議論されることとなった。上院の「政府業務に関する委員会」内に設置された「報告，会計，および経営に関する小委員会」（通称，メトカーフ小委員会）では，監査人の交代について，SECおよびAICPAに対して，次の2点の勧告を行っている（U.S. Senate, 1977）。

① 監査人たる会計事務所（以下，監査事務所という――筆者注）の交代制を検討すべきである。

② 少なくとも，監査事務所内において，特定の監査業務に関する担当者の交代が図られるべきである。

　このうち，①の問題については，同小委員会での公聴会においてSECとAICPAのいずれもが否定的立場を表明していた。

　当時の監査業務に対する社会的批判に対して1974年にAICPA内に設置された特別委員会である，「監査人の責任に関する委員会」（通称，コーエン委員会）では，翌1978年に最終報告書を公表し，その中で，監査事務所の強制的交代制について明確に反対の立場を表明するとともに，監査事務所内において，監査業務に従事するスタッフを計画的に交代させれば，監査事務所の定期的交代と同じ効果が得られるであろう，と結論付けている。

　他方，②については，上記のコーエン委員会の結論にも見られるように，監査人の独立性を維持するための方策の1つとして，AICPAにおける自主規制として受け入れられていくこととなった。すなわち，AICPAの常設機関であるSEC監査業務部会（SEC登録企業の監査事務所が所属しなければならず，それらの事務所に対する自主規制を担っていた部会）の資格要件において，SEC登

録企業の監査業務の契約に責任を負うパートナーについては，連続する7年間の監査業務を終了した後には，交代しなくてはならないという自主規制ルールを設けたのである（ただし，小規模事務所への配慮から，SEC登録企業の監査契約件数が5件未満の監査事務所については，当該要件は適用されないこととされた）。

その後，SEC監査業務部会では，監査事務所の強制的交代制に関する研究を続け，1992年3月に，『公開企業の監査事務所の強制的な交代に関する方針書』（AICPA，1992）を公表したが，同方針書では，以下の点を主な理由として，監査事務所の交代に関する提案が必要でもないし，適切でもないと結論付けている。

- 監査業務は，継続する中でより被監査企業の事業内容等に精通し，監査の品質を高めることができる。多くの監査の失敗は，監査業務を担当した当初の2，3年の間に発生している。
- 監査事務所の強制的交代制は，業務の混乱を引き起こし，時間を浪費させ，全体としての監査コストを増加させる。
- 監査業務を実施していく中で，現状においても，監査事務所の担当者も被監査企業の担当者も順次交代していく。
- 望ましくない監査人については，監査委員会が，それを評価する立場にある。
- 従来の監査規制等の改革によって，監査業務の環境は，監査事務所の強制的交代制を導入するまでもなく，改善されてきている。

また，SECも，AICPAのSEC監査業務部会の結論を受けて，監査事務所の交代のさまざまなコストとベネフィットに関して検討した末に，1994年3月に公表した『監査人の独立性に関するスタッフ報告書』（SEC，1994）において，現時点（当時）においてSECは新たな法律または規則による監査事務所の強制的交代制に反対する，との見解を表明していたのである。

(2) 2002年SOX法による調査指示とGAO報告書

上記の状況を一変させたのが，エンロン（Enron Corp.）社の粉飾決算事件およびその後の不正な財務報告問題を受けて2002年7月30日に制定されたサーベインズ・オックスリー法（SOX法）である。そもそもエンロン事件が解明され

る過程で，監査を担当していた会計事務所が，2002年6月に司法妨害で訴追された
れたことなどから，SOXにおいても，監査人の独立性に関する規定はより厳格
になったものと解される。SOXでは，監査人の交代問題について，次のように
規定している。

203条：監査担当パートナーの交代に関しては，主任監査パートナーおよび当該監
　　　査の審査担当パートナーは，5年ごとに交代しなければならない。
207条：会計検査院長は，監査事務所の強制的交代制が及ぼす影響に関する調査研
　　　究を行い，1年以内に上下両院の委員会に報告書を提出しなければならな
　　　い。

　上記の203条の規定によって，従来，AICPAの自主規制として実施されてき
た監査担当パートナーの交代制が，会計プロフェッションの自主規制の手を離
れ，法的規制のもとに移されたのである。

　しかしながら，他の関与会計士については，従来どおり，SEC監査業務部会
の7年—2年のローテーションが適用されることから，アメリカの監査人のロー
テーションは，二重構造になっていると指摘することができる。

　また，207条の規定については，SOX法の制定に先立つ議会での議論の過程
で，監査事務所の強制的交代についても議論の俎上に載せられたが，会計プロ
フェッション等からの強い反対[45]を受けて導入されなかった事項について，会計
検査院（General Accounting Office：GAO—当時）に対して，制度化の是非を
見定めるための調査研究を行うように規定したのである。GAOでは，SOX法
の要請に応えて，監査事務所の強制的交代制について，

- 先行研究の調査
- 監査事務所，ならびに，公開企業の最高財務担当役員および監査委員会委
　員長に対するアンケート調査
- 機関投資家，銀行の連邦規制当局者，米国の証券取引所，州の会計士協会，
　AICPA，SECおよびPCAOBといった利害関係者の責任者へのインタビュー

45　2002年3月13日，AICPAの会長であったBarry Melancon氏は，議会下院の金融サービス委員会
　で証言し，多くの独立的な過去の調査結果を引用しながら，「監査の失敗は監査契約の最初の2年間
　において通常の3倍に上る。監査事務所の永続的契約と監査人の能力の間には正の相関関係がある」
　と述べている。

－事務所の強制的交代制をこれまでに導入した外国の状況

を調査し，2003年11月に調査報告書『監査担当会計事務所―監査事務所の強制的なローテーションの潜在的影響に関する研究』（GAO，2003）[46]を公表したのである。

同調査報告書に示された調査結果は，次のとおりである。

- 10社以上の監査を行っている監査事務所およびフォーチュン1000企業のほとんどが，会計事務所の強制的なローテーションは，コストがベネフィットを上回る，と考えている。
- ほとんどの者が，現在の規定，すなわち，パートナーのローテーション，監査人の独立性規定およびその他の規定が十分に遵守されたならば，強制的な監査事務所のローテーションが意図したベネフィットを十分に達成するであろうと考えている。
- 機関投資家，証券取引所，銀行家，会計士および消費者擁護グループを含む他の利害関係者に対するインタビューの結果も，アンケート調査の結果とおおむね一致している。
- 追加的なコストと以前の担当監査人の組織的な知識を考慮すれば，強制的な監査事務所のローテーションが監査人の独立性を強化し，監査の品質を向上させる最も効率的な方法ではないかもしれない。
- 追加的コストがかかるのは間違いないにもかかわらず，強制的な監査事務所のローテーションの潜在的なベネフィットを予測し定量化することは非常に困難である。

これらの調査結果に加えて，GAOでは，SOX法によって導入された監査人の独立性にかかる改革の効果を評価するために，数年の経験が必要であり，現行規定の有効性を監視して評価することがSECおよびPCAOBに課せられた当面の課題であると考えていると結論付けている。

また，GAO は，企業の置かれた状況と環境を考慮して，監査委員会が監査事務所をローテーションさせることによって，監査人の独立性と監査の品質が向上すると評価し，監査事務所を定期的にローテーションさせたほうが有益であると判断するならば，法規による強制的な要請よりも，むしろ，監査委員会

---

46 同調査研究におけるアンケート等の詳細は，将来，これらの問題に関係した研究を行う際の研究努力を促進するための補足レポート（GAO，2004）として，2004年2月に公表されている。

主導のもとで自主的に，監査事務所を定期的にローテーションすることによって意図されたベネフィットが達成されるとしている。SOXのもとで責任を強化された監査委員会が監査人の独立性を確かなものにする際に重要な役割を果たすに違いないという見解を明らかにし，この役割を果たすために，監査委員会は，独立性を保ち，十分な資源を持たなければならないと述べている。

このようにして，アメリカでは，SOX以降の監査事務所の交代制度の議論は，一定の整理が図られ，言い換えれば，現行制度の有効性評価の観察期間にあると解されるのである。

⑶　2011年PCAOBの提案

アメリカにおける次の転機は，金融危機であった。2008年のリーマン・ブラザーズの破綻等をもたらした金融危機は，アメリカにおいて，監査人は何をしていたのか，監査人は被監査企業との間で独立性を損なっていたのではないのか，との批判を生むこととなった。

そうした懸念に対応して，PCAOBは，2011年8月16日にコンセプト・リリース（PCAOB, 2011）を公表した。同コンセプト・リリースによれば，PCAOBは，監査人の強制的交代のメリットとデメリットを比較検討して，大規模公開会社に限定して強制的交代を導入することを有力な案として提示しており，また，その強制的交代の期間としては，10年間が1つの目安とされていた。

PCAOBでは，2012年3月にコンセプト・リリースに関する一般公開のラウンドテーブルを開催したところ，そこでは，圧倒的多数の参加者から，強制的交代制の導入への懸念が表明された。さらに，AICPAや会計事務所は議会に働きかけ，PCAOBによる監査事務所の強制的交代の制度化を禁じる内容のSOX法改正案（U.S. House of Representatives, 2013）が下院で決議されたのである。本法案は，上院の銀行，住宅および都市問題委員会に付託されたが，民主党が多数を占める上院では決議されることはなかった。しかしながら，下院における決議の重みを受けて，PCAOBは，少なくとも単なる監査事務所の強制的交代を行うことはできないのではないかと見込んでいる。

続いて，PCAOBは，先のコンセプト・リリースに対する反対意見として監査報酬による価格競争に陥ってしまうとの意見が数多く示されたことを背景の

1つとして，2013年11月に，新たに企業の監査委員会が監査事務所との契約にあたって監査事務所の品質評価を行うためのAQIを提案する討議資料（PCA-OB, 2013）を公表した。その後，2015年7月に，コンセプト・リリース「監査品質指標」（PCAOB, 2015）[47]が公表され，28件の具体的な監査品質指標が提案され，2015年9月29日までのコメント募集期間を経て，コメントの分析等の検討が進められた。

これらの指標は，監査事務所ごと，監査契約ごとに公表されることが提案されており，監査委員会が監査事務所との契約を検討する際に利用することができる。かかる指標が公表されれば，監査事務所の強制的交代を実施するための基盤が整うこととなり，強制的交代を求めなくとも，監査委員会に対して，これらの監査品質指標に基づく検討を要求することを通じて，実質的に監査事務所の交代を促す効果があるものと解されるのである。

2 EUにおける議論の経緯

(1) 金融危機前のアメリカ以外の国の状況

アメリカ以外の国の中には，監査事務所の強制的交代制を導入したまたはかつて導入していた国がある。

主なところでは，まず，イタリアにおいて，1975年以来，公開企業に対して監査事務所の強制的交代制を導入しており，監査契約は3年ごとに再契約することができ，最大9年間まで記録の監査人として同じ監査事務所が担当することができると規定されていた。このとき，前任の監査人が同一企業の担当に復帰できるまでには，最低3年のインターバルが必要となる。

かかる監査事務所の強制的交代が，監査人の独立性に寄与しているかというと，たとえば，2003年12月に破綻し，欧州版エンロン事件と称された，パルマラット（Parmalat S.p.A.）のケースでは，1999年に監査事務所の強制的交代制の適用によって交代した前任監査事務所と，後任の監査事務所の引継ぎが不十分であったこと，および，監査事務所のローテーションは，親会社にしか適用

---

47 当該コンセプト・リリースについては，甲斐（2015）の解説がある。

されず，子会社であり粉飾の温床であったボンラットについては前任監査事務所が引き続き監査を担当していたために，後任監査事務所と前任監査事務所の共同監査を余儀なくされ，連結グループ全体としての監査の有効性に問題が生じた，と考えられている。

パルマラットのケースに見る限り，エンロン事件と異なって，監査人の独立性にかかる疑義は生じていない。しかしながら，監査事務所のローテーションは，監査人の独立性の確保を実現した一方で，監査の有効性を損ねていたかもしれない，との懸念が提起されたといえるのである。

また，シンガポールにおいても，2002年に，シンガポール国内の銀行についてのみ，5年を上限とする監査事務所のローテーションを導入した。ただし，同制度は，外国銀行には適用されないほか，公開企業については，シンガポール証券取引所の上場規則において，監査担当パートナーの5年ごとに交代制が設けられている。

さらに，オーストリアにおいても，2004年より6年を上限とするローテーション規定が導入されており，インターバル期間は1年であるという。その他，ギリシャにおいても，同様の監査事務所のローテーションが実施されている。

このように監査事務所の強制的交代制を導入している国がある一方で，過去に同様の規定を導入したものの，その弊害から，現在では行っていない国もある。

スペインでは，1989年から1995年にかけて，監査事務所の強制的交代制を導入していたことがあり，そこでは監査契約の上限を9年とし，3年ごとの再契約も求めていたが，コストの増加等を理由として同規定を廃止し，2002年以降は，監査業務に関与した監査チームのすべてのメンバーの7年ごとの交代制を実施している。

また，カナダでは，1923年から1991年までの長期間にわたって，金融機関の監査に関して，監査事務所の強制的交代制が行われていた。カナダでは，金融機関の監査を2つの監査事務所が担当し，同じ2監査事務所の組み合わせで2回を超えて監査を担当してはならない，との規定が置かれていた。したがって，少なくとも，一方の監査事務所は，最短で2年ごとに交代しなければならなかったのである。当該規定の目的は，監査人の独立性の確保と，新鮮な観点での

監査の実施であったが，1980年代後半に相次いで発生した金融機関の経営破綻にかかる監査の失敗事例を経て，1991年に同規定は廃止されている。

(2) 2004年EU提案

EUにおいては，エンロン事件等を踏まえて，欧州委員会が，2002年5月16日に『EUにおける法定監査人の独立性に関する勧告：基本的原則』（EU基本的原則）（EC, 2002）を公表した。この勧告は，EU全域における法定監査人の独立性についての加盟国の要求事項にとってのベンチマークを設定することを目的とするもので，監査人の交代問題については，次のように規定していた。

- 法定監査人は，少なくとも重要な監査担当パートナーを7年以内にローテーションさせなければならない。
- ローテーションした監査パートナーはローテーションから少なくとも2年経過するまでは同じ監査先の監査に従事することができない。
- 監査チームのその他のメンバーについては，独立性にかかる脅威を受容可能なレベルまで軽減するための適当な安全策を講じるべきである。

上記規定は，いわゆる7年ローテーションと2年インターバルの規定であり，IFACの規定とも整合するものである。ところが，2004年3月16日，欧州委員会（EC）は，EC会社法第8号指令改正案として『年度決算書および連結決算書の法定監査，ならびに，閣僚理事会指令78/660/EECおよび83/349/EECの改正にかかる，ヨーロッパ議会および閣僚理事会指令案』（EC, 2004）を公表した。同改正案の40条には，次のような監査事務所のローテーション規定が含まれていた。

加盟国は，以下のいずれかを確保しなければならない。
- 法定監査人または監査事務所のために法定監査を行う責任を負う主要監査パートナー（key audit partner）は，最長5年で当該法定監査契約から離脱し，その後2年以上の期間を空けること，あるいは，
- 最長7年で監査事務所が変更されること。

当該規定は，主要監査担当パートナーのローテーションと監査事務所のローテーションとの選択制ともいえるものである。背景には，前述のように，EU加盟国中，イタリア，オーストリア，ギリシャ等において，監査事務所のローテ

ーションが実施されていたこともあったといえよう。

しかしながら，同指令案は，確定すれば，国際監査基準を実施する一大市場であるEUにおいて適用されるものであり，各国に国内化されると，監査事務所の強制的交代制の導入に向けての第一歩となる可能性もあった。その後，EU議会の議論において，監査事務所の強制的交代制に対する批判が相次ぎ，最終的に，EC会社法第8号指令に代わるものとして，2006年9月に制定された『法定監査指令』（EC, 2006）（42条2項）においては，監査事務所の交代に関する選択規定は削除され，主要監査パートナーの交代年限も従来どおり，7年—2年に留められたのである。

(3) 2014年EU規則

続いて，金融危機の後，EUにおいても，再び監査事務所の強制的交代制の議論が再燃することとなった。ECでは，2011年11月30日に監査規制の改革案を公表し，原則6年ごとの監査事務所の交代制を提案した（EC, 2011）。

この動向を受けて，オランダでは，2012年12月に監査事務所の強制的交代が法制化され，上場企業または公共の利益に関連する組織（Public Interest Entities: PIE）においては，2016年1月以降，8年ごとに監査事務所を強制的に交代させ，2年間の期間を空けなければ，再度，当該事務所と監査契約を結ぶことはできないこととなった（Beckman, et al., 2012）。

また，英国においても，ECの議論の結論を待たずに，ロンドン証券取引所に上場する大規模上場企業350社（FTSE100および250）に対して，10年ごとに，監査事務所の見直しを行い，公開入札を実施することを制度化したのである（FRC, 2012）。

最終的に2014年4月16日，EUでは，PIEにおいて，EU規則（EU, 2014）として，EU域内の最低限の規則として，以下の事項からなる監査事務所の強制的交代を義務付けることとなった。

- PIEにかかる監査契約の継続期間の上限は10年まで（その後の契約禁止期間を4年）とする
- その継続監査期間内において公開入札を実施する場合には，当該上限は20年に延長される

第8章 監査法人の強制的交代制 135

● 共同監査が実施されている場合には，当該上限は24年まで延長される（フランスにおいて適用されている規定を採用）

さらに厳格なことには，当該規則が発行した時点で，監査契約の継続年数が20年以上の場合には2020年までに，同じく11年以上20年未満の場合には2023年までに，監査事務所を交代しなければならないとされていることである。EUでは，今後数年のうちに，数多くの監査事務所の交代が行われることとなるのである。

3 日本における議論の経緯

(1) 2003年公認会計士法改正時の議論

以上のような海外の動向に対して，わが国においても，監査法人の強制的交代の問題は何度も俎上に載ってきた。1つは，2003年の公認会計士法改正時であり，もう1つは2005年のカネボウ事件において監査人の独立性違反事例が発覚し，2007年に公認会計士法が再改正されたときである。

特に後者の場合には，2005年9月13日に，カネボウの粉飾決算に加担していたとして会計士4名が逮捕（その後，うち3名が起訴）されて以来，あらためて監査人の独立性問題が大きな課題として議論されることとなった。

今般の金融庁における「会計監査の在り方に関する懇談会」（以下，「懇談会」）による提言の議論は，都合3度目の議論ということができる。このように，監査法人の強制的交代制の導入問題は，監査に係る重大な非違事例が生じるたびに，繰り返し提起される課題なのである。

以下，経緯を振り返ってみよう。

日本では，2002年4月より，日本公認会計士協会の自主規制の一環として，7年を上限とする関与社員のローテーションと2年間のインターバルが実施に移された。この自主規制の枠組みは，自主規制の充実を図る過程で，主に，第1節で述べたアメリカのSEC監査業務部会の資格要件等を参考にしたものと解される。

その後，アメリカのSOX法の制定を受けて，監査人による非監査業務の原則

禁止の規定を日本にも導入することが課題とされた。2002年12月には，金融庁金融審議会公認会計士制度部会（部会長：片田哲也㈱小松製作所取締役相談役—当時）が報告『公認会計士監査制度の充実・強化』を公表し，その中では，次のように述べられている。

　「監査の適切性を確保するためには，公認会計士と監査法人の独立性を強化することが必要である。すなわち，国際的動向を踏まえ，監査証明業務に従事する公認会計士と監査法人について，被監査企業への非監査証明業務の同時提供の禁止，監査法人における関与社員による継続的監査の制限，関与社員が被監査企業の幹部などに就任する場合の制限を法制度上具体化することが適切である。」

　この方針を受けて，2003年6月に公認会計士法の大改正が図られた。改正公認会計士法においては，大会社等に関して，公認会計士または監査法人の社員が連続する7会計期間について監査関連業務を行った場合には，翌会計期間以後2期間は監査関連業務を行わせることができないとされた（法24条の3，34条の11の3）。当該規定は，2004年4月に実施されている。

　他方，監査法人自身の継続監査期間の制限については，上記の部会報告においても，「いわゆる大手監査法人による寡占化のもとでの導入は，監査の実効性などに支障を生じる恐れが避けられず，このような点についての検証が必要である」として，引き続き検討する旨にとどめられたのである。

(2)　2007年公認会計士法再改正時の議論

①　カネボウ事件とその後の議論

　しかしながら，2005年9月にカネボウ事件に関して監査人たる会計士が逮捕され，彼らが粉飾に加担していたのではないかとの嫌疑がかけられるに至ると，さらなる監査人の独立性強化が提唱されるようになった。

　主たる議論の場は，自由民主党政務調査会の金融調査会 企業会計に関する小委員会・法務部会 商法に関する小委員会（委員長：塩崎恭久衆議院議員，通称，塩崎委員会）であった。一部の議員および一部の参考人から，監査人の独立性を確保するためには監査法人のローテーション制度の導入が必要であるとの提言があったが，それに対して，日本公認会計士協会としては，かかる制度の導

入に否定的な立場からの見解を表明した。

2005年10月13日の同委員会において，日本公認会計士協会会長藤沼亜起氏は，監査法人のローテーションは，以下の点を理由として，「わが国が欧米主要国に先行して導入することは現実的ではない」との見解を表明した。

① 監査の有効性（品質）の低下

監査事務所が交代することによって，長年にわたって蓄積された被監査企業に対する知識や被監査企業に特有の技能が切断される。

② グローバルな監査業務における監査実務上の問題

現在，大手監査法人の監査業務は海外のネットワーク事務所との提携関係に依拠して実施しており，欧米主要国が導入していない監査法人の交代制を導入すると，業務提携による円滑なグローバルな監査は実施困難となり，監査業務は大混乱となる。

③ 監査コストの大幅な上昇

監査法人の交代により切断された知識や技能の習得に必要な監査時間の増加，それに見合う監査報酬の大幅な増額が不可欠である。

④ その他の弊害

定期的かつ強制的なローテーションは，経営者が会社の問題を一定期間のみ隠蔽すればよいとする負の効果をもたらす可能性や，経営者が自らに都合のいい監査人を選択するオピニオンショッピングをもたらすリスクがある。また，交代の際に，過当競争や監査報酬のダンピングの可能性もある。

これらのうち，①と③はアメリカ等における議論において，従来から指摘されてきたところであり，②については，現在のように発達した会計事務所のネットワークのもとで監査が実施される状況，ならびに，世界において日本の市場および監査法人が占める立場による要因であるともいえよう。たとえば，この点については，さらに，日本の市場で監査法人の交代制を導入し，外国企業に適用した場合，監査法人の交代に伴うコスト等を避けるために，外国企業の日本市場への上場がさらに少なくなるという予想も成り立つように思われる。

また，④については，制度の実施の仕方によっては，経営者によるオピニオンショッピング等のための恣意的な操作は排除できるものと思われるが，交代

の際の過当競争や監査報酬のダンピングについては，現在の日本の監査環境においては，諸外国以上に重大な問題であると解される。

　このような議論を受けて，塩崎委員会では，2005年10月21日に，「わが国の企業統治，会計監査制度等のさらなる強化に向けて」を公表し，会計監査人の独立性の強化を図るために以下の提言を行った。

監査人のローテーションルールの徹底

(1)　改正公認会計士法の趣旨を踏まえ，4大監査法人においては，法施行時期にかかわらず，既に継続監査期間が7年以上となっている関与社員について速やかにローテーションの実施を図ること。

(2)　継続監査期間7年，インターバル2年とされているローテーションルールについて，4大監査法人の主任会計士においては，継続監査期間5年，インターバル5年への見直しを早急に検討すること。なお，その他中小監査法人等における公開企業の監査ローテーションルールに関しては，独立性確保を担保する代替案を含め有効な手立てを引き続き検討すること。

(3)　監査人のローテーションの運用に際し，インターバル期間にある前任者や上席者等からの後任者等への直接的・間接的な圧力が排除されるよう，可及的速やかに自主規制ルール（制裁付き）の整備を行うこと。

　なお，不正を発見した場合に，監査人から当局に対する通報義務を設けることを検討すること。

監査法人の交代制の導入

　監査法人の交代制の導入については，その画一的な導入にかかるコストや，企業活動の国際化の下での円滑な運用実施体制にかかる問題点も指摘されている。その一方で，(1)同一監査法人内の前任者に対する問題点の指摘が人間関係等を損なう可能性が大きいことなどに鑑み，不正の表面化のためには最も有効な手立てではないか，また，(2)企業が自らの企業価値向上のため監査の品質向上に向けてこれを行うことはむしろ奨励されるべきであり，さらに，(3)国際的な動向に先駆けてこれを導入することは，わが国資本市場の国際的なアピールにも繋がるのではないか，との意見も多く示されたところ。

　こうした意見も踏まえ，国際的な動向や会計監査人の独立性強化と監査の品質の向上に向けた他の諸方策の進捗状況を注視し，証券取引所などの自主規制による導入も含め，引き続き幅広く検討すること。

ここに見るように，即時の対応を求めているのは，監査人のローテーション
としての関与社員のローテーションルールの厳格化である。しかしながら，監
査法人の交代制の導入についても，決して立ち消えになったわけではなく，2003
年の公認会計士法改正時に公表された金融審議会公認会計士制度部会報告と同
様，議論が一時的に先送りされたに過ぎないとも解することができよう。

塩崎委員会の提言を受けて，2005年10月25日に，金融庁と公認会計士・監査
審査会は，共同名で，「適正なディスクロージャーと厳正な会計監査の確保に向
けた対応策について」を公表し，その中で，「公認会計士に係るローテーション
ルールの見直し」を日本公認会計士協会に要請した。

同日，日本公認会計士協会では，会長声明として，「公認会計士監査の信頼性
の回復に向けて」が公表され，監査人のローテーション問題について，上記の
塩崎委員会の提言と軌を一にした方針が表明されたのである。

② 公認会計士制度部会の報告

一連の議論は，2007年の公認会計士法改正の議論に結び付いていく。それに
先立って，2006年12月，金融審議会公認会計士制度部会（部会長　関哲夫・新
日本製鐵㈱常任監査役——当時）では，「金融審議会公認会計士制度部会報告～
公認会計士・監査法人制度の充実・強化について～」と題する報告書を公表し
た。

同部会の報告書は，2005年のカネボウ事件に引き続いて，2005年10月に発覚
した西武鉄道事件，2006年1月のライブドア事件等を受けて，前述の一連の議
論を踏まえて，公認会計士法を再改正するにあたっての方針の取りまとめを図
ったものである。

同部会では，監査法人の強制的交代制の導入についても検討されたものの，最
終的には，以下のように述べて，それを導入しないとの結論に至っている。[48]

「なお，監査法人の交代制の義務付けについては，監査人の独立性確保を徹
底するとの観点から意義があるとの指摘がある一方で，ⅰ）監査人の知識・
経験の蓄積の中断，ⅱ）監査人，被監査会社に生じる交代に伴うコスト，ⅲ）

48　金融審議会公認会計士制度部会（2006），3 監査人の独立性と地位の強化のあり方・(2) いわゆる
ローテーション・ルールの整備。

被監査会社の活動の国際化や監査業務における国際的な業務提携の進展等の中での国際的な整合性の確保，iv）大規模監査法人の数が限定されている中での交代の実務上の困難さ，等の観点からその問題点が指摘されるところであり，少なくとも現状においてこれを導入することについては，慎重な対応が求められる。」

このときの議論に一定の影響を与えたと解されるのが，日本監査研究学会が設置し，筆者もメンバーの1人として参加した「監査事務所の強制的ローテーションに関する実態調査研究特別委員会」による報告書（日本監査研究学会特別委員会，2006）である。同報告書は，2006年9月に公表された。

同報告書は，アメリカにおいて，SOX法がGAOに対して，監査事務所の強制的交代制度の導入の可否を検討するよう義務付けたことから，GAOが調査報告（GAO，2003）をまとめたことを踏まえて，GAOが実施したのとほぼ同様のアンケートを企業，監査人および監査役に対して実施し，GAOによるアメリカの調査結果との比較を含めて，その結果を取りまとめたものである。

そこでは，アメリカにおいては，監査事務所の強制的交代制度の導入に対して，監査報酬が高騰するという認識が強く示されているのに対して，わが国では必ずしもそうではないこと，他方で，わが国の場合，強制的交代制度を導入すれば大規模監査事務所への集中が高まるのではないか，との認識が半数の回答者から得られたことなどが報告されている。

こうして，カネボウ事件という「独立性違反」の非違事例を契機とした公認会計士法改正の議論は，監査法人の強制的交代制の導入に至らずに，制度改革を終えるのである。

(3) 東芝事件以後の状況

① 「会計監査の在り方に関する懇談会」の提言

3度目の議論が惹起されたのは，2015年4月に発覚した東芝の粉飾決算事件であった。

東芝事件については，これまでも本書において扱ってきたところであることから，重ねての論及は避けるが，同事件の4年前の2011年には，オリンパスの粉飾決算事件が発覚し，それを受けて，2013年3月には，監査基準の改訂とと

もに，「監査における不正リスク対応基準」が新設されている。同基準は2014年
3月期からの適用であるため，東芝の不正な財務報告は，その適用開始後の時
期に含まれている。オリンパス事件を受けて，不正な財務報告に対して厳格に
対処しようとする中で，適用後すぐに，かかる不正な財務報告が生じてしまっ
ては，4年前の監査の失敗の教訓は活かされなかったのか，との疑問を惹起す
るであろう。

　と同時に，監査基準をいくら積み重ねても，監査の失敗は防ぐことができな
い，他の監査規制が必要だ，という認識が生じたことに留意すべきである。す
なわち，監査法人の強制的交代制の導入が再び俎上に載せられることとなった
のである。

　今般の議論の場は，公認会計士制度部会ではなく，新たに設置された「会計
監査の在り方に関する懇談会」であった。「懇談会」については，2015年9月18
日に金融庁が公表した「平成27事務年度金融行政方針」（金融庁，2015）におい
て，以下のように述べられている。

　「a）会計監査のあり方に関する検討

　　今後の会計監査のあり方について，経済界，学者，公認会計士，アナリス
　ト等関係各界の有識者から提言を得ることを目的として，『会計監査の在り方
　に関する懇談会』を開催し，その提言等を踏まえ，会計監査の信頼性の確保
　に向け，金融庁として必要な対応を行う。[49]」

　したがって，同懇談会は，明確に，「提言」を行うこと，およびその提言に基
づく「金融庁として必要な対応を行う」ことが目途とされている，いわば政策
検討会議に相当するものである。

　「懇談会」は，2015年10月6日より開催された。同懇談会は，非公開であるこ
とから，その議事録は公表されていないが，詳細な議事要旨が公表されている。
特に，第1回の懇談会では，「今後の会計監査の在り方について」という議題の
もと，議論が行われ，以下のような相対立する2つの発言が示されている。

49　金融庁「平成27事務年度金融行政方針」，II. 金融行政の目指す姿・重点施策・1. 活力ある資本市場
　と安定的な資産形成の実現，市場の公正性・透明性の確保・(2) 市場の公正性・透明性の確保に向け
　た取組みの強化・②会計監査の質の向上・(ア) 会計監査の信頼性の確保に向けた取組み，2015年9
　月18日。

発言① 「……監査法人が変わると異なる視点で監査が行われるので，監査の品質に貢献するのではないかという点があるが，以前の金融審議会での検討内容は，基本的に今の環境においても変わっていないのではないかと考えている。

監査法人のローテーションは非常にコストがかかる。国によってはディスカウント競争になるなど，監査の品質の低下に繋がっているのではないかという話もある。実際に監査人は交代するので，非常に監査工数も増えるし，そういう意味ではコストがかかる。そういう状況を踏まえて必要性を検討すべきではないか。……」

発言② 「監査法人のローテーションの問題をどう考えるかについては，以前検討されたときから10年経っており，……当時は諸外国で実施していないのに日本だけローテーションを義務付けると，特にグローバルな企業で，会社ごとに監査のネットワークがねじれてしまうという問題があり，それは大丈夫だろうかという論点があった。今回は，アメリカは導入しないということだが，ヨーロッパでは監査法人のローテーション制度がこれから実施されていく。

また，当時もコストの問題があった。これには２つの見方があり，コストがあるから例えば色々な監査報酬が上がるのではないかという見方と，逆に上昇した分のコストはおそらく払ってもらえないので，監査の単価が下がる形で，監査法人にしわ寄せが来るのではないかという見方である。……」

前掲の発言①は，上記の報告書の認識が「基本的に今の環境においても変わっていない」との立場をとるのに対して，発言②は，10年経つ中で環境が変わっているというのである。

その後，「懇談会」では，筆者が詳細な「議事要旨」を読む限りにおいて，監査法人の強制的交代制については，メンバーが積極的に賛成する見解を表明することはなく提言の公表に至ったと思われる。

ところが，その提言の中では，次のように述べられているのである。

「4.「第三者の眼」による会計監査の品質のチェック

⑴　監査法人の独立性の確保

　監査法人の独立性の確保を徹底する観点から，EUでは，監査法人を一定期間毎に強制的に交代させるローテーション制度の導入が決定されており，我が国においても有効な選択肢の一つであると考えられる。

　他方，監査法人のローテーション制度については，監査人の知識・経験の蓄積が中断されることにより監査品質が低下するおそれがある，あるいは，大手監査法人の数が限られている監査市場の現状を踏まえると，当該制度の円滑な導入・実施は現時点では困難であるとの指摘もある。

　このため，まずは諸外国の最近の動向も踏まえつつ，我が国における監査法人のローテーション制度の導入に伴うメリット・デメリットや，制度を導入した際に実効性を確保するための方策等について，金融庁において，深度ある調査・分析がなされるべきである。

　また，監査人の独立性を確保するため，監査チーム全体のローテーションを義務付けるべきといった議論がある。これについては監査法人のローテーションと同様，監査人の知識・経験の蓄積が中断され，監査の品質が低下するおそれがあるとの指摘に加え，同一法人内でローテーションを行うことにどこまで効果があるのか疑問視する見方等もあることを踏まえ，検討することが必要である。」

すなわち，監査法人の強制的交代制の導入に関して，「メリット・デメリットや，制度を導入した際に実効性を確保するための方策等」について，金融庁自らが，「深度ある調査・分析」を行うとしているのである。

②　金融庁レポート

　上記の経緯で調査が進められてきた監査法人ローテーションに関する金融庁による調査報告は，2017年7月20日に公表された。すなわち，2016年3月8日公表の会計監査の在り方に関する懇談会による提言「会計監査の信頼性確保のために」（以下，「提言」）において，当該問題に関して，金融庁による「深度ある調査・分析」が実施されることが表明されていたからである。

　今般公表されたのは，「監査法人のローテーション制度に関する調査報告（第

一次報告)」と題するレポート（金融庁，2017d）である。同調査報告には，この「第一次報告」ということの意味が次のように述べられている。

　「本調査報告は，同提言を受け，監査法人の強制ローテーション制度に関する諸外国の制度対応やその背景を調査・分析するとともに，諸外国において同制度を導入する際に制度の実効性を確保するためにどのような方策がとられているか等について取りまとめたものである。なお，本調査報告は2006年から現在までの諸外国における制度の変化や監査市場の動向に関する調査を中心とした第一次報告であり，今後，国内関係者からのヒアリング等を含めさらに調査を進めていく必要がある。」（2頁）

すなわち，今回の調査報告では，主に諸外国の制度対応やその背景の調査・分析，ならびに，監査法人ローテーション制度を導入する際にその実効性を確保するための各国の方策について取り上げたものであるという。実際，監査事務所の強制的交代制度を導入したEUの状況，ならびに，英国，フランス，ドイツ，およびオランダにおける国内制度への導入状況がまとめられている。また，同制度を導入しなかったアメリカ，ならびに，近年，EU以外で制度の導入を図ったインドおよび南アフリカの状況が整理されている。

　一方，今後については，国内関係者からのヒアリング等を行って，さらに調査を進めていく必要があるとされている。この点については，より具体的には，次のように述べられている。

　「今後は，欧州における監査法人の強制ローテーション制度導入の効果等を注視するとともに，我が国において，監査法人，企業，機関投資家，関係団体，有識者など会計監査関係者からのヒアリング等の調査を行い，監査法人の強制ローテーション制度の導入に関する論点について の分析・検討を進めていくことが考えられる。」（30-31頁）

したがって，EUでの導入の影響分析と，監査法人，企業，機関投資家，関係団体，有識者等へのヒアリングが行われる予定であり，その結果が「第二次報告」を構成することが予想される。

　また，何より，本調査報告では，まだ，監査法人のローテーション制度について，何も結論が述べられていない。その点も含めて，第二次報告に持ち越されたと解すべきであろう。ただし，調査報告では，EUでのヒアリングによれ

ば，EUでの監査法人ローテーションの導入状況に関しては，「これまでのところ，混乱なく監査法人の強制ローテーション制度が実施されつつあるとの見方が示された」(31頁)と総括されている点には，監査法人ローテーションに対する現時点での金融庁の認識が垣間見られる点として，留意が必要であろう。

その他，調査報告書本文では，次のような記述もある。

　「東芝事案については，公認会計士法の規定どおりにパートナーローテーション制度が実施されていたが，本事案の発生原因を分析すると，パートナーローテーション制度は期待された『新たな視点での会計監査』という観点からは，結果として，制度導入時に期待した効果を十分に発揮するものとしては機能しなかったと考えられる。」(10頁)

この記述では，「新たな視点での会計監査」パートナーローテーションの目的であるとされているが，2003年の公認会計士法で導入され，2006年の公認会計士制度部会での検討の後，2007年の公認会計士法改正で規定が強化されたパートナーローテーションは，カネボウ事件の独立性違反に対処することを第1の目的としていたのではなかろうか。

さらに，この部分の記述が，同調査報告と同時に公表された「監査法人のローテーション制度に関する第一次調査報告のポイント」なる資料では，上記の記述では，東芝事件については，という前提があるにもかかわらず，それには一切触れることなく，次のように述べられている。

　「『パートナーローテーション』の有効性の検証

　　過去の不正会計事案において，パートナーローテーションは抑止効果を発揮できず。」

これは，効果を発揮しなかったことが監査一般にわたることであるかのように，ミスリードしてしまうおそれがある。実際，翌日の新聞紙面では，「効果を発揮できず」の部分にのみが焦点が当てられた記事が掲載されたのである。[50]

50　たとえば，以下の記事がある。
　「会計士交代制『機能せず』　東芝不正を例に　金融庁報告書案」，『朝日新聞』2017年7月21日。
　「会計士交代，不正会計に『効果発揮せず』　金融庁が報告書」，『日本経済新聞』(電子版)，2017年7月20日。

4 海外での強制的交代制の議論の背景と 日本の監査環境の異同[51]

　金融庁レポートでも一部取り上げられているが，監査法人の強制的交代制の前提となるわが国の実態について検討しておきたい。

　すでに述べてきたように，EUでは監査事務所の強制的交代が制度化され，20年以上の監査契約期間にある企業は，2020年までに監査事務所を交代しなければならなくなった。アメリカにおいては，当面，強制的交代が制度化される環境にはないと見られるが，監査規制当局である公開会社会計監視委員会（PCA-OB）は，いったんは，強制的交代制の導入を提案しており，また，その後も，その導入が現実的でないとなると，それに代えて，監査事務所の品質指標の開示を通じて，各企業の監査委員会が自主的に監査事務所の評価および交代を行う基盤を整えようとしているものと解される。

　このように，海外において監査事務所の強制的交代が推進されてきた背景としては，以下の4点が挙げられるように思われる。

① 金融危機において，監査人が十分な役割を果たせなかったとの認識のもと，監査の監督機関等を中心に，監査の品質を高める必要があるとの認識があること

② 監査市場が競争的でなく，大手監査事務所による寡占下にあること（たとえば，英国では，FTSE100の99％，FTSE250の95％超，欧州全体では，85％の上場企業の監査を4大監査事務所が担当している）（EU，2014）

③ 同じく，監査市場が硬直化しており，同じ監査事務所が長年にわたって監査を担当してきていること（たとえば，英国では，FTSE100の31％，FTSE250の20％の企業が，20年間，同じ監査事務所の監査を受け続けている。同じく，FTSE100の67％，FTSE250の52％の企業が，10年間，同じ監査事務所の監査を受け続けている（UK. Competition Commission，2013）。FTSE100における監査法人の関与期間の平均は，48年であるという）

④ そうした状況のもとで，監査報酬が高止まりしていること

51　本節での検討は，町田（2013a）の内容をもとに，データを一部更新したものである。

第8章　監査法人の強制的交代制 147

　これらのうち，②から④について，現在のわが国の監査環境に関して当てはまる議論なのかどうかを検討してみたい。

⑴　大手監査事務所による寡占

　まず，前掲の②について，日本における監査市場も，大手監査事務所の寡占下にあるといえる。

　図表8-1は，第2章で示した図表2-2の再掲である。すなわち，2017年3月末時点の上場企業3,651社のうち，共同監査を受けている6社を除く3,645社について，2016年度（2016年4月期決算から2017年3月期決算）の担当状況に基づいて，監査事務所の規模別に分類した。

図表8-1　日本の監査市場における監査事務所の寡占状況（図表2-2再掲）

監査事務所	監査事務所数(社)	担当会社数(社)	占有率(%)
大手監査法人（あずさ，あらた新日本，トーマツ）	4	2,658	72.92
準大手監査法人（ひびき，京都，仰星，三優，太陽，東陽）	6	397	10.89
その他の監査事務局	122	590	16.19
（計）	132	3,645	100.00

注　共同監査を除く

　大手監査法人の占有率は72.92％であり，準大手監査法人の占有率は10.89％となっている。上記の英国に見られるような圧倒的な占有率は示されていない。また，欧州の上場企業の85％が4大監査事務所によって担当されている状況と比較しても，若干低い数字といえる。

　私見であるが，筆者は，上場企業または公共の利益に関連する組織（Public Interest Entities: PIE）における監査業務が，国際的なネットワークを有する監査事務所に占有されていくことは，今日の財務諸表監査の要請に照らしたときに，致し方ないのではないか，と考えている。上場企業またはPIEの監査においては，国際監査基準やそれに準拠した各国の監査基準等によって，詳細かつ高度な監査手続の適用が求められており，また，監査事務所の品質管理も，年々，厳格なものとなってきている。さらに，高度な金融商品やIT等に対応し，

不正な財務報告を適時に発見するためには，一定規模以上の監査事務所であることが，現実問題として求められるのではないか，と思われるのである。

日本の監査市場において問題とされるべきは，その他の監査事務所，すなわち，中小監査法人や個人事務所122社が担当する590社である。概算で，1事務所当たり約4.84社の担当会社数となる。さらに，1社のみを担当する監査事務所は30社，2社を担当する監査事務所も同じく28社に及ぶ。こうした状況は，海外には見られない日本の監査市場に固有の特徴である。

担当企業が少ないことの問題点としては，独立性への懸念が挙げられる。日本公認会計士協会の「倫理規則」においても，特定の企業への過度な報酬依存度を問題とする規定[52]が置かれているように，少数の被監査企業からの収入に依存することは，独立性に対する阻害要因となる。また，前述のように，一定規模に達しない監査事務所においては，上場企業の監査に求められる詳細な監査規範に対応して必要な監査マニュアルを整備したり，不正リスクへの対応の経験も含め，種々の監査上のノウハウを事務所内に蓄積したりすることができるのか，さらには，審査や内部監査等の品質管理上の対応が現実的に可能かという問題もある。

(2)　監査契約の固定化

次に，前掲③の監査契約が固定的になっているという点についてである。

やや古い調査結果ではあるが，筆者が，有価証券報告書のデータをもとに，手作業で，2010年度における上場企業について，10年単位で遡って，10年前（2000年度），20年前（1990年度），および30年前（1980年度）の担当監査法人との一致の程度を調査して比較したのが，**図表8-2**である。

ここでは比較のため，次のような手順をとった。まず，2010年度における上場企業3,630社のうち，2000年度，1990年度，および1980年度においても上場している企業を識別する（A列）。そのうち，監査事務所の合併等による担当監査法人名の変更の影響を排除すべく，監査事務所の合併等の状況を調べて反映させたうえで，2010年度の監査事務所と同じ監査事務所が監査を行っているかどうかを確認する（B列）。

52　脚注11参照。

図表8-2　日本の監査市場における監査契約の固定化状況

年度	2010年度における上場企業が存在していた数（社）[A列]	2010年度と同じ監査事務所が監査を行っていた数（社）[B列]	比率＝B/A（%）
2010年度	3,630	3,630	100.00
2000年度	2,450	1,500	61.22
1990年度	1,079	615	57.00
1980年度	784	490	62.50

　ここでは，たとえば，10年間のうちに，いったん監査事務所を交代し，再び，元の監査事務所と契約するというケースは考慮されていないし，監査担当者が被監査会社を伴って，他の法人に移籍するケースについても考慮されていない。したがって，あくまでも，ここでの調査は，簡便な調査によって監査契約の固定化の状況の概要を捕捉することを企図したものであることを付言しておきたい。それでも，一定の傾向は把握することができるであろう。

　図表8-2に示されているように，日本においても，上場企業で10年前（2000年度），20年前（1990年度），および30年前（1980年度）のそれぞれから存続し続けている企業は，その数こそ減っていくものの，そのうち同じ監査事務所との間で監査契約を継続していると見られるケースは，57.00%ないし62.50%と一定して長期間に及んでいることがわかる。実際，30年前のデータとの比較で見れば，上場企業として存続している企業数は784社と21.6%に過ぎないが，その中で監査契約が固定化している企業は62.5%にも及ぶのである。これは，先の英国のデータと比較しても，かなり固定化の程度が高いといえる状況であろう。

　さらに，日本の場合，2005年に発覚したカネボウ事件とその後の中央青山監査法人の分裂，およびみすず監査法人の解散によって，大きく監査法人の担当企業が変更されてきた経緯があるが，ここではその影響を考慮していないため，図表8-2の比率は，若干，低い数値に抑えられているものと解される。仮に，中央青山監査法人関連のデータをすべて除くこととした場合には，10年前（2000年度），20年前（1990年度），および30年前（1980年度）のそれぞれにおいて，同じ監査事務所と契約を結んでいるケースは，それぞれ76.8%，76.5%，および78.7%となるのである。

150

こうした監査契約の固定化の状況を監査市場の硬直化と見るならば，日本の監査市場もまたかなり硬直化した市場であるといわざるを得ない。

⑶　監査報酬の高止まり

最後の④監査報酬の点，すなわち，監査市場の寡占化および監査契約の固定化によって，監査報酬が高止まりしているという点については，少なくとも，日本の監査市場には当てはまらない。

これについても，第3章で示した図表3−5を再掲しよう。筆者が責任者の1人として関与している「監査人・監査報酬問題研究会」による2015年度（2015年4月期決算から2016年3月期決算まで）に関する調査[53]によれば，アメリカと日本の上場企業に係る監査証明業務報酬は，**図表8−3**のように対比できる。

図表8−3　監査証明業務報酬の日米比較（図表3−5再掲）

項目		アメリカ 2015年度	日本（3月決算のみ） 2015年度
企業数	（社）	5,516	3,611
合計	（百万円）	1,270,050.17	222,147.19
平均	（百万円）	230.25	61.52
最大	（百万円）	7,670.00	4,824.00
中央値	（百万円）	79.50	30.00
最小	（百万円）	0.43	5.00
標準偏差	（百万円）	543.09	121.60

注　アメリカ企業の監査報酬データは，Ives Group Inc.のデータベース
Audit Analytics® から抽出し，便宜上＄1 ＝100円で円換算している。

図表8−3からわかるように，監査報酬の平均（中央値）は，アメリカの230.25百万円（79.50百万円）に対して，日本は61.52百万円（30.00百万円）である。したがって，日本の監査証明業務報酬とアメリカの監査報酬の比率は1：3.74（1：2.65）となる。日米の監査報酬格差は非常に大きいことがわかる。

53　監査人・監査報酬問題研究会『2017年版上場企業監査人・監査報酬実態調査報告書』，2017年3月31日（http://www.hp.jicpa.or.jp/ippan/jicpa_pr/news/2017.html）。

こうした状況を勘案すると，海外で生じている監査報酬が高止まりしているという問題点は，日本には当てはまるものではないといえよう。

5 強制的交代制の影響の検討

次に，監査法人の強制的交代制に関して，正と負の影響がもたらされるとして議論されている点について，東芝事件を踏まえた現時点の観点から検討してみよう。

まず，強制的交代が行われた場合の正の影響（メリット）は，主として，以下の2点に集約される。

(a) 独立性の強化
(b) 新鮮な視点（fresh look）による監査の品質の向上

かつては，あるいは，現在でも，監査法人の強制的交代制を議論するときに，その根拠として第1に挙げられるのは，(a)の独立性の強化であろう。しかしながら，現在の問題の焦点は，独立性の強化というよりも，(b)の監査の品質の向上，特に，監査法人の交代によって，馴れ合いの関係性を断ち，"強制的に"懐疑心を発揮させようとする考え方が強いのではないか，と解される。

他方，負の影響（デメリット）としては，先に挙げた2006年公認会計士制度部会の報告書では，以下の点を挙げている。

(i) 監査人の知識・経験の蓄積の中断
(ii) 監査人，被監査会社に生じる交代に伴うコスト
(iii) 被監査会社の活動の国際化や監査業務における国際的な業務提携の進展等の中での国際的な整合性の確保
(iv) 大規模監査法人の数が限定されている中での交代の実務上の困難さ

これらのうち，(iii)は，すでにEUが強制的交代に乗り出している中で，必ずしも説得力を有さないかもしれない。本節では，以下，それ以外の点について検討していくこととする。

(1) 交代に伴う追加的なコスト

監査人および被監査会社に生じる交代には，監査事務所を交代させれば必ず

追加的なコストが生じる。かかるコストを負担することと，監査事務所の交代によるfresh lookを備えた監査を行わせることとの費用対効果を考える必要がある。EUでは実質的に，10年で入札，20年で交代を原則としているが，これは当該継続期間ごとの交代であれば，監査事務所の交代による追加的コストを社会的負担として受け入れられるという判断であるとも解される。

交代コストのうち，被監査会社に生じるコストである，新任監査事務所の用いる新たな監査手法への対応の労力や時間は，まさにfresh lookが期待するところの影響であるため，この点は回避しようがないと思われる。

他方，監査人側に生じるコスト，すなわち，新たな監査契約に伴って，初度監査においてさまざまな手続が必要となり，監査範囲が広がること等についても，当然に監査報酬に反映されて被監査企業に請求されるべき性質のものである。しかしながら，実際には，監査人の交代によって監査報酬が上昇するという傾向はない。

図表 8 - 4　監査事務所の交代による監査報酬への影響

年度 該当数（社）	交代前年度 425	交代年度 362	交代翌年度 263
交代前の年度に対して増加している企業数（社）	—	61	50
交代前の年度に対して変わらない企業数（社）	—	52	27
交代前の年度に対して減少している企業数（社）	—	249	186
平均増減額（千円）	—	▲4,811	▲5,588
平均増減率（%）	—	▲9.85	▲10.78
監査証明報酬の平均値（千円）	32,315	27,720	28,573
標準偏差（千円）	45,169	34,642	34,192
交代前年度との平均差検定：t値	—	1.6130[n.s.]	1.2306[n.s.]

注 1　監査報酬データが得られる企業に限定している。
注 2　図表 8 - 4 ～図表 8 - 7 において，***および**は，それぞれ 1 ％および 5 ％水準で有意であること，ならびに，[n.s.]は有意な差が認められないことを示す。

図表 8 - 4 は，2011年 1 月から2015年 6 月までに監査事務所が交代したすべての上場企業425社について，交代した年度とその翌年度における監査報酬の増減

を調べてまとめたものである。[54]

　ここに明らかなように，交代前の年度に対して監査報酬が減少している企業が大多数である。また，交代初年度の減少額が交代翌年度において回復される傾向（ローボーリング[55]）さえも見られないのである。これは，監査事務所間の監査契約獲得競争が激しく，低い価格による新規契約が提示されているものと解される。少なくとも，近年のわが国の監査人の交代時においては，監査事務所側に生じる交代コストが，適切に監査報酬に反映されているとはいい難い状況にある。

　このことは，監査事務所の強制的交代によって，監査報酬の高騰が生じないということで楽観的な見方を支持するものというよりも，監査事務所の強制的交代による初期コストが，監査事務所側の負担となってくるという問題点を提示しているものと見るべきであろう。

(2)　大規模監査法人の数の制約

　次に，大規模監査法人の数が限定されている中での交代の実務上の困難さについて検討してみたい。

　わが国において，大手監査法人は，前掲の**図表8-1**のように，現状では4法人となっている。

　大手監査法人というカテゴリーに含まれるかどうかは別としても，企業規模が大きくかつ国際的に事業展開をしている企業については，一定規模以上の監査法人でなければ担当することができない。

　「会計監査の在り方に関する懇談会」の議論においても，次のような発言があった。[56]

　「……ただ，あれから10年経ち，監査法人のローテーションの議論をする際の大前提として，先ほど申し上げたように，日本の監査法人を整理しないと意味がない。例えば大企業の監査に必要なマンパワーを考えたときに，業務

54　本調査は，町田（2015）が初出である。

55　ローボーリング（low balling）とは，入札等において，将来の追加契約や取引の継続を見込んで，低廉な価格または報酬で最初の契約に応じることである。

56　金融庁「会計監査の在り方に関する懇談会（第1回）議事要旨」，2015年10月6日（http://www.fsa.go.jp/singi/kaikeikansanoarikata/gijiyousi/20151006.html）。

執行社員以外の会計士を50から100人程度投入することができる監査法人はおそらく3～5つ程度しかなく，健全な競争関係がないと質は高まらないので，そちらをどうやって整理するかの問題がある。

　国際ネットワークの中での競争力を担保するためには，3,000人ぐらいの職員を擁する監査事務所が10程度ないと無理ではないかと以前も申し上げた。ただ，それも数の上では揃ってきたと思う。

　（中略）

　要するに申し上げたいのは，日本の監査法人の数をある程度絞って競争力のある事務所にすることも必要であり，ローテーションの問題だけが先行しても難しいのではないかということである。」

この発言が，強制的交代制の導入を支持するものか否かは明らかではないが，監査事務所の強制的交代制の前提として，132社もある上場会社を担当する監査事務所を整理する必要があるという認識を示していることは確かであろう。

　これまでは，そうした監査事務所の整理といったことは難しいものと考えられてきた。日本公認会計士協会が実施している上場会社監査事務所登録制度についても，当初は，そうした意図があったのかもしれないが，現実には，当初の登録数よりも監査事務所の登録数が増えてしまっているのが現状である。

　しかしながら，前提条件は変わりつつあるのかもしれない。たとえば，2017年3月31日に，監査法人のガバナンス・コードが確定・公表された。同コードでは，「本原則は，大手上場企業等の監査を担い，多くの構成員から成る大手監査法人における組織的な運営の姿を念頭に策定されている」としているものの，「それ以外の監査法人において自発的に適用されることも妨げるものではない」とも述べられており，実際に，2017年11月30日時点で，**図表8-1**における大手4法人および準大手6法人を含む，15の監査法人が同コードの採用を表明している。

　今後は，各企業の監査役等が，監査法人のガバナンス・コードの遵守状況その他の情報が記載される「透明性報告書」を参照しつつ，監査法人の選任にあたっていくことが予想される。そうした中で，徐々に上場企業の監査が一定の監査事務所に集約されたり，監査事務所の統合等が進められ，「競争力のある事務所」の出現を期待できるかもしれない。

(3) 上場企業および監査事務所の意識

最後に，監査人・監査報酬問題研究会において，2011年度に実施したアンケート調査の結果として，図表8-5および図表8-6を紹介したい。[57]

図表8-5　監査事務所の強制的交代の必要性

選択肢	監査事務所 (n=87)		上場会社 (n=730)		
	回答数	比率(%)	回答数	比率(%)	
1. 非常に必要である	14	16.1	26	3.6	
2. 必要かもしれない	27	31.0	108	14.8	
3. どちらともいえない	12	13.8	181	24.8	
4. あまり必要ではない	11	12.6	269	36.8	
5. 全く必要ではない	23	26.4	146	20.0	
					t値
（その他を除く）5点スケールに基づく加重平均		3.02		3.55	3.2368***
標準偏差		1.4705		1.0764	

図表8-6　監査事務所の強制的交代の影響

選択肢	監査事務所		上場会社		
	回答数	比率(%)	回答数	比率(%)	
①監査報酬	(n=86)		(n=734)		
1. かなり上がる	6	7.0	83	11.3	
2. やや上がる	21	24.4	223	30.4	
3. 変わらない	29	33.7	247	33.7	
4. やや下がる	12	14.0	92	12.5	
5. かなり下がる	12	14.0	18	2.5	
6. わからない	6	7.0	71	9.7	
					t値
（その他を除く）5点スケールに基づく加重平均		3.04		2.61	3.2137***
標準偏差	1.1523	0.9648			

57　町田・松本・林「前掲稿」。

選択肢	監査事務所		上場会社		
	回答数	比率(%)	回答数	比率(%)	
②監査の品質	(n=86)		(n=733)		
1. かなり向上する	6	7.0	15	2.0	
2. やや向上する	13	15.1	103	14.1	
3. 変わらない	24	27.9	192	26.2	
4. やや低下する	17	19.8	249	34.0	
5. かなり低下する	21	24.4	115	15.7	
6. わからない	5	5.8	59	8.0	
					t値
（その他を除く）		3.42		3.51	0.6555[n.s.]
5点スケールに基づく					
加重平均					
標準偏差	1.2359	1.0158			

　強制的交代制の必要性については，上場会社側では，「あまり必要ではない」および「全く必要ではない」を合せて56.8％に上るなど，否定的な回答が数多く寄せられた。それに対して，監査事務所側では，「非常に必要である」（16.1％）および「必要かもしれない」（31.0％）の回答が半数近くを占めていることが注目される。

　回答票に示された担当上場会社数から推測すると，大手監査法人では，いずれも「全く必要ではない」との回答が示されていたが，準大手監査法人の中では，2つの監査法人が「必要かもしれない」との回答を寄せていることになる。このことは，海外で行われている監査事務所の強制的交代の議論においても示される徴候である。うがった見方をするならば，準大手監査法人が強制的交代によって顧客獲得の機会の創出を期待しているとも捉えられるかもしれない。

6 | 先行調査・研究

(1) 先行調査

　最後に，監査法人ローテーションに関して，先行研究および調査を見ていくこととしよう。

　まず，監査事務所の強制的交代に関する体系立った調査研究は，GAO（2003）

が嚆矢である。これは，アメリカにおいて，SOX法207条の規定によって，GAO
に対して，「監査事務所の強制的ローテーション制」の導入の可否にかかる調査
研究が要請されたことによる報告書である。そこでは，監査事務所の強制的交
代に関して，各国の制度を検討したうえで，質問票調査により，企業および監
査人の意識を調査し，同制度のコストとベネフィットを検討し，コストがベネ
フィットを上回るとして，同制度の導入に消極的な見解を表明している。

　同時に，その時点までにおける強制的ローテーションの制度を導入した経験
のある国々についても，報告書の付録において言及がある。

　本章においても紹介したように，わが国においても，GAOの調査を受けて日
本監査研究学会特別委員会（2006）が，GAOとほぼ同様の質問事項によって，
企業経営者，監査役，および監査事務所に対する意識調査を実施している。結
果は，やはりGAO（2003）同様に，制度を導入するメリットは，それによって
生じるコストを上回るものではない，というものであった。

　また，近年では，Ewelt-Knauer , et al.（2012）が包括的な調査を提示してい
る。これは，EUで議論が進む強制的交代制の問題について，スコットランド
勅許会計士協会（Institute of Chartered Accountants of Scotland: ICAS）の調
査委員会による委託研究として実施された調査研究の報告書である。GAO
（2013）と同様に，各国の強制的交代制度をまとめているが，GAO（2003）と
異なり，主要69か国について，Vourc'h and Morand（2011）およびDeloitte
（2012），ならびに，自らの直接的な問い合わせによって，監査事務所のローテ
ーションおよび監査担当パートナーのローテーションの規定の有無をまとめて
いる（Table 1：pp.13-16）。

　同報告書の後，筆者の知る限りでは，EU諸国におけるEU規制の国内法化の
ケースを除くと，インドと南アフリカにおいて，強制的交代制が導入されてい
る。これらの国々については，先の金融庁の調査報告においても触れられてい
ることから，そちらを参照されたい。

　また，監査事務所の強制的交代制を導入したEUにおいても，EU法定監査規
則の国内法化が進められている。これについても，前述のとおり，金融庁の調
査報告において，英国，フランス，ドイツおよびオランダについての動向がま
とめられていることから，そちらを参照されたい。

以上のように，GAO（2003）やICASによるEwelt-Knauer, et al.（2012）に
しても，包括的な制度状況の調査報告を提供している。その他にも，ICASの
調査報告の典拠として挙げられているDeloitte（2012）のように，監査事務所
等が提供するグローバルな制度状況の報告も示されている。これらの先行調査
は，その後の調査や研究，あるいは制度導入にあたっての検討の基点となって
きた。2017年7月に公表された，わが国の金融庁の調査報告（金融庁，2017d）
においても，一部の国々が取り上げられているが，今後，公表される予定の第
二次報告においては，その時点における世界各国における監査事務所の強制的
交代制の状況の概観を提示するものとなることを期待したい。

(2) 先行研究

監査事務所の強制的交代制については，監査研究の領域においても，さまざ
まな研究が試みられてきた。すなわち，強制的交代制を実施した国が少なかっ
たことから，公表データ（アーカイバル・データ）が入手困難であったため，強
制的交代に類似またはそれと同様であるとみなすことのできる事象に着目して
研究が行われるケースが多かったといえよう。

① 監査人の交代時の状況に関する研究

まず，監査人が交代した際に，前任監査人（すなわち交代予定の監査人）の
監査判断においていかなる影響が見られるのか，および後任監査人において，交
代によって前任監査人との間でいかなる監査判断の相違がみられるのか，とい
った研究の類型が挙げられる。かかる研究は，一般に，監査人の交代に関する
公表データとして利用可能な，監査人を交代する企業の属性や，監査人を交代
した際の監査報酬等の動向のデータを変数として利用したものであった。

この種の研究類型に関しては，古くから現在に至るまで，非常に多くの蓄積
があるが，その一部を紹介すれば，たとえば，古くは，監査意見の限定と監査
人の交代を検証したChow and Rice（1982），経営破綻に陥った企業が監査人の
交代を図ることを明らかにしたSchwartz and Menon（1985），監査人の交代前
年度の保守的な会計処理を検証したDeFond and Subramanyam（1998）など
がある。また，Woo and Koh（2001）は，シンガポール企業の財務データに基

づいて監査人の交代要因を分析したものであり，Calderon and Ofobike（2008）は，監査人側と企業側の双方のデータに基づいて監査人の交代の要因を検証したものであり，また，Catanach et al.（2011）は，監査人の退任後の企業の財務データを検証して交代の要因との関係を検討している。

わが国においても，監査人の交代後の監査判断についての研究として，酒井（2012）および酒井（2014）などがある。

② 監査事務所の破綻時の状況を利用した研究

監査事務所が何らかの理由で破綻または解散し，その結果，被監査企業が短期間のうちに一斉に監査事務所の交代を余儀なくされる場合がある。そうしたケースを捉えて，監査事務所の強制的交代制に類似する事象とみなして行われる研究がある。

たとえば，アーサーアンダーセン会計事務所の破綻を契機として，数多くの被監査企業が他の監査事務所に交代したことなどから，その際のデータをもって，監査人の交代によって何が起きるのかを検討する研究が行われている（Blouin et al., 2007）。同種の研究は，わが国の中央青山監査法人がカネボウ問題によって分裂したケースについても行われている（Skinner and Srinivasan, 2012）。

③ 実際の交代理由に関する研究

他方，監査人を交代させた企業がいかなる理由で交代を実施したのかについては，直接，被監査企業に対して尋ねる必要がある。なぜならば，監査人の交代時には，監査人の交代に関する適時開示が行われ，理由も開示されることとなるが，そのほとんどは，「任期満了」による交代とされているからである。

海外では，かつては，Burton and Roberts（1967）やBedingfield and Loeb（1974）などのように，監査人を交代させた被監査企業に対する質問票調査によって，監査人の交代事由を把握する研究・調査が行われていたが，近年では，質問票調査の回答率の低さから，同種の調査があまり見られなくなっている。それでも，オーストラリアのデータではあるが，Sands and McPhail（2003）のような質問票調査による研究が一部に散見される。

他方，わが国においては，鳥羽・川北ほか（2001）や日本公認会計士協会

（2004）のような実態調査のほかは，監査人の交代要因について新聞報道をもとに検討した佐久間（2007）や，監査契約の解除を経験した監査人に対するインタビュー調査によって監査リスクの増加に応じて監査人を交代させるインセンティブが働くことを明らかにした町田（2003）に限られていた。

　そこで，近年の強制的交代制の議論の高まりを踏まえて，町田（2016）では，四半期報告制度や内部統制報告制度が実施されることとなった2008年を現行の財務報告制度の大きな転換点と捉え，2008年以降2015年までの8年間にわたる監査人の交代を全件，適時開示資料から手作業で抽出し，それらの企業に対する質問票調査を実施している。

④　監査人の交代と監査報酬との関係に関する研究

　監査人の交代状況のデータとともに，2000年以降，アメリカ等において公表データとして得られるようになった監査報酬のデータを組み合わせて，両者の関係を扱った研究もある。その問題意識は，監査人の交代時に監査報酬がいかなる影響を受けるかという点にある。一般に，監査論の考え方では，監査人の交代後に監査報酬が上昇することは，監査業務の工程の増加によって明らかである。しかしながら，実際には，監査人の交代時に，監査報酬が低減しているケースも多く，その場合，ダンピング契約の可能性や，ローボーリング（契約獲得のために初度監査の報酬を低く抑えて契約を結ぶこと）等の影響の可能性が指摘できる。

　まず，監査人の交代による報酬への影響については，Deis and Giroux（1996），Fearnley（1998）などが挙げられる。研究結果には，若干のバラつきがあるものの，おおむね中小監査事務所から（評判の高いと解される）大規模監査事務所への監査人の交代においては，監査報酬は増加する傾向にあるとの結果が示されていると解される。

　また，監査契約においてローボーリングが生じているかという問題に関しては，The Commission on Auditors' Responsibilities（1978），DeAngelo（1981），Simon and Francis（1988），Ettredge and Greenberg（1990）等を嚆矢として，数多くの研究が進められ，英米においては，確かにローボーリングの傾向があるという実証結果が示され，そのことが監査委員会による監査契約の契約当事

者となることを要請する規定の制度化につながってきたと考えられる。

他方，日本では，先に挙げた鳥羽・川北ほか（2001），町田（2003）のほか，町田（2009）での実態調査によって，監査報酬は監査事務所が交代すると低減する傾向にあることが示されている。さらに，町田・佐久間（2016）では，わが国における近年の監査人の交代事例を網羅的に調査し，監査人の交代による監査報酬への影響を実証的に分析している。

⑤　継続監査期間の長さと監査の品質に関する研究

継続監査期間の長さと監査の品質に関する代理指標との関係を研究したものも多い。そこでは，監査の品質を，(a)経営者による利益調整または利益の質，あるいは資本コスト等によって代替するもの（Johnson et al., 2002；Myers et al., 2003；Ghosh and Moon, 2005；Davis and Soo, 2009），(b)不正な財務報告等による監査の失敗（粉飾決算や訴訟件数等）で代替するもの（Raghunathan et al., 1994; Walker et al., 2001; Carcello and Nagy, 2004），および(c)監査報告書における限定付意見や意見不表明，あるいは説明事項（追記情報）等の記載の有無・内容によって代替するもの等が主なものといえよう。

特に，(c)については，限定付意見の限定が付されること自体をもって監査人が経営者に対して厳格な態度で臨んだものとして捉え，監査の品質が高いことの指標として捉える研究（Vanstraelen, 2000）もあるが，限定の内容が一定でないことや，分析対象となるサンプル数が限られていること等の問題から，そうした研究はあまり数は多くはなく，GCOに結び付けられることが多い。たとえば，Geiger and Raghunandan（2002）は，経営破綻した企業における監査報告書にGCOが表明されていたかどうかを分析する中で，監査人は継続監査期間が長くなるとGCOを出さない傾向にあり，監査人の継続監査期間の長さは監査の質（GCOの表明）に負の影響を及ぼすという研究結果を示している。Knechel and Vanstraelen（2007）も同様の研究である。

本領域について，わが国のデータをもとに取り組んだものとしては，町田・林（2013）等がある。

⑥　実際の強制的交代制の状況をもとにした研究・その他

　最後に，実際の強制的交代制を実施していたスペインのケースをもとにした実証研究として，Ruiz-Barbadillo et al.（2006）が挙げられるが，そこでは，ゴーイング・コンサーン問題にかかる監査報告の動向を，強制的交代が実施されていた期間（1988～1995年）とそれ以外とで比較して，有意な差がないことを明らかにしている。

　Elder, et al.（2015）は，フロリダ州の財政に対する監査を例に，監査事務所の強制的交代を検討し，強制的交代制度は，高い監査の品質をもたらすという結果を明らかにしている。特に監査人の独立性が高まることよりも，監査人の行政機関に対する監査への専業特化を促すことにより，監査の品質が高まることを指摘している。

　他方，条件設定が難しいことから，強制的交代についてのゲーム論を援用したモデル分析は，あまり多くないが，Church and Zhang（2006）では，監査事務所の強制的交代のモデルによる分析を行い，強制的交代によって監査人に独立性は高まることが示されている。

　同様に，ゲーム論の手法を用いて，田村・町田（2017）では，一定の条件下では，監査事務所の強制的交代制が監査の質を高める場合があることを示している。

　また，Bowlin, et al.（2015）は，監査事務所の強制的交代制度の効果を監査人の心理的実験枠組みに基づいて検討している。そこでは，監査人が懐疑心を発揮しない場合には，強制的交代は効果を発揮するが，懐疑心を発揮する場合には，逆効果となることが明らかとなったことから，監査人の懐疑心を高めるアプローチのほうが，強制的交代制度よりも監査人の手抜きや経営者による業績をよく見せようとする財務報告に対処するのに効果的であると論じている。

　以上，監査事務所の強制的交代に関する研究は，実際の強制的交代制の実施状況に基づくものから，強制的交代制に類似またはそれとみなしたもの，あるいは，継続監査期間の長さや監査人の交代状況に着目したものなど，多岐にわたる。今後は，EU諸国における実際の強制的交代制の実施状況を踏まえた調査や研究が明らかになるであろう。実際に，英国では，監査人の交代が始まり，

監査報酬額が大幅に減少していることが報告されている（CCH，2016）。

たとえば，先のICASによる調査報告は，学術的な研究，特に実証研究に関しても概観しており，強制的交代制にかかる一種の文献レビューのような意義も有している。

今後予定される金融庁の調査報告（第二次報告）においても，学術的な研究成果も踏まえた，調査報告書の作成と，さらには，それらを踏まえたうえでの施策のオプションの提示を期待したい。

第 9 章

監査品質の指標（AQI）

　本書においても，ここまで何度か触れてきたように，AQIは，ア
メリカにおいて，監査事務所の強制的交代制の導入に代えて提案さ
れてきた。強制ではなく，各企業において，監査人の選任・評価に
当たる監査委員会に対して，監査事務所が提供する監査の品質を検
討する材料を提供しようというのである。

　わが国においては，金融庁から公表された文書を見る限り，AQI
に対して，必ずしも積極的な取組みを図ろうという認識は見受けら
れない。しかしながら，AQIは，アメリカに限らず，世界の各国に
おいて検討され，一部では導入されている。

　監査法人の強制的交代制の企図が見受けられる中で，AQIは，自
主規制の貴重な手段ではないかと思われるのである。

1 日本におけるAQIの認識

　監査法人の強制的ローテーションの問題と密接に関連する問題に，「監査品質の指標」（Audit Quality Indicators：AQI）がある。

　実際，監査法人の強制的ローテーションや監査報告書改革の文脈において，金融庁から公表される文書には，AQIについての言及が見受けられる。

　まず，「会計監査の在り方に関する懇談会」による提言（金融庁，2016）では，「監査報告書の透明化」に関連する脚注において，以下のように述べられていた。[58]

　　「このほか，会計監査の透明性を向上させる観点からは，アメリカを中心に，監査の品質を測定する指標（Audit Quality Indicators）の策定に向けた取組みも進んでいる。このような指標をめぐっては，共通の基準に基づく客観的な監査品質の評価を可能とすることが期待される一方，そのような指標の実現可能性や指標を念頭に業務を行う形式主義への懸念なども示されているところである。このため，まずは諸外国における指標をめぐる動向等をフォローしていくことが考えられる。」

　また，「監査法人のローテーション制度に関する調査報告（第一次報告）」（金融庁，2017e）では，PCAOBにおける動向を説明する中で，以下のような記述がある。[59]

　　「監査法人を監視する責任を有する監査委員会が適切に会計監査の品質を評価し監査法人を選任できるようにするため，AQI（Audit Quality Indicators：監査品質の指標）の導入について現在検討が行われている。AQIを実施しその内容を会計監査のステークホルダーに開示することは監査法人の独立性の確保や会計監査の品質向上を図ることにつながると考えられている。なお，PCAOBは2017年6月に，監査報告書の一項目として監査法人の長期間の関与（Audit firm tenure）について記載することを含む監査基準の改訂案を公

58　Ⅱ．会計監査の信頼性確保のための取組み・2．会計監査に関する情報の株主等への提供の充実・(2) 会計監査の内容等に関する情報協定の充実・② 監査報告書の透明化等

59　(参考) 欧州以外の諸外国における監査法人の強制ローテーション制度をめぐる状況・(1) アメリカ

表した。」

これらの記述からわかることは，次のような点であろう。

● アメリカを中心に，AQIの導入が検討されている一方で，わが国において
は，「まずは諸外国における指標をめぐる動向等をフォローしていくこと」
が方針とされていること

● AQIは，会計監査の透明性向上に資する可能性がある一方で，実現可能性
に問題がある場合もあること

● AQIは，監査報告書での開示も考えられ，その1つとして，監査法人の長
期間の関与（Audit firm tenure）があること

本書では，すでに何度かAQIについて言及したことがある。ここで改めて，
AQIの意義について検討してみることとしたい。実は，AQIの検討は，アメリ
カだけで行われているものではなく，また，監査法人の強制的ローテーション
の導入の可否を検討しているわが国において，近い将来の制度オプションの1
つである公開入札制度との関連で，重要な意義を有していると解されるのであ
る。

2 PCAOBとCAQの提案

(1) PCAOBの提案

アメリカでは，PCAOBが，2011年8月16日に監査事務所の強制的交代に関
連するコンセプト・リリース（PCAOB, 2011）を公表した。同コンセプト・
リリースによれば，PCAOBは，監査人の強制的交代のメリットとデメリット
を比較検討して，大規模公開会社に限定して強制的交代を導入することを有力
な案として提示しており，また，その強制的交代の期間としては，10年間が1
つの目安とされていた。

PCAOBは，コンセプト・リリースに対するコメント募集だけでなく，2012
年3月にコンセプト・リリースに関する一般公開のラウンドテーブルを開催し
たが，そこでは，圧倒的多数の参加者から，強制的交代制の導入への懸念が表
明される結果となった。

また，AICPAや大手会計事務所は連邦議会に働きかけ，PCAOBによる監査事務所の強制的交代の制度化を禁じる内容のSOX法改正案（U.S. House of Representatives, 2013）が下院で決議されたのである。本法案は，上院の銀行，住宅および都市問題委員会に付託されたが，民主党が多数を占める上院では決議されることなく，失効するに至った。しかしながら，かかる下院における決議の重み，および，共和党が多数を占める現在の連邦議会の状況では，当面，PCAOBが監査事務所の強制的交代を導入することはできないのではないかと見込まれている。

続いて，PCAOBは，先のコンセプト・リリースに対する反対意見の1つに，強制的ローテーションは，監査報酬による価格競争に陥ってしまうとの意見が数多く示されたことを踏まえて，2013年11月に，新たに企業の監査委員会が監査事務所との契約にあたって監査事務所の品質評価を行うためのAQIを提案する討議資料（PCAOB, 2013）を公表した。さらに，2015年7月に，コンセプト・リリース「監査の品質指標」（PCAOB, 2015）[60]が公表され，28件の具体的な監査品質指標が提案され，2015年9月29日までのコメント募集が行われた。提案されたAQIを示せば，**図表9-1**のとおりである。

これらの指標は，監査事務所ごとだけでなく，監査契約ごとに公表されることも併せて提案されており，監査委員会が監査事務所との契約を検討する際に利用することができるとされている。かかる指標が公表されれば，監査事務所の強制的交代を実施するための基盤が整うこととなり，強制的交代を求めなくとも，監査委員会に対して，これらの監査品質指標に基づく検討を要求することを通じて，実質的に監査事務所の交代を促す効果があるものとも解されるのである。

こうしたPCAOBの動向に対して，AICPAの有する研究機関である監査品質センターでは，PCAOBのコンセプト・リリースに先駆けて，独自のAQIとその利用方法についての提案を行った（CAQ, 2014）。

図表9-1では，PCAOBの提案とCAQとの対比を行っているが，ここに見られるように，CAQの提案は，PCAOBが「監査人」および「監査プロセス」と区分している領域に集中していて，「監査結果」に関しては限定的であること

60　当該コンセプト・リリースについては，甲斐（2015）に解説がある。

第9章　監査品質の指標（AQI）　169

図表9-1　PCAOBによるAQIの提案とCAQの提案の対比

		PCAOB	CAQとの対比
監査人	（人的リソースの）利用可能性	(1)　スタッフの利用	
		(2)　パートナーの作業負担	Ⅱ-F 主要な監査チームのメンバーの作業量
		(3)　マネージャーおよびスタッフの作業負担	Ⅱ-F
		(4)　専門的な会計および監査のリソース	
		(5)　専門的な技能および知識を有する者	Ⅱ-E 特別な検討を必要とするリスクに対する専門家および自国からの人員の関与
	能力（competence）	(6)　監査専門要員の経験	Ⅱ-A 主要な監査チームのメンバーの知識と経験
		(7)　監査専門要員の業種における経験	
		(8)　監査専門要員の交代・離職	
		(9)　サービス・センターで行われる監査作業の量	
		(10)　監査専門要員1人当たりの研修時間	Ⅱ-B 監査事務所の研修規定
	フォーカス	(11)　監査時間とリスク領域	Ⅱ-C 監査時間の傾向と関連するタイミング Ⅱ-D 特別な検討を必要とするリスクに対する監査資源の配分
		(12)　監査の各段階における監査時間の配分	
監査プロセス	トップの気風とリーダーシップ	(13)　監査専門要員に対する独立的な調査の結果	Ⅰ監査事務所のリーダーシップとトップの気風
	動機	(14)　品質の評価と報酬・給与	

		PCAOB	CAQとの対比
監査プロセス	動機	⒂ 監査報酬，努力，クライアントのリスク	
	独立性	⒃ 独立性に関する要求事項の遵守	
	インフラストラクチャー	⒄ 監査品質を支えるインフラストラクチャーに対する投資	
	監視および改善	⒅ 監査事務所による内部の品質管理レビューの結果	Ⅲ-A 監査事務所内部の品質管理レビューの発見事項
		⒆ PCAOBによる検査の結果	Ⅲ-B PCAOB検査の発見事項
		⒇ 専門的能力のテスト	
監査結果	財務諸表	㉑ 虚偽表示による財務諸表の修正再表示の頻度と影響	Ⅳ-A 財務諸表の修正再表示と監査報告書の訂正
		㉒ 不正およびその他の財務報告の不祥事（misconduct)	
		㉓ 財務諸表の品質の測定指標を利用した監査品質の測定	
	内部統制	㉔ 内部統制の不備の適時な報告	
	継続企業	㉕ 継続企業に関する問題の適時な報告	
	監査人と監査委員会のコミュニケーション	㉖ 監査委員会メンバーに対する独立的な調査の結果	
	執行および訴訟	㉗ PCAOBおよび米国証券取引委員会（SEC）による懲戒処分等	
		㉘ 民事訴訟の傾向	

が特徴的である。また、ここでは詳述を避けるが、その内容も、CAQの提案は、数値によるものよりも、定性的な説明を重視していることから、AQIというよりも、一般公表ではなく、監査委員会宛の説明事項として捉えられるものが多いといえよう。

(2) PCAOBの提案に対する反応と今後の予定

PCAOBでは、2015年11月12日および13日に、コンセプト・リリースに対してそのときまでに寄せられた47件のコメントについて、常設諮問会議（Standing Advisory Board：SAG）において検討を行った[61]（PCAOB, 2015）。

それによれば、「AQIの概念を支持する」という回答は、回答者の74%（35通）に上り、「支持しない」（13%：6通）を大きく上回った。特に、投資家からのコメント5件のうち、監査事務所レベルのAQIのみ開示すべきとする回答が1件、監査契約ごとのAQIも含めて開示すべきとする回答が4件であった。一方、監査プロフェッションからの回答22件の中では、それぞれ、8件と9件、取締役会メンバーからの回答8件の中では、それぞれ2件と4件であった。

また、AQIの公表を義務付けるべきかどうかについても、投資家は、義務付けるべきとする回答が4件、任意とすべきが1件であったのに対して、取締役会メンバーの回答8件では、それぞれ4件と4件であり、監査プロフェッションでは、それぞれ2件と14件であった。

他方で、AQIの開示が予期せぬ影響を及ぼすとするコメントも、70%（33通）あった。それによれば、たとえば、文脈を欠いた情報が公表されることによる誤解が生じる可能性、AQIの作成および開示にかかるコストがベネフィットを上回ること、あるいは、チェックリスト型の考え方を生むこと、監査事務所による数値の操作の可能性等である。

こうしたAQIについて、PCAOB（Hanson, 2015）では、今後、28件あるAQIのうち、高い品質の監査と関連性のあるAQIを検討し、10件以下に絞り込むことを考えていて、そのために、検査プロセス等を通じて、情報収集と分析を継続するとしている。そのうえで、PCAOBでは、「数年後に、AQIの利用、討議、または開示を強制するための規則を設定する必要があるかどうかを、再

---

61 当該資料についても、甲斐（2016）において解説が行われている。

度検討する」としているのである。すなわち，AQIが拙速に導入されることはないものの，今後数年間にわたって，AQIの絞込みのプロセスが進められていくというのである。

とはいえ，本章冒頭のわが国の金融庁による監査法人の強制的ローテーションに関するレポートにおいても述べられていたように，PCAOBが，2017年6月に公表した監査報告書の記載内容の拡充を含む監査基準では，記載項目の1つとして監査事務所の長期間の関与（Audit firm tenure）についての記載が求められているなど，先行的な取組みも見られる。AQIは，監査報告書，監査事務所の公表する透明性報告書，監査委員会宛の説明文書，さらには，監査監督当局宛の提出書類等のさまざまな媒体，局面において，報告が求められる可能性があることから，AQIを，一組の開示項目として導入されるだけを想定することは適切ではないのである。

③ 他の国々におけるAQI

(1) 日本の場合

他の国々において，AQIはどのように取り扱われているのであろうか。

まず，わが国の場合である。わが国においても，すでにAQIに該当する事項の報告が行われている。

第1に，有価証券報告書および事業報告において公表されている監査報酬がある。上場会社についていえば，2004年3月期以降に提出された有価証券報告書から，「提出会社の企業統治に関する事項」に監査報酬の内容（監査契約に基づく監査証明に係る報酬とそれ以外の報酬に区分した内容）を開示することが求められている。当初は任意開示であったが，その後，2008年3月期以降に提出された有価証券報告書からは，「コーポレート・ガバナンスの状況」の区分において，監査報酬と非監査報酬を提出会社と連結子会社に区分した統一様式によって記載することが義務付けられ，現在に至っている。

その他，有価証券報告書では，業務執行社員の氏名，監査業務にかかる補助者の構成として公認会計士の人数と補助者の人数等が記載されている。

第9章　監査品質の指標（AQI）173

　第2に，監査役等とのコミュニケーションの問題である。会社計算規則131条
1号および3号では，監査人は，独立性，監査人の適正な職務遂行を確保する
体制に関するその他の事項を監査役に通知する義務を負うものとされている。
　また，日本監査役協会と日本公認会計士協会による共同研究報告では，監査
事務所に対する審査会検査関連情報として，以下の情報を監査役等に開示する
ことが求められている（日本監査役協会・日本公認会計士協会，2013）。
- 審査会検査の受検の有無
- 当該被監査会社が審査会検査対象となったか否か
- 当該被監査会社に係る監査手続きについての指摘の有無，内容

監査基準委員会報告書においても，以下のような規定がある（日本公認会計
士協会，2015）。

　「15-2．監査人は，少なくとも以下のいずれかに該当する監査の場合は，監
　査事務所の品質管理のシステムの整備・運用状況の概要を監査役等に書面で
　伝達しなければならない。これには，監査事務所の品質管理のシステムの外
　部のレビュー又は検査の結果が含まれる。
- 公認会計士法上の大会社等の監査
- 会計監査人設置会社の監査
- 信用金庫，信用協同組合及び労働金庫の監査」

　これらは，一般公表されている情報ではないが，監査役等，すなわち会計監
査人の選任議案の決定権を有する機関であり，国際監査基準においては「ガバ
ナンスに責任を有する者（Those charged with Governance：TCG）」とされる
対象に向けて報告される監査品質に関する情報であるといえよう。

　第3に，日本公認会計士協会が実施している上場会社監査事務所登録制度で
ある。これは，アメリカ公認会計士協会におけるSEC業務部会（SEC登録会社
の監査を実施する監査事務所によって構成されていた部門）への登録制度を範
とする自主規制である。同協会のウェブ・サイトでは，上場会社監査事務所名
簿が掲載されており，その中で，「品質管理システムに関する概要書」や「業務
および財産の状況に関する説明書」等の文書が，監査事務所ごとに掲載されて
いる。

　これらの文書には，定性的な情報も定量的な情報も含めて記載されているが，

監査品質に関する情報ということができよう。

　なお，この名簿に登録されている事務所数は，2017年7月末現在で，上場会社監査事務所128事務所，準登録事務所10事務所，および登録抹消となった事務所1事務所である。また，東京証券取引所では，この名簿に掲載されていない監査事務所による監査を認めないとしていることから，当該名簿の運用次第では，実質的にかなり効果的な自主規制機能が発揮できるものと解される。

(2)　諸外国の場合

　日本以外の諸外国におけるAQIの動向であるが，これについては，ヨーロッパ会計士連盟（Federation of European Accountants：略称はFEE，なお，現在は，改称して，Accountancy Europeとなっている）が公表した情報文書（information paper）（FEE，2015）が参考になる。

　そこでは，アメリカのPCAOBおよびCAQのほか，オランダ勅許会計士協会（Koninklijke Nederlandse Beroepsorganisatie van Accountants：NBA），スイス連邦監査監督機構，英国の財務報告評議会（Financial Reporting Council：FRC）および6大監査事務所，カナダ公共会計責任審議会，オーストラリアおよびニュージーランド勅許会計士協会，シンガポールの会計および企業規制当局（Accounting and Corporate Regulatory Authority：ACRA），ならびに，IOSCOの7つの機関等の動向を扱っている。

　ここでは，紙幅の関係から，英国とオランダとシンガポール，およびIOSCOについて紹介したい。

　まず，英国であるが，2008年にFRCが「監査品質の枠組み」（FRC，2008）を公表し，それに関連して6大監査事務所が開示項目を調整するなどして，監査事務所が透明性報告書においてAQIを自主的に開示する実務が行われている。そこで開示されるAQIは，(a)監査事務所の文化，(b)監査パートナーおよびスタッフの知識と能力，(c)監査プロセスの効率性，(d)監査報告の信頼性および有用性，(e)監査人にとって管理できない要因の5つからなるもので，多くは定性的な情報となっている。また，2015年5月には，FRCから，監査委員会が監査事務所の監査の品質を評価するための指針を提供する文書（FRC，2015）が公表されている。

次に，オランダは，英国と同様に，監査事務所のガバナンス・コードを制定している国であるが，そこでは，会計士協会が，公共の利益に関する事業体（Public Interest Entity：PIE）にかかる監査を行う監査事務所を対象として，2016年3月に「実務指針　監査品質要因の開示」（NBA，2016）を公表している。そこでは，(i)インプット，(ii)プロセス，および(iii)アウトプットの3領域からなる合計14項目のAQIが示されており，その多くは，定量的なものである。対象となる監査事務所は，comply or explain の開示ながらも，かかるAQIの開示が義務付けられている。

　また，シンガポールでは，ACRAが2015年10月に「AQIの開示の枠組み」（ACRA，2015）を公表している。そこでは，ACRAが実施してきた検査結果に基づいて，①監査時間，②経験，③研修，④検査の結果，⑤独立性，⑥品質管理，⑦スタッフの監督，⑧離職率，の8項目のAQIを求め，このうち，①と②については，個別の監査契約ごとの開示項目，③，④および⑤については，監査事務所ごとの開示項目，⑦と⑧については，個別の監査契約と監査事務所の双方の開示項目となっている。これらの開示項目は，上場企業における監査委員会の自主的な実施に任されている。

　最後に，IOSCOであるが，2009年に，コンサルティング・レポート（IOSCO，2009）を公表し，この中で，透明性報告書（transparency report）における開示項目の1つとしてAQIを取り上げ，特に監査事務所の記載内容に関わらない定量的なAQIの重要性が強調されていたが，2015年に公表された最終報告書（IOSCO，2015）では，「監査品質を向上させる監査事務所の測度に関する情報」，「監査品質に関する監査事務所内の指標に関する情報」，および「外部機関の作業によって作成される監査事務所の監査品質の指標に関する情報」の3つに分けて，定量的な情報とともに，定性的な情報の記載も含めた開示項目が示されている。

　以上のように，諸外国，特に監査事務所のガバナンス・コードを策定している国や，透明性報告書の開示に関わる文書において，AQIは取り上げられていることが指摘できるであろう。

4 AQIの重要性

　AQIについては，まだアメリカをはじめ，各国とも試行を繰り返している段階ともいえる。その意味では，日本が，「まずは諸外国における指標をめぐる動向等をフォローしていくこと」を方針としても違和感はない。しかしながら，ここでは3つの点からAQIの重要性を指摘しておきたい。

　第1に，AQIは，PCAOBの提案にしても，他の国々におけるものにしても，これらは，単に当局の思い付きで提案されたり，実施されたりしているわけではない。実は，その背景には，さまざまな実態調査（意識調査を含む）や学術研究の裏付けがあるのである。

　先に挙げたPCAOBのAQIの提案は，議論の過程で，70を超える指標の提案の中から絞り込まれたものである。それらの背景には，一定の学術的な研究がある。ここでは詳述はできないが，たとえば，DeFond and Zhang（2014）の研究を見れば，AQIがアーカイバル・データの研究成果を背景として展開されていることが明らかであろう。

　問題は，それらの研究の多くが，アメリカの監査市場をベースとしたものである点にある。わが国においてAQIの開示を検討するためには，わが国の監査市場の特性を識別する研究成果や実態調査が一層必要となると思われる。

　第2には，AQIが，アメリカ以外の国々では，透明性報告書における記載内容として議論されていることにある。わが国では，監査法人のガバナンス・コードが公表され，その中で透明性報告書の記載内容についての規定が置かれているが，その内容はかなり限定的なものである。

　一律に，多数の定量的なAQIを公表することが望ましいとは思わないが，定量的なAQIと定性的な情報の双方を含めた開示内容を識別し，その後の対応は，comply or explainの原則に従って，実務に委ねればよいのではなかろうか。

　IOSCOがAQIに関する考え方を示し，ガバナンス・コードを策定している英国やオランダがAQIの開示に取り組んでいる中で，わが国のガバナンス・コードやその所産である透明性報告書についても，それに準じた取組みが行われてもよいのではないか，と考えるのである。

最後に，第3の点として，監査法人の強制的なローテーションの問題がある。

今般の金融庁のレポートに見られるように，監査法人の強制的ローテーションの導入に向けての検討はまだ続いていると解される。一般に誤解が多い点であるが，監査法人の強制的ローテーションは，必ずしも公認会計士法等の改正が必須なわけではない。上場企業のガバナンス・コードにおいて，原則として，たとえば，「上場企業においては，監査法人の継続監査期間の上限を○年とする」と記載すればいいだけのことである。その後の対応は，上場企業のそれぞれにおいて，comply or explainの考え方に従って対応してもらえばよい。

仮に，それは時期尚早となったとしても，監査契約に一定期間ごとの公開入札を導入するという案もある。たとえば，「上場企業においては，○年ごとに，監査契約を公開入札によって決めることが望ましい」とすることである。実際に，英国では，EUの規制によって監査事務所の強制的ローテーションが導入されるまでの数年間，公開入札制度が導入されていた実績がある。

つまり，制度導入のオプションとしては，以下の5つが考えられるのではないか。

① 法改正によって，監査法人の強制的ローテーションを導入する
② 上場企業のガバナンス・コードによって，監査法人の強制的ローテーションを実質的に導入する
③ 上場企業のガバナンス・コードによって，監査契約の一定期間ごとの公開入札制度を実質的に導入する
④ 何らかの効果的な代替案によって，監査法人の強制的ローテーションの導入を見送る
⑤ 何もせず，監査法人の強制的ローテーションを見送る

私見ながら，すでに，⑤が採用される段階は過ぎ，④については何も案が示されてきていない。とすると，①から③のいずれかのオプションが採られることが想定されるが，いずれの場合であっても，監査法人の選任にあたって，何らかの判断材料が必要となる。先に見た，わが国で現在開示されている，または監査役等に示されている情報では，監査人の選任のための資料として，また，監査の品質を説明する資料として，必ずしも十分なものとはいえないのではなかろうか。

わが国においても，AQIの検討が喫緊の課題であると思われるのである。

第10章

監査報告書の拡充

　「会計監査の在り方に関する懇談会」が2016年3月8日に公表した提言のうち，直近の具体的な取組みが想定される3つの課題——監査法人のガバナンス・コード，監査法人の強制的交代制度，および監査報告書の拡充——のうち，最後の，監査報告書の拡充の問題について検討する。

　監査報告改革の問題は，企業会計審議会監査部会において審議が進められている最中であるが，本章では，かかる改革の背景とわが国における議論の焦点を中心に検討したい。

1 監査の品質と監査報告書の拡充

監査報告書の拡充というのは，同提言においては，「会計監査の内容等に関する情報提供の充実」の一環として，「監査報告書の透明化等」と称されているものである。すでにISAでは導入され，2016年12月15日以降に終了する会計年度から適用することが求められており，ISAを採用している国々では，2016年末からISAに基づく新たな監査報告書の実務が開始されつつある。また，ISAを採用しないほぼ唯一の経済大国アメリカにおいても同様の内容を有する監査基準が公表されようとしている。

今般の監査報告書改革には，ISAの用語でいえば，重要な監査事項（Key Audit Matters：KAM）を監査報告書に記載することに特徴がある。後述するように，KAMは，監査人が当該年度の監査の実施プロセスにおいて最も重要であると判断した事項であり，監査人の視点から見た（重要な虚偽表示の）リスク情報と，それに対していかに監査上対応したかを監査報告書に記載するものである。KAMを通じて，監査報告書の読者であり，それは同時に財務諸表の利用者でもある株主や投資家等（以下，利用者）に対する情報提供を図ろうというのである。

KAMの記載された監査報告書が導入されれば，アメリカにおいて，1934年証券取引所法によって，現在のような財務諸表監査が法定化されて以来続く，定型化した短文式の，監査意見を表明することに特化した「標準監査報告書」の監査報告形式を一新することとなる。

監査報告書改革の第1の意義は，KAMによって，利用者に対して，少なくとも監査に関する情報が提供されることであり，監査人と利用者のコミュニケーションが高まることにある。そのことは，取りも直さず，短文式監査報告書では，目に見える形で自分たちの業務の内容を示すことができなかった監査人が，KAMの記載によって，自分たちの行う監査業務の価値を明示的に示すことができることとなる。いわば，監査の価値の再獲得のプロセスともいうことができる。

今般の監査報告書の改革は，2008年以降の世界的な金融危機を1つの大きな

第10章　監査報告書の拡充　181

背景としている。[62]　そこでは，IOSCOや各国政府・議会等により，金融危機に際して監査人は何をしていたのか，という批判が寄せられていた。無限定適正意見を表明するまでに，監査人がいかなる事項を検討し，いかなる対応を図ったのかを利用者にコミュニケーションしてほしい，という要請によるものである。

　では，かかる監査報告書改革が，監査の品質といかなる関連性があるのであろうか。

　中には，KAMを記載するようになれば，KAMを記載するためにKAMに対応する適切な監査が実施されるという声もあるかもしれないが，それは監査人に対するやや浅薄な見方であろう。

　監査報告書改革は，単に外部監査人の監査報告書による情報提供に留まってしまっては，その意義の半分しか実現したに過ぎない。そこで期待されているのは，外部監査人による監査報告書の拡充だけではなく，ガバナンスに責任を有する者（Those Charged with Governance：TCG，日本では，監査役等とされる）の取組みであり，いわば，外部監査人とガバナンスに責任を有する者との連携強化の一環であるといえる。外部監査人による監査報告書におけるKAMの記載の実務とガバナンスに責任を有する者によるそれらに対する取組みや報告実務こそが，監査の品質を高めることが期待されるプロセスなのである。

　以下，監査の品質の観点から，監査報告書の拡充問題を検討していこう。

2 ISAに基づく監査報告書

　今般のISAにおける監査報告書改革の最大の変更点は，ISA701「独立監査人の監査報告書における監査上の主要な事項のコミュニケーション」を新設し，上場企業等の監査人に対して，監査報告書において，「重要な監査上の問題」（Key Audit Matters：KAM）についてコミュニケーションを行うことを求めている点であろう。[63]

62　今般の監査報告書改革に至る経緯については，松本・町田・関口（2014）を参照されたい。
63　ISA701の概要については，当時のIAASBの委員による以下の解説として，関口（2015）を参照されたい。

まず，KAMの概要を整理してみよう。KAMは次のように定義される（IAASB, 2015）。

「監査上の主要な事項——監査人の職業的専門家としての判断において，当年度の財務諸表の監査において最も重要であると認められる事項。監査上の主要な事項は，監査人がガバナンスに責任を有する者にコミュニケーションを行った事項から選択される。」（para 7）

ISA701では，KAMの前提となるコミュニケーションの対象を「ガバナンスに責任を有する者」としている。ここに「ガバナンスに責任を有する者」とは，諸外国では，取締役会をそれに当たるものと規定しているケースもあるが，わが国の場合，日本公認会計士協会の実務指針である監査基準委員会報告書において，ISAにおける「ガバナンスに責任を有する者」を「監査役若しくは監査役会，監査委員会又は監査等委員会」と位置付けている[64]。これは，わが国の取締役会が，現状としては業務執行取締役が多数を占めていることから，ガバナンスに責任を有する者を監査役等に限定しているのである。そこで，以下では，監査役等と称することとしたい。

また，監査人は，KAMを決定するにあたって，以下の事項を含め，監査の実施において特に注意を払った領域についての考慮が求められている（para 8）。

(a) 重要な虚偽表示のリスクがより高いと評価された領域，またはISA315「企業及び企業環境の理解を通じた重要な虚偽表示リスクの識別と評価」に基づいて特別な検討を必要とするリスクを識別した領域

(b) 見積りの不確実性が高いと識別された会計上の見積りを含め，重要な経営者の判断を伴う財務諸表上の領域に関する重要な監査人の判断

(c) 当期に生じた重要な事象または取引の監査に対する影響

また，上記にかかわらず，KAMとすべき事項は，企業の状況によって異なるものであり，その選択はあくまでも監査人の職業的専門家としての判断によ

64　監査基準委員会報告書260（第9項）では，以下のように述べられている。

「我が国においては，会社法の機関の設置に応じて，取締役会，監査役若しくは監査役会又は監査委員会が統治責任者に該当するが，品質管理基準委員会報告書及び監査基準委員会報告書においては，原則として監査人のコミュニケーションの対象は監査役若しくは監査役会又は監査委員会を想定し『監査役等』と記載している。一方，海外の構成単位の監査に関連する場合は，企業統治の構造の多様性を考慮して『統治責任者』を使用している。」

第10章　監査報告書の拡充　183

る旨が強調されている。

　さらに，監査人は，それぞれのKAMについて，適切な見出しをつけ，以下の事項を記載することが求められている（para10）。

　(a)　監査人が当該事項を監査における最も重要なものとして考え，それゆえにKAMに決定した理由

　(b)　監査において，当該事項に対応した方法

　なお，ISA701の公開草案が示された際には，監査報告書の例示が示され，その中で，①のれん，②金融商品の評価，③事業の取得，および④長期契約に関する収益認識，の4件のKAMについて例示が示されていた。参考のために，ここで金融商品の評価に関する例示を示せば，以下のとおりである。

金融商品の評価

　ABCグループによる仕組金融商品に関する開示は，財務諸表の注記5に含まれている。仕組金融商品に対するABCグループの投資は，当該金融商品全体の金額のX％を占めている。ABCグループの仕組金融商品は，活発な市場における公表価格に基づき評価されておらず，よって，その評価には重要な測定上の不確実性が存在する。したがって，当該金融商品の評価は私たちの監査において重要である。ABCグループは，仕組金融商品の特有の構成や条件から，自社開発した評価モデルを使用する必要があると判断している。私たちは，自社開発した評価モデルを使用することの合理性について経営者に説明を求め，監査役等と討議し，当該モデルの使用は適切であると結論付けた。また，私たちの監査手続には，特に，モデルの開発および調整に関する経営者の内部統制を検証すること，市場関係者が同様の状況において使用する仮定を反映するためにモデルのアウトプットに対して修正を行う必要はないという経営者の判断を確認することが含まれている。

　KAMは，当年度の財務諸表監査における最も重要な事項という相対的な概念を用いていることから，ほとんどすべての監査業務において存在すると説明されている。ただし，KAMがないという状況も限定的にありうるとして，その場合には，ガバナンスに責任を有する者や審査担当者との議論を行ったうえで，KAMがない旨を監査報告書上に記載することが認められているのである。

　以上のようなKAMが記載される監査報告書は，従来の監査報告書に比べて大幅に拡充され長文のものとなることが予想される。また，監査報告書が，無

限定適正意見が表明されているかどうかを確認するためだけに読まれる，単なる「財務諸表の保証書」から脱して，監査の透明性を高め，財務諸表利用者に対して目的適合的な情報を提供する媒体として機能することが期待されているのである。財務諸表利用者は，監査人が最も重要だと判断した事項を理解することを通じて，間接的に，経営者が重要な判断を行った領域について理解することができると解される。

　なお，アメリカにおいても，PCAOBから，KAMに類似した「重大な監査事項」（Critical Audit Matters：CAM）を監査報告書に記載することを要請する監査基準の改訂案が，2013年8月に公開草案，その後，2016年5月に再公開草案が公表され，最終的に，2017年10月にSECの承認を得て確定している（PCAOB, 2017）。国基準は，大規模企業においては2019年6月30日以降に終了する事業年度から適用され，それ以外については，2020年12月15日以降に終了する事業年度から適用される。

3 日本の取組み

　監査報告書の拡充の問題に関して，わが国ではどのような取組み状況にあるのであろうか。

　懇談会による提言では，監査報告書の拡充問題は，提言が掲げる5つの施策の柱のうちの1つである「会計監査に関する情報の株主等への提供の充実」の中の「会計監査の内容等に関する情報提供の充実」の一環として，監査法人のガバナンス情報の開示と並んで，「監査報告書の透明化等」として，以下のように述べられている。

　「Ⅱ．会計監査の信頼性確保のための取組み

　2．会計監査の内容等に関する情報提供の充実
　(2) 会計監査の内容等に関する情報提供の充実
　　会計監査の透明性を向上させるためには，企業側からの情報提供に加え，監査法人等が積極的にその運営状況や個別の会計監査等について情報提供していくべきである。また，当局等においても情報提供の充実に努めるべきである。

第10章 監査報告書の拡充 185

　　　＜中略＞

②　監査報告書の透明化等
　現在の監査報告書は，財務諸表が適正と認められるか否かの表明以外の監査人の見解の記載は限定的となっている。一方，例えばイギリスでは，会計監査の透明性を高めるため，財務諸表の適正性についての表明に加え，監査人が着目した虚偽表示リスクなどを監査報告書に記載する制度が導入されている。EUも本年から同様の制度を導入する予定であり，アメリカにおいても，導入に向けた検討が進められている。

　このような，いわば「監査報告書の透明化」について，株主等に対する情報提供を充実させる観点から，我が国においても検討を進めるべきである。」

　かかる監査報告書の透明化，すなわち拡充を実施するためには，監査基準の改訂が必要となるが，現時点ではそうした動きはまだ開始されていない。しかしながら，上記の提言において，明確に「我が国においても検討を進めるべきである」と述べられていることから，監査規制に関する新たな動向として，近い将来の課題として捉えることができよう。
　これを受けて，金融庁では，2016年9月から関係者（日本経済団体連合会，日本監査役協会，日本証券アナリスト協会，日本公認会計士協会，金融庁）の間で数次にわたる意見交換会を開催し，その取りまとめ文書として，2017年6月2日に，「『監査報告書の透明化』について」を公表した（金融庁，e）。
　そこでは，意見交換会において，KAMを監査報告書に記載することについての期待とともに，いくつかの実務上の課題が提起されたことが明らかにされている。そのうえで，同文書では，次のように述べられている。
　「『透明化』の導入が国際的に進められる中で，我が国においても会計監査の透明性向上は重要な課題であり，今後，企業会計審議会において，上記の実務上の課題についての検討を含め，『透明化』について具体的な検討を進めていくことが期待される。

その際，実務上の課題を抽出するため，日本公認会計士協会が大手監 査法人や監査先企業，その監査役等と必要な連携をして，直近の終了し た会計監査を対象に，KAMを試行的に作成する取組みを行い，検討に当 たっての参考とすることが有益であると考えられる。」

かくして，KAMの導入に関して，監査基準の改訂を担う企業会計審議会において審議が進められることとなり，同時に，議論の材料として，日本公認会計士協会が，終了した会計監査を対象としたKAMの試行を行うこととなったのである。

その後，企業会計審議会監査部会は，2017年10月より開催され，審議が進められている。

4 監査報告書改革の意義

(1) 監査報告書の本質観

従来の監査報告書，すなわち，短文式の標準化された監査報告書には，たとえば，次のような批判または不満があったといわれている（IOSCO，2009）。

(a) 合格または不合格という二者択一式の監査意見を表明していること

　　すなわち，ほとんどの場合において無限定適正意見が表明されることを前提として作成されているが，同じ無限定適正意見であっても，監査人の判断には程度の差があるはずなのにもかかわらず，利用者にとって無限定適正意見を得られたか否か以外の有用な情報内容を含んでいないこと

(b) 紋切り型で専門的な用語を記載していること

　　すなわち，従来の監査報告書が，紋切り型で専門用語に溢れたものであり，一般の読者にとって，十分に意味が伝わるものではないこと

(c) 監査基準および監査判断の水準を表していないため期待ギャップを引き起こす原因となっていること

　　すなわち，監査基準の適用にあたっていかなる問題事項があったのか等についての情報提供が行われていないため，読者には，一律に同じ程度の監査人の保証水準を表していると受け取られかねないこと

確かに，KAMが記載される監査報告書では，監査人が監査プロセスにおいて特定した重要なリスク情報が提供され，それに対していかなる監査対応が図られたのかが見て取れるようになる。そうした点で，上記の問題の多くの部分が解消されるかもしれない。

しかしながら，他方で，従来の監査報告書が標準形式を採用してきたことには理由があったはずである。上記の批判点との照応によって示せば以下のとおりである。

● 監査意見は，財務諸表の保証のために表明されること

　すなわち，無限定適正意見が表明されていれば，財務諸表の利用者はその対象となった財務諸表を信頼して利用することができるのであって，監査意見以外の情報を提供することによって，監査報告書が財務諸表を格付けしたり点数付けしたりすることは適切ではないこと，また，情報提供は，監査人の責任の範囲ではなく，二重責任の原則に抵触してしまうおそれがあること

● 標準化された文言は，誤解を招かないためのものであること

　すなわち，個々の監査人によって，監査報告書の文言が異なっていれば，利用者にとって無用の混乱や誤解を招く可能性があること

● 利用者が監査の手続に精通しているわけではないこと

　すなわち，監査上の対応を説明されても，多くの利用者にとってはそれらは難解で十分に理解しうるものではないこと

こうした監査報告書における情報提供を期待する考え方と，監査報告書の機能を意見表明機能（保証機能）に限定して捉える考え方との間には，監査理論上の議論が行われてきた[65]。ISAに規定されるKAMでは，基本的には監査人は企業の一次情報を開示しないこととされているが，監査人が特定したリスク情報とそれらに対する監査上の対応が示されることには変わりはない。こうした監査報告書改革の動向は，従来の保証機能に限定された監査報告書から，一定の情報提供を期待される監査報告書への移行を意味している。

65　監査報告書の本質をめぐる議論については，たとえば，松本（2014）を参照されたい。

⑵ 監査の品質との関連性

では，監査報告書の拡充は，監査の品質といかなる関連性があるのであろうか。

① 監査人への規律付け

まず，監査人にとっては，従来の実務とは異なり，KAMを記載した監査報告書が公表されることによって，自らのリスク認識とそれらのリスクに対する監査対応が，利用者や，監査人の選任にあたる監査役等の評価にさらされるということが挙げられる。KAMに記載される事項で，その監査人が，いかなるリスク評価を行っているか（リスク評価を行う専門的能力を有しているか），いかなる監査対応を行ったか（特定したリスクに適切に対応したか）が評価対象となるということである。

その結果，監査人は，監査役等とのコミュニケーションの機会や監査人の選任プロセスを通じて，その評価結果をもとに監査の品質向上に向けてのインセンティブや規律付けを有することとなると解されるのである（**図表10-1**を参照）。

図表10-1 KAMの評価サイクル

```
┌─────────────────────────┐        ┌─────────────────────────┐
│ 監査人によるリスクの特定と監査対応 │ ────→ │      KAMとしての記載       │
└─────────────────────────┘        └─────────────────────────┘
              ↑      監査人に対する規律付け                    │
              │      監査の品質向上へのインセンティブ           ↓
┌─────────────────────────┐        ┌─────────────────────────┐
│ 監査人と監査役等とのコミュニケーション │ ←──── │   利用者や監査役等による評価    │
└─────────────────────────┘        └─────────────────────────┘
```

このことは，監査人の専門的能力の差異，あるいは，いかにして適切な監査対応を行っているかに関する差異を示すこととなるともいえよう。

実際，KAMの議論が本格化した数年前から，大手監査法人においては，監査役等に対する監査計画の説明の充実が図られている。これは，KAMが監査役等にコミュニケーションを行った事項の中から選別されることが背景にあるものと解される。

②　報告のサイクル

KAMは，監査役等に対してコミュニケーションを行った事項の中から，重要な事項を選抜したうえで決定される。仮に監査報告書において数件のKAMが記載されるならば，期中における監査人から監査役等に対するコミュニケーションにおいては，より多くの数，およびより詳細な内容の情報が提供されていることが想定される。おそらくは，多くの監査において，外部監査人からの情報提供の内容は充実することが期待されるのである。

このことは，2つの影響をもたらすものと想定される。

第1に，経営者によるリスク情報開示に対する影響である。企業の経営者は，監査役等を通じて，監査人がいかなる点を重要なリスクと認識しているかを知ることとなるであろう。あるいは，KAMとして記載される段階になってからでも同様であるが，監査人が監査報告書に記載することが想定される場合に，経営者としては，それに先んじて，その内容を企業の財務諸表の注記や財務諸表外の定性的情報として記載し，自らの説明を付すという実務が行われることは容易に想定されるであろう。

これは，たとえば継続企業の前提に関する監査報告書の追記情報と財務諸表の注記との関係を想起させるかもしれない。監査人による監査報告書における情報提供が，経営者によるリスク情報の提供の拡充を促すこととなると考えられるのである。

第2の影響としては，監査役等に対する影響が考えられる。

上記のように，監査人は，監査役等に対してKAMの前提となる情報を詳細に提供することが想定される。監査人については，監査報告書に記載されたKAMにいかに適切に対応したかが問題となるであろうが，同時に，監査役等においても，監査人から提供された情報をもとに，それらの事項にいかなる対応をとったのかが問われてくると考えられる。

いわば，従来は，監査人と監査役等との連携ないしコミュニケーションが，両当事者だけのものであったのに対して，KAMの実務が行われるようになると，その連携の内容がKAMを通じて推察できるようになる。そのことは，監査役等のかかるリスク情報に対するモニタリングの役割期待を否が応でも高めることとなると解されるのである。

実際に，英国では，そうした報告サイクルが展開されている。

　英国では，監査人の監査報告の改革とともに，監査委員会の監査報告書の記載内容およびその前提となる監査委員会の活動に関するガイドラインも見直しが行われた。監査人は，独立的な立場から，いかなる虚偽表示リスク等を識別し，いかなる監査対応を行ったのかをKAMとして記載するのに対して，監査委員会は，ガバナンスの観点から，同じ問題について，いかなる評価を行い，企業内でいかに対応したかを監査委員会の監査報告書に記載する。

　それだけではない。監査人は，監査委員会に対して，監査委員会が適切な判断を行使できるように，その基礎となる十分な情報を提供することが求められるとともに，仮に監査委員会が適切な対応をとらなかったり，年次報告書において不十分な開示しか行わなかったりした場合には，監査報告書においてその点について言及することとなる。他方，監査委員会は，外部監査人との契約の当事者として，外部監査人の監査の有効性の評価や監査報酬の決定，さらには継続監査期間を含む監査契約に関する管理と報告を行うのである。

　こうした監査報告書のモデルは，監査人と，ガバナンスを有する者である監

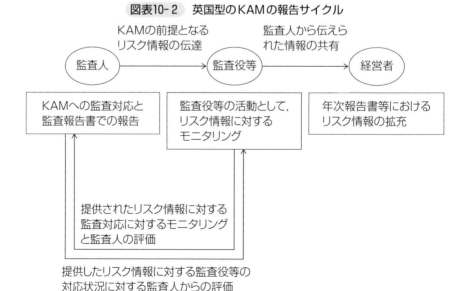

図表10-2　英国型のKAMの報告サイクル

査委員会との間での連携および相互牽制を志向したモデルと解することができよう。このKAMを契機とした報告サイクルを，監査役等に当てはめてみれば**図表10-2**のとおりとなる。

以上のことは，監査人によるKAMの開示を契機として，企業の経営者によるリスク情報開示の拡充と監査役等のモニタリングおよび監査役等の監査報告の拡充をもたらすことを意味している。

これは，監査の品質にとっても重要な関連性がある。企業のリスク情報開示は，監査対象となる企業のディスクロージャーの姿勢やリスクへの対応等を変化させる可能性がある。また，監査役等についても，英国のように監査役等と監査人との間の報告サイクルが構築されるかどうかはわからないが，少なくとも，監査役等に対してKAMを通じた情報提供が行われることで，監査役等との連携が従来以上に拡充されていくことは，十分に期待しうるであろう。

5 検討すべき課題

今般の監査報告書改革は，アメリカにおいて1934年に監査が法定化されて以来の大改革であることはもとより，外部監査およびガバナンスにかかる大きな改革の契機として位置付けることができる。

すなわち，監査人にとっては，金融危機を契機として生じた外部監査に対する批判を受けて，公共の利益に資する監査という観点から，監査の価値を今一度高めようとするチャレンジである。

同じく，監査人によるKAMの記載を契機として，経営者による企業のリスク情報の拡充が図られ，監査役等がモニタリングのためのより詳細な情報を入手してそれらに対応するとすれば，KAMの報告実務は，企業における有効なガバナンスを実現するための，情報の側面からの支援を担うこととなるであろう。

しかしながら，わが国において監査報告書改革を実施するためには，いくつかの解決しなければならない問題が残されている。以下，主だったものを列挙してみたい。[66]

---

66 監査報告書改革の問題に関しては，たとえば，脇田（2016），内藤（2016），松本（2016），町田（2016）等を参照されたい。

(1) 監査報告書の拡充の制度上の課題

① 各国固有の監査報告書

監査報告書の拡充の議論に際して，はじめに確認しておかなくてはならないことは，ISAありきではない，ということである。ISAが改正されたからといって，わが国の監査報告書がそれをそのまま受け入れる必要はない。これは，本来，監査基準のすべてにいえることではあるものの，監査報告書に関しては，特にそのことが当てはまる。

なぜなら，監査報告書は，多くの場合，各国の法規によってさまざまな形態をとるからである。現在のわが国の監査報告書についても，たとえば，利害関係の記載があることや，関与社員が複数名で署名押印すること，内部統制報告書と一体のものとして作成・公表されていることなど，わが国固有のものとなっている。監査報告書は，各国の財務報告制度等の枠組みの中で，各国の状況を反映したものとなっているのである。極端な議論ではあるが，わが国だけが，鎖国的に，今般の監査報告書改革を受け入れない，という選択をすることもありうるのである。

しかしながら，筆者は，今般の監査報告書改革には積極的に取り組むべきであると考えている。それは，先に述べたように，これは単なる監査報告書の問題ではなく，監査および監査人の価値の再獲得のプロセスであり，同時に，この改革を機に，いかなる財務報告および外部監査のガバナンスへの貢献が望ましいのか，という議論を行う好機だと考えるからである。

② 監査基準の改訂方法

仮に，制度上の対応を図るとした場合に，その場は，先の金融庁の文書にもあるように，企業会計審議会の監査部会ということになるであろう。その際，ISAの改正および新設内容をカバーするには，「監査基準」の「第四 報告基準」の改訂で留まるのか，「監査における不正リスク対応基準」のように別基準を必要とするのか，という問題がある。

ここで，「監査基準」本体を改訂することは，上場企業や大会社の監査だけではなく，「監査基準」に依拠している各種の監査に影響を及ぼすこととなる。ま

第10章　監査報告書の拡充　193

た，別基準とする場合でも，どこまで現行の報告基準の部分を改訂するのか，という問題が残る。たとえば，先に述べたISA720の内容をどこまで規定するのか，それ以外にも，監査役等との連携や継続企業の前提の問題について，本則である「監査基準」の改訂なしに別基準を設けることはできないであろう。

③　監査役等とのコミュニケーションと監査役等の対応

また，次に問題となってくるのが，監査役等とのコミュニケーションの問題である。実は，KAMの本質は，外部監査人の監査報告書における記載ではなく，それに先立つ，監査役等[67]とのコミュニケーションにある。KAMは，それに先立って，ISA260（IAASB, 2015b）によって，監査役等に対してコミュニケーションを行うべき重要な事項が規定されており，それが監査人から監査役等に伝えられる。そのコミュニケーションの対象となった中から，監査プロセスにおいて，特に注意を払った事項が識別され，さらに，その中でも特に重要な事項がKAMとして監査報告書に記載されるのである。すなわち，まずは，監査役等とのコミュニケーションの問題を検討しなければならない。これは監査人から監査役等への一方向的な問題だけを考慮すればいいというものではなかろう。

さらに，KAMの前提となる事項が監査役等に対して，事前にコミュニケーションされているという点も重要である。かかる監査役等に対するコミュニケーションでは，最終的にKAMに記載されるものよりも，より多くの数，およびより詳細な内容の情報が提供されていることが想定される。そうした充実した情報提供が想定される際に，監査役等の役割および監査役等による監査報告書は従来のままでよいのであろうか。監査役等は，監査人から得た情報をもとに，監査役等としての「監査」を実施しなければならないであろうし，その結果を監査役等の監査報告書に記載しなければならないであろう。

この点について英国では，監査人が，監査委員会に対して提供した情報に対

67　ISAでは，「ガバナンスに責任を有する者（Those Charged with Governance：TCG）」と称しているが，わが国では，日本公認会計士協会が，「わが国の取締役会が，現状としては業務執行取締役が多数を占めていること」に鑑みて，これを「監査役若しくは監査役会，監査等委員会又は監査委員会」（すなわち，監査役等）に限定している（日本公認会計士協会監査基準委員会報告260「監査役等とのコミュニケーション」，2015年5月29日最終改正，9項(2)参照）。

して監査委員会が適切に対応したかどうかを，監査人の監査報告書に記載することが求められている。わが国においてもそうした規定を明示的に設けるか否かは別としても，監査人から得た情報を等閑視することはできないはずである。言い換えれば，新たな監査報告書のモデルは，監査人と監査役等との間での連携および相互牽制を志向したモデルとも解することができるのである。

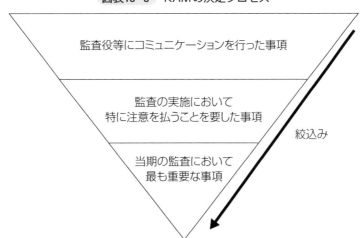

図表10-3　KAMの決定プロセス

④　定性的情報開示と監査人の関与

また，監査役等に対してコミュニケーションを図られた事項は，当然に会社側にも伝わり，被監査会社側の情報開示が充実していくことも予想される。会社が公表していない情報を監査報告書において開示されることは，監査人にとっても，会社側にとっても避けたい事態だからである。被監査会社の経営者は，財務諸表の注記または有価証券報告書等における定性的な情報開示の項目の中で，自らの説明とともに，リスク情報を開示していくこととなろう。

ここで問題となるのが，先ほどのISA720である。監査人は，かかる開示内容と監査プロセスにおいて得た自らの知識との相違を検討しなければならない。これは，定性的情報に対する保証の付与とまではいかないものの，一定の範囲で定性的情報に監査人の関与を求めるものでもある。ここに，経営者側との間でも，新たな監査報告のループの関係が成立するといえよう。

⑤ 適用範囲

一方，制度上の対応を考える際には，適用範囲と実施時期の問題もある。適用範囲に関しては，アメリカと異なり，上場企業の規模別規制を導入していないわが国にあっては，上場企業のみに適用するというのが最も小さい適用範囲かもしれない。しかしながら，第1に，会社法上の大会社には適用しなくてよいのであろうか。現在，会計監査人の監査報告書は，ほとんど上場企業に対する独立監査人の監査報告書と同じものとなっている。これを別のものとして運用していくことになるのであろうか。また第2に，上場企業のみに適用するとして，監査役等の監査報告書は，どのように上場企業とそれ以外とを区別するのであろうか。

たとえば，会計監査人設置会社の監査役会の監査報告は，会社計算規則128条に規定されているが，これを上場企業の場合と，それ以外の場合に分割規定するのであろうか。現在，会社計算規則には，「有価証券報告書を提出している場合」という規定はあるものの，上場企業という規定は見られないことから，法規制上も大きな改正になるのではなかろうか。このことが，法制審議会において金融庁が述べた事項の背景にあるものと思われるのである。

私見ながら，会社法のもとでの会計監査人監査が，完全な一組の財務諸表に対する適正意見を表明する実務として実施されるならば，当然にKAMを記載すべきであると考える。もしそれに対応できないのであれば，適正意見ではなく，あくまで法規への準拠の結論を表明する準拠性意見とすべきであろう。

あるいは，視点を変えて，監査人の種別によって——たとえば，監査法人のガバナンス・コードを適用した監査法人について適用するという考え方も，机上ではありうるかもしれない。しかしながら，それこそ世界的に類を見ない適用であり，"an audit is an audit." の観点からすると，現実的ではないように思われる。

⑥ 適用時期

最後に，適用時期の問題として，アメリカは，大規模企業については約2年間の準備期間を設け，それ以外の企業については，さらにもう1年の猶予を設けている。わが国においても，一定の準備期間は必要であろう。また，内部統

制報告制度のときのように，一斉に適用を図るのか，それとも，何らかの猶予期間を段階的に適用するのかという問題もある。

(2) 監査報告書の拡充に対する関係者における対応

監査報告書の改革は，上記の制度上の対応を考えただけでも，関係者に多くの影響を及ぼすことが予想される。以下では，KAMの問題に限って，監査人，監査役等，利用者および作成者についての課題を検討する。

① 監 査 人

KAMの記載に関する実務が実施されるには，監査人において，KAMに対応する監査手続，監査役等とのコミュニケーション，および監査報告実務が必要となる。実際，KAMの議論が本格化した数年前から，大手監査法人においては，監査役等に対する監査計画の説明の充実が図られている。これは，KAMが監査役等にコミュニケーションを行った事項の中から選別されることが背景にあるものと解される。しかしながら，中小の監査事務所において，どこまでKAMに対応する手続の実施が可能なのかは，現時点では必ずしも定かではない。

何より，KAMの記載は，監査人側が相当程度，意識的に記載しない限り，毎年同じ紋切型の記載になったり，他社との横並びの記載になったりしてしまう。これは，2003年にフランスにおいて実施された監査報告書改革が，結果として形式化した監査報告書実務に帰してしまったことを教訓として，英国などでは，昨年と同じ記載をしないよう，前年度との記載内容の一致率を示すなど，監査規制当局や会計士協会が強く指導しているという。

ましてや，現在，日本公認会計士協会から提供されているような監査報告書の文例が，KAMについても提供されることを想定または期待している監査人がいたとすれば，大きな誤解であるといわざるを得ない。

また，個々の監査人が，KAMの実務について，責任が重くなるとして消極的な姿勢を見せるようでは，新たな監査報告書モデルの実効性が高まることを期待することはできないであろう。

監査報告書の改革は，監査報告書の情報提供機能を高めることにあるが，そ

の真の背景は，前述のとおり，SOX法以後の監査規制の文脈および金融危機における監査／監査人に対する批判に応える形で，監査の価値を再構築する試みにほかならない。その点を個々の監査人が十分に認識しなければ，単にISAを導入しただけとなり，わが国における監査報告書は失敗の事例の１つとなってしまうおそれがある。

　② 監査役等

　先に述べたように，ISAでは，KAMの前提となるコミュニケーションの対象を「ガバナンスに責任を有する者」としているが，わが国ではこれは監査役等を意味することとされている。

　今後，社外取締役の複数の導入等によって状況が変わり，コミュニケーションの対象が広がる余地は残されているにしても，わが国において，会社法上，監査役等が会計監査人の選任議案の決定権を有し，監査の方法および結果の相当性に関して意見表明を行う等の権限を有している以上，会計監査人の最重要なコミュニケーションの対象であることに変わりはない。

　今般のISAによる監査報告書改革が導入されることとなった場合には，外部監査人が監査役等に報告した事項の中から，外部監査人が重要と考えたものを記載することとなる。このことは，単に外部監査人による監査報告書の改革の問題にとどまらない。外部監査人が監査役等に対して報告していた事項の一部が，外部監査人の監査報告書を通じて外部公表されることにより，監査役等はそれらの事項にいかなる対応をとったのかが問われてくると考えられるのである。こうした動向は，監査役の役割期待に対する新たな局面を提示することとなる。

　先にも述べたように，英国では，単に外部監査人の監査報告の改革にとどまらず，監査委員会の監査報告書の記載内容およびその前提となる監査委員会の活動に関する規定も見直しが行われた。すなわち，外部監査人が独立的な監査人の立場から，いかなる虚偽表示リスク等を識別し，いかにして監査上，対応したのかをKAMとして記載するのに対して，監査委員会は，ガバナンスの観点から，同じ問題について，いかなる評価を行い，企業内でいかに対応したかを監査委員会の監査報告書に記載するのである。

確かに，KAMの導入の目的が，企業における虚偽表示リスクとそれに対する対応を開示することにあるのだとすれば，外部監査人の監査報告書にその問題を限定する必要はないのである。

　いずれにしても，KAMの実務は，外部監査だけの問題ではなく，今後のわが国におけるガバナンスを考える際に，特にガバナンスに責任を有する者とされる監査役等に関する重要な課題を惹起するものと思われる。

③ 利 用 者

　また，KAMの受け手である利用者についても懸念がある。KAMの内容を一般の利用者が読み解くことができるとは限らないことから，情報媒介者としてのアナリスト等の役割が重要となるであろう。

　アナリスト等にあっては，KAMの開示に対して賛成する声が多い。それは新たな情報が，監査人というこれまで情報をほとんど外部に提供してこなかった，企業内容に精通する専門家から提供されることに期待してのことと解される。

　しかしながら，わが国のアナリスト等は，本当にKAMに記載された内容を読み解き，また比較することができるのであろうか。というのも，第1に，筆者の行った調査結果（町田，2016）によれば，わが国のアナリストにおける会計および監査に関するリテラシーに若干の不安があること，第2に，決算短信における企業が予測情報を提供することに慣れきってしまっていること等が背景にある。

　わが国においても，フェア・ディスクロージャー・ルールの整備が図られたことから，より一層，KAMによる情報提供に対する期待も高まるものと思われる。その際には，KAMによる，またはKAMを契機とした企業側でのリスク情報による，豊富な定性的情報の開示に対して，情報の受け手側の準備も必要だと思われるのである。

④ 作 成 者

　同じく筆者の調査では，被監査企業側では，KAMについては消極的である。たとえば，財務諸表の保証を担う監査人に，企業内部のリスク情報を外部に開

第10章　監査報告書の拡充　199

示してほしくないという否定的な見解や，企業にとって「問題のない」紋切型
の開示を期待して，KAMの文例を作成することを求める意見があるという。

　こうした見解は，KAMの意義やその導入経緯からすると到底受け入れられ
ないものではあるが，かかる被監査企業側の反応は当然に予想されるところで
あって，それらを説得することができなければ，仮に当局が制度の導入を推進
したとしても，KAMに期待される効果は十分に発揮されないであろう。

　特に，KAMの議論に限定するのではなく，広く財務報告制度，またはディ
スクロージャー制度のグランドデザインを，作成者とともに検討していくこと
が必要なのではなかろうか。

6 監査報告書の改革に向けて

　今般のISAを含むグローバルな監査報告書改革は，金融危機等を契機として
生じた外部監査に対する批判を受けて，公共の利益に資する監査という観点か
ら，監査の価値を今一度高めようとするチャレンジであると解される。同時に，
企業のガバナンスという観点でも，外部監査人によるKAMの記載を契機とし
て，監査役等の取組み，企業側のリスク情報の開示等への対応に注目が集まっ
ている。

　一方，監査報告書は，他の監査基準とは異なり，各国の法規の影響を色濃く
映すものである。必ずしも，ISAに準拠して監査報告にかかる法規を改正しな
ければならないわけではない。いかなる監査報告を実施するかは，各国の財務
報告制度やガバナンスによる制約を受け，各国において主体的に判断すべき問
題と捉えられているからである。

　したがって，ISAに平仄を合わせることを最大の目的に制度改正を進めるべ
きではなく，ISAにおいて，KAMをはじめとする監査報告書改革がいかにして
行われることとなったのかについて十分な理解の浸透を図るとともに，わが国
において，それをどのように活用していくのか，すなわち，KAMを中心とす
る監査の手続および報告，監査役等との連携や監査役等の報告の在り方，さら
には，企業のリスク情報の開示やガバナンスのあり方について，財務報告制度
全体にわたる包括的な議論が望まれるのである。

第11章

IT と監査の品質

　わが国のビジネス社会の動向と同様に，監査業界においても，IT の活用が急速に進もうとしている。たとえば，データ分析の人材を大幅に増やすという法人や，ビッグデータ分析で不正リスクを洗い出すという監査法人[68]もある。人工知能（AI）を用いて企業の帳簿データから不正の端緒をつかもうという監査法人[69]，あるいは，大学と組んで，新たなデータ解析の方法を探求する監査法人[70]もある。[71]

　いずれもマスコミ報道であるが，それぞれに報じられた監査法人に限らず，大手監査法人であれば，少なからず，同様の取組みを行っているといえよう。現代の監査においては，IT の活用の問題は避けては通れない問題なのである。

1 公的または自主規制による取組み

2016年3月8日に公表された「会計監査の在り方に関する懇談会」の提言「会計監査の信頼性確保のために」においても，次のように述べられている。[72]

「企業活動の国際化，複雑化が進展する中，取引等をより網羅的にチェックし，問題をより効果的に抽出していくため，各国の監査法人等を中心に，ITを活用した会計監査の手法に関する調査・研究が進められている。協会においても，ITを利用した監査の動向について研究を行っているところである。

このほか，例えば国際監査・保証基準審議会（IAASB）においては，昨年，監査におけるITの活用に関するワーキンググループが立ち上げられ，具体的な活用事例や，監査手続に与える影響について調査を実施している。

監査の現場におけるITの活用が，業務の効率化や深度ある監査に繋がっていくことが期待される。また，電子化された監査調書等を有効に活用することにより，査閲や審査の高度化・効率化も期待される。

より多くの監査法人等においてITの有効な活用に向けた検討が進められ，リスクに応じたより深度ある会計監査の実施が可能となるよう，協会が積極的な役割を果たして，監査におけるITの効果的な活用に向けた取組みを進めていくことが期待される。」

上記の引用で明らかなことは，同提言では，ITの活用の問題は，IAASBの取組みの動向のフォローの観点からも，日本公認会計士協会が積極的な役割を果たしていくことが期待されていることである。

このうち，IAASBでは，2015年から，次の目的でデータ・アナリティクス・ワーキンググループ（Data Analytics Working Group：WG）が立ち上げられている。

---

68 「あずさ監査法人，データ分析人材3割増 監査品質向上」，『日本経済新聞』，2017年8月15日。
69 「監査法人，厳格監査に「外部の目」 トーマツはデータ活用」，『日本経済新聞』，2016年4月1日。
70 「不正会計，AIで監視 新日本監査法人が開発へ」，『日本経済新聞』，2016年11月21日。
71 「データ解析 大学で実践 滋賀大…損保と事故分析／大阪府大…行政と来春連携」，『日本経済新聞』，2017年9月8日。
72 金融庁（2016），Ⅱ．会計監査の信頼性確保のための取組み・5．高品質な会計監査を実施するための環境の整備・(3) 監査におけるITの活用。

（ⅰ）　データ分析を含む，技術の有効かつ適切な利用を急速な発展を模索して監査の品質を高めること，ならびに

（ⅱ）　いかにしてIAASBが，ISAや（スタッフ文書の公表を含む）非公式の文書の新設や改訂を通じて，そうした急速な発展に対して対応すること，およびそれをいかなる時間軸で行うことが最も効果的であるのか

　WGでは，2016年9月に，討議文書「データ分析に焦点を当てた，監査における技術の進化する利用の探求」（IAASB，2016）を公表し，現在，コメントの分析中である。

　また，日本公認会計士協会においても，2016年3月28日，IT委員会研究報告第48号「ITを利用した監査の展望～未来の監査へのアプローチ～」（日本公認会計士協会，2016）を公表するとともに，2017年3月22日には，グローバル会計・監査フォーラム「国際的な市場経済を支える会計・監査の最新動向」を開催するなどの取組みを行っている。

　このうち，IT委員会研究報告48号では，ITを利用した監査アプローチの動向が整理されているとともに，将来的にITが全面的に利用された場合に，従来の試査による手法から精査的な手法へと監査手法が大きく変わる可能性があることや，試査とは異なる新たな「統計学的アプローチ」によって新たな監査手法が確立される可能性があること等を論じている。

　ただし，その内容が，自主規制機関が公表した研究報告という性格からか，かなり抽象的な内容にとどまり，大手監査法人等で実施または検討されているITの具体的な活用方法については触れられていないこと，あるいは，「統計学的アプローチ」についても，必ずしも今後の検討の焦点であるAI等にはあまり踏み込んでいないことなどの点で，今後のさらなる研究が期待される内容となっている。

　何より，監査のアプローチがどう変わるかという点に焦点が当てられており，不正リスクにどのようにITを活用するか，すなわち，ITの活用によって監査の品質がいかに向上するかという点についての検討はかなり限定的である。先の「提言」やIAASBのWGが監査の品質との関連をITの活用の目的に挙げていることからすると，課題が残るものと解せられる。

　なお，会計士協会では，海外への発信を目途として，同研究報告の要約版を

英語に翻訳して公表している（JICPA, 2016）。

2 ITの活用の方向性

公的機関等の動向はひとまず置いて，冒頭に挙げたような各監査法人のITの活用の動向を見てみると，その方向性は，現状では，おおむね2つに整理することができるように解される。

(1) ビッグデータの活用

第1の動向は，ビッグデータの活用により，現在または過去の取引データの中から，不正等の端緒を把握しようとするものである。この動向には，分析にあたってAIを活用するというものや，学術的な研究[73]を用いたりするものも含まれるであろう。

確かに，監査法人の強みの1つは，目の前にしている1社だけではなく，過去の経験も含めて，同業他社，あるいはそれ以外の会社の監査の経験があるということである。これまでは，それらに基づいて，監査の副産物として，被監査企業に助言を行うなどの業務が行われてきたといえよう。

問題は，そうした経験値が，監査担当者個人に固有のものであるケースが多いという点にあった。しかしながら，状況は変わってきた。まず，監査担当者の交代制が実施される中で，監査法人においてそうした知識や経験を共有化しようとする取組みが行われた。また，IT化の進展によって，それらがデータベース化されるとともに，および取引データ等を一括して「ビッグデータ」として扱うことが可能な環境が整ったことにより，データ分析の可能性が大きく開けてきたのである。

さらには，データ分析にあたって，従来の監査手法としての「分析的手続」や，少なからず既存の知識や経験による偏向の影響を受ける人間による分析ではなく，AIによる分析を通じて，データとデータの間の新たな関係性や，不正リスクの把握が試みられているのである。

ビッグデータは，監査の手法を変えるものでもある。従来は，内部統制の有

---

73 たとえば，首藤・大城・宋（2016）等の研究がある。

効性に依拠して，試査，すなわち一定の範囲に限った検証手続が行われていたが，ビッグデータによるデータ分析の手法では，企業の取引データのすべてをデータとして取り込んで，分析するということが想定されている。また，財務情報だけではなく，多様な事実または事象をデータ化して，ビッグデータとして活用するということも試みられている。こうした手法が進展することは，会計士自身が行う作業が，データの検証作業から顧客とのコミュニケーションに大きく比重を移す，という効果も持つであろう。

⑵　監査データの標準化

　また，第2の動向としては，大きく喧伝されないものの，監査の領域で着実に進展しているデータの標準化が挙げられる。これは，第1の動向とも関連するものである。ビッグデータとして，企業の取引データのすべてを監査システムに取り込むためにも，被監査企業のデータの標準化が必要となるからである。

　各監査法人では，以前から，被監査企業への指導の範囲で，監査しやすいデータ形式を求める傾向もあった。それは単に監査人にとっての便宜というだけではなく，被監査企業にとっても，経理システム，または内部統制における「ITの利用」の一環として，十分に有用なものであったが，監査の効率性を考えたときに，かかるデータの標準化は大きな意味を持つこととなる。

　しかしながら，こうした監査法人に応じてカスタマイズされてしまったデータ形式や経理システムは，監査法人が交代することを想定すると大きな障害ともなる。最も望ましいのは，同種の取引形態ごと，あるいは，業界ごと，ひいては，全企業にわたって標準化されたデータが用いられればそれに越したことはない。

　アメリカでは，すでにアメリカ公認会計士協会によって，2013年8月以降，XBRL技術を利用した「監査データ標準」（ADS）が公表されてきている。[74]先に述べた日本公認会計士協会の研究報告においても，会計データ，証憑データ，企業番号データの標準化の動向についての紹介がある。

　わが国では，まだXBRLを使って，データを標準化しようというところまでは進んでいないものの，被監査企業におけるデータおよびデータ入力の整備，な

74　ADSに関しては，坂上（2015）を参照されたい。

らびに，ERPパッケージ等を提供しているベンダー等において，かかる動向への対応が進むことは，監査におけるITの活用を一気に進展させるものとなるであろう。

現在は，それが監査法人ごとに，着実に進められているという状況にあるともいえよう。

3 ITの活用の背景

以上のようなITの活用が監査の領域で急速に進展しているのは，この数年のことといってもよい。それには，いくつかの背景がある。

第1に，何よりもIT化の進展である。企業社会における導入という点も含めて，ITの技術的な進展やAIの導入等が急速に進展してきている。こうした技術的環境の変化は，監査におけるITの活用の基礎となっているといえよう。

第2には，東芝事件を踏まえての，不正への対応という側面もある。監査では，試査が行われるように，全件の検証である精査は現実的ではないとされてきた。また，監査上の重要性を考慮して，一定の金額以下の取引データ等の検証が省略されるという効率化が図られてきた。しかしながら，企業側がそうした監査手続を理解している場合，東芝のように，意図的に監査人を欺こうとする不正の試みに抗しきれない場合がある。

それに対して，ITの活用によって，精査に近い全件の検証が行われれば，そうした企業側の不正の企図を防ぐことに役立つであろうし，先に述べたように，ビッグデータを利用して，不正リスクを把握することができるかもしれない。ITの活用が，東芝事件の後に，頻繁に提唱されるようになったのは，偶然のことではないと思われる。

第3には，企業の業容の拡大や取引の複雑化，会計上の見積要素の増加によって，監査の現場における業務量が大幅に増えて，ITの活用を図らざるを得なくなった，ということがある。比較的重要性の低い業務や，大量のデータを扱う業務をITの活用によって省力化し，監査人自身は，より判断の要する業務に特化したい，ということであろう。

さらに，ここにわが国固有の2つの問題が関係してくる。1つは，会計士不

第11章　ITと監査の品質　207

足の問題である。かつての未就職者問題が社会問題化した時の対応を誤ったがために，今なお，会計士業界に進もうとする学生たちは，非常に少ないままである。それでも，新たな監査規制に対応し，企業の業容拡大や見積項目に対応した監査を行わなければならない中で，ITの活用に光明を見出そうとしているともいえよう。

　もう１つは，いわゆる「働き方改革」の問題である。監査法人も，スタッフに過重な業務をさせる"ブラック企業"であり続けるわけにはいかない。土曜日，日曜日の出勤禁止，退所時間の厳格運用等が，政府および社会的な要請もあって先に進められようとする中で，ITの活用は必然的な手段となりつつあるのであろう。

　以上のような背景は，今後，進展することはあっても，後退することはほとんどないように思われる。ITの活用は，監査法人にとって非常に重要な喫緊の課題といえる。

　逆に，これに応じきれない中小の監査法人の監査の問題が，別途，課題として惹起してくるかもしれないのである。

4 ITの活用と監査品質

　ITの活用は，まだ緒に就いたばかりである。今後の進展を見守るしかない部分もあるが，ここでは，３つの点を課題として指摘しておきたい。

　１つは，ITの活用に，法制度も含めて，各種の制度対応が追いついていないという問題である。現在は，実務の進展が自由に図られる段階かもしれないが，ビッグデータ１つとっても，そのデータの帰属や，データ流出を防ぐための体制整備等については，まだ十分に顧みられていないといえよう。

　２つ目は，ITの活用は，将来的に，現在の監査を大きく変える可能性があるということである。先に挙げたIT委員会の研究報告では，次頁の**図表11-1**のように，監査の将来像として，継続的監査（CA）を想定している。そうだとすれば，その間の道程をどのように進めていくのか，また，人材の育成をどのように図っていくのかが問題であろう。会計監査の在り方に関する懇談会の「提言」に述べられているように，「協会が積極的な役割を果たして」進めていくも

図表11-1　伝統的監査から継続的監査へ[75]

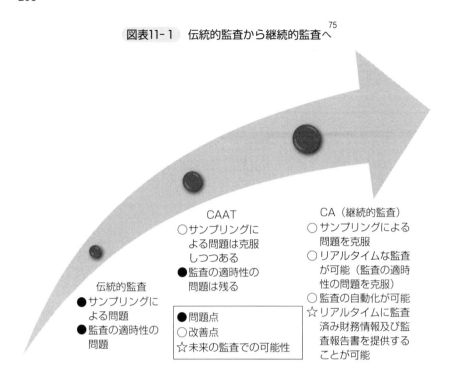

のなのか，官民の共同のもとで，取り組むべきものなのかは定かではないが，IT委員会の研究報告だけでは十分とはいえないであろう。

かつて2002年の改訂監査基準では，前文において，次のように述べていた。
「7　情報技術（IT）の利用と監査の対応について

　企業における情報技術の利用は監査実務にも大きな影響を与えている。特に，監査対象の財務諸表の基礎となる会計情報を処理するシステムが情報技術を高度に取り入れたものである場合は，監査の実施に当たって，統制リスク等の各種のリスク評価に大きく関係する。また，企業が利用している情報技術とシステムに関する十分な知識と対応できる技術的な能力の保持が監査人に求められるという意味で，監査人自身にとってもその責任の履行上，重要な影響が生じることとなる。＜以下略＞」

当時から，IT環境は大きく変化したものの，監査人において，ITに関する

---

[75]　日本公認会計士協会（2016），8頁。

「十分な知識と対応できる技術的な能力」を保持した人材の育成等をはじめとして，必ずしもITへの対応が十分にその変化に対応しているとは思われない。

　最後に，第3の点として，先の監査データ標準に見られるように，被監査企業側での対応の問題である。現在，ITの活用は，監査人側の取組みばかりが注目されているものの，被監査企業の協力または被監査企業の対応が不可欠な部分があり，それなくしては，本格的な活用には至らないということである。言い換えれば，ITの活用に限らず，監査の品質は，監査人側だけで改善するものではないということである。

終章

監査環境と監査の品質
―監査の品質を高めるには―

　本書においてここまで検討してきた監査の品質に関しては，序章で述べたように，第1に監査人の不断の努力が欠かせないといえるが，監査および監査人を取り巻く監査環境も，監査の品質に影響を及ぼす重要な要因となる。

　最後に，監査環境の観点から，監査の品質の問題を検討してみたい。

本書では，主に，監査人の立場からの監査の品質について検討してきた。しかしながら，次の図表にあるように，監査の品質は監査人だけの問題ではない。

図表終-1 監査の品質に関する相互作用

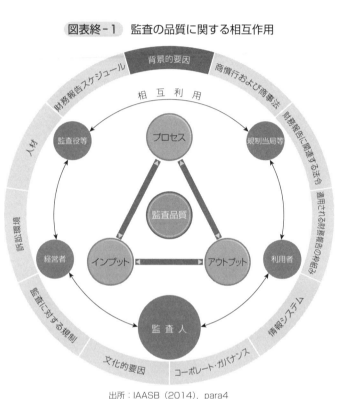

出所：IAASB（2014），para4

日本公認会計士協会監査基準委員会研究報告第4号「監査品質の枠組み」は，国際監査・保証基準審議会が2014年に公表した「監査品質の枠組み」（Framework for Audit Quality）を翻訳し，日本の環境に合わせて調整したものであるが，それによれば，まず，利害関係者としては，以下の者が挙げられている。
- 経営者
- 監査役等
- 財務諸表の利用者
- 規制当局等

これらのうち，本稿では，監査役等を含む被監査企業側の問題を取り上げる

終章　監査環境と監査の品質　213

こととしたい。

　また，背景的要因としては，以下のものが挙げられている。

① 商慣行および商事法

② 財務報告に関連する法令

③ 適用される財務報告の枠組み

④ 情報システム

⑤ コーポレート・ガバナンス

⑥ 文化的要因

⑦ 監査に対する規制

⑧ 訴訟環境

⑨ 人材

⑩ 財務報告スケジュール

　これらのうち，⑦に関連して規制の問題，ならびに，②および⑩に関連して，金商法と会社法の二制度並立の問題と決算短信の問題を以下，検討してみよう。

1 被監査企業の問題

⑴ 被監査企業における会計リテラシー

　監査の品質を高める方法の1つとして，監査人に監査時間を確保することが挙げられる。最大の解決策としては，十分な監査報酬の確保にあるが，それだけではない。上場企業または会社法上の大会社において，外部監査人が誤謬の修正や会計基準等の適用誤りへの対応にどれほどの時間を割かれているかが問題である。その背景には，被監査企業における経理担当者等の会計リテラシーの問題がある。

　たとえば，海外では，被監査企業においても公認会計士資格を有する人材が数多く存在する。被監査企業に公認会計士等がいることは，経理および財務報告実務に専門能力のある者が就くことで，無用の誤謬や基準等の適用誤りを避けることができる。さらには，監査人との間で，いわばプロとプロの協議ができることでもある。監査人が求める監査のための必要書類や，決算の適正化の

ために必要な事項等を用意することが容易となるであろう。

　特に，公正価値会計や見積りによる会計処理が財務報告において重要な部分を占めるようになる中，いかなる判断プロセスでかかる会計処理や開示に至ったのかを適切に記録し，文書化することが求められる。IFRSの任意適用にあたって，IFRSのもとで求められる文書化に対応することが大きな課題の１つとなるが，そうした実務を実現できるだけの会計リテラシーを有する人材が必要ではなかろうか。

　確かにわが国においても，組織内会計士（Professional Accountants In Business：PAIB）[76]の数は増加しつつあるものの，公認会計士試験合格後，資格の取得までの間，補習所における実務補習３年間および業務補助としての実務経験２年間を経る必要があることから，ほとんどの公認会計士試験合格者は監査法人に就職していく。最近では，監査法人を若くして退職した者が一般企業に就職するケースもあるが，公認会計士資格保有者としての待遇が保証されているとは限らず，また，監査法人の側の人手不足の状況もあって，実際には，十分な人数が供給されているとはいえないであろう。

　公認会計士に限らず，会計リテラシーを有する人材も想定できる。しかしながら，そうした人材も，各社とも経理担当者に対する負荷が高いことから，退職者が相次いだり，中途採用者も他社で経理を担当して退職した者であったりするなど，人材難である。

　また，会計・経理の経験者と公認会計士は，大きく異なる。公認会計士は，他のプロフェッションと比べても例を見ないことに，その資格を維持するためには毎年継続専門研修によって相当程度の知識の習得が義務付けられている。

　そして何より，公認会計士には，高度な倫理観の保持と違法行為等への厳格な対応が求められている。[77]監査の品質が，重要な虚偽表示を看過しないという機能に重きを置く限りにおいて，かかる職責を負った公認会計士が企業内に存在することの意義は大きいであろう。

---

76 「組織内会計士」とは，「会員及び準会員のうち会社その他の法人又は行政機関に雇用され，又はその業務に従事している者（役員に就任している者を含む。）をいう。」とされている（日本公認会計士協会会則115条の６第３項）。

(2) 監査役等

2013年の監査基準の改訂および「監査における不正リスク対応基準」の新設に際して，監査役等との連携がそれらの基準に明記された。金融庁企業会計審議会の設定する監査基準において，会社法上の機関である監査役等（監査役もしくは監査役会，監査等委員会，または監査委員会）との連携が明記されるのは，初めてのことであった。

この背景には，経営者による不正に対応するには，単に監査人による監査手続のみでは限界があることは明らかであり，被監査企業におけるガバナンスに責任を有する者（Those Charged with Governance：TCG）としての監査役等との連携が欠かせないとの認識がある。

監査役等は，自らの役割として，会計監査人の監査の方法および結果の相当性を判断するとともに，会計監査人の適正な職務遂行を確保する体制の確認が求められている。かかる役割を果たすにあたって，あるいは，監査役としての業務監査および会計監査を実施するにあたって，一定の専門性が必要とされるであろう。わが国においては，アメリカのサーベインズ＝オクスリー法（SOX法）に規定されているような，会計の専門家の設置義務はない。現状においても，また今後，監査報告書に「監査上の重要事項」（Key Audit Matters：KAM）の記載が行われるようになると，かかる専門能力は必要不可欠になると思われる。

しかしながら，実際に，監査人が監査役等に期待するのは必ずしも専門性というわけではない。唯一，期待するのは，監査人が経営者との間でコンフリクトを生じた際に，経営者と監査人の間に立って，監査人の独立性を確保し，適正な財務報告の実現に向けて経営者に会計処理・開示の修正を促すこと，その

77　たとえば，国際会計士連盟の国際会計士倫理基準では，会計士が，業務を実施する過程で，違法行為またはその疑いに気付いた場合，監査人だけでなく，企業等所属の職業会計士についても一定の対応を図ることが求められている。

International Federation of Accountants［IFAC］, International Ethics Standards Board for Accountants［IESBA］, Responding to Non-Compliance with Laws and Regulations, 14th July 2016.

同基準を受けて，日本公認会計士協会においても，2017年10月6日付で「『倫理規則』，『独立性に関する指針』および『職業倫理に関する解釈指針』の改正ならびに『違法行為への対応に関する指針』の制定に関する公開草案の公表について」を公表している。

ことだけであろう。監査役等がTCG，すなわち，ガバナンスに責任を有するのであれば，被監査企業に属する立場ではなく，株主や広く投資家等の観点に立って，適正な財務報告の実現に寄与することが期待されるはずである。

監査役等と監査人の連携を実効あるものとして，こうした期待を実現するためには，監査役等の独立性の確保を優先すべきなのかもしれない。とはいえ，過半数の社外取締役を擁し，かつ，公認会計士2名を含む監査委員会でありながら，被監査企業の経営者側に常に立ち続け，最終的に，経営者の判断のとおり，会計監査人の監査意見について，監査委員会の意見として「限定付の相当性意見」を表明した，東芝の監査委員会のようなケースもある。結局は，形式基準ではなく実質を問う必要があるのかもしれないが，それでも経営者と対峙する最低限の要件として，独立性を有する監査役等が求められるであろう。

なお，海外では，TCGについては，監査委員会に限るものではなく，取締役会をも対象としているが，わが国では，日本公認会計士協会が，監査役等をTCGとして指定しているのである。[78] 上場企業のコーポレートガバナンス・コードや，現在，審議中の会社法改正によって，今後，広く社外取締役が設置されるようになれば，わが国におけるTCGの位置付けについても再考が必要となろう。

2 制度を含む環境整備の問題

(1) 監査規制

本書においても以前に論じたように，わが国の監査規範は諸外国に比べて見劣りするものではない。先に挙げた不正リスク対応基準などは，国際監査基準の規定に追加する形で，より厳格な手続を求めている。1990年代末の，いわゆるレジェンド問題に対応すべく，2002年の監査基準の改訂等で払われてきた努力は一定の成果を上げていると思われる。問題は，規範の適用の問題であり，それには，監査時間の確保や監査に従事する人材の確保等の環境条件を整えるとともに，監査規範をいかにして適用していくかという問題に帰着するのである。

78　日本公認会計士協会監査基準委員会報告書260「監査役等とのコミュニケーション」9項 (2)。

終章　監査環境と監査の品質　217

　しかしながら，粉飾決算が発覚し社会問題化すると，監査規制はさらに積み重ねられる傾向にある。不正リスク対応基準は2011年のオリンパス事件への対応であったし，2015年３月に公表された「会計監査の在り方に関する懇談会」の提言は，東芝事件への対応であった。同提言は，監査規範をさらに追加することの限界を認識し，監査法人のガバナンス・コードの策定によって監査法人の組織運営の実効性の確保を求めるなど，監査人を取り巻く環境に働きかけることが企図されているものの，監査法人の強制的交代制（ローテーション制）の導入の検討が提唱されているなど，新たな規制導入の側面も色濃く残されている。

　確かに，非違事例についてみれば，問題がある監査実務が行われていたといわざるを得ないのであろう。他方で，オリンパス事件のときも，東芝事件のときもそうであったが，被監査企業は課徴金を払ったものの上場を維持し，経営者は刑事上も民事上も必ずしも大きな責任を問われることなく現在に至っている。よくいわれるように，「泥棒を罰せずに，泥棒を取り逃がした警察官を罰する」という事態かもしれない。監査人が，与えられた持ち場で役割を果たす番犬（watch dog）なのか，より積極的に不正を発見しに行くべき猟犬（hound dog）なのかという議論はあるにしても，監査人に対する行政処分が監査担当者にとっては監査人としての将来を失うものとなり，所属する監査法人にとっても大きな評判（reputation）リスクを生じて他の被監査企業との契約を喪失する問題を惹起するとすれば，"unfair"な認識を得ても致し方ないところではないか。

　他方で，監査の現場からよく提起される「監査法人の品質管理が厳し過ぎる」という議論は必ずしも当たらないように思われる。海外の監査事務所では，わが国における品質管理の比ではない手続や文書化が求められている。すでに本書で何度も触れてきたように，監査の品質が直接測定したり，捕捉したりすることができないものである以上，現代の組織的監査が一般化している環境下では，監査法人の品質管理，すなわち監査法人の内部統制を通じて，監査の品質を確保していかざるを得ないのである。仮に品質管理に割く時間が多く，それによって監査業務または監査判断に費やす時間が少ないのだとすれば，それはそもそもの監査時間が不足しているといわざるを得ないし，それを獲得する努

力が求められるであろう。

　求められる監査規制は，現場の監査人に対して過負荷感を抱かせることなく，監査環境または監査業務のインフラを整えるものではなかろうか。監査時間や監査に従事する人材の確保ができたうえで，それでもなお非違事例に責任を有する監査業務が生じた場合には，厳格な対応が図られてもしかるべきと考えるのである。

(2)　財務報告との関係

　日本公認会計士協会では，「開示・監査制度一元化検討プロジェクトチーム」を設置し，2015年11月に「開示・監査制度の在り方に関する提言—会社法と金融商品取引法における開示・監査制度の一元化に向けての考察—」を公表し，会社法と金融商品取引法の法定開示の一元化と，監査についても実質的に一元化することを提言した。東芝事件の後のかかる提言は，監査人側の品質向上への努力に先立って，財務報告および監査制度の改善を求めるかのような印象を与えるものであることから，やや時機が適切なのかとも思われたが，その趣旨はよくわかる。

　上場会社かつ大会社のケースを想定すると，わが国では，同じ決算に対して法的枠組みの違いによって2つの財務諸表とそれに対応して2つの監査報告書が作成される。こうした国は諸外国には例がないであろう。EU諸国においては，会社法の開示規制が中心であるし，アメリカにおいては，連邦証券取引所法による規制が基礎となって，証券取引委員会への提出書類のみによる開示が行われている。

　わが国においても，事業報告と有価証券報告書が一体的に開示，あるいは，有価証券報告書をもって事業報告に代えることができれば，2つの法的枠組みに対応するための被監査企業の労力やコストも削減されるであろうし，何より監査資源が効率的に利用できる。もちろん，そのためには，開示の問題だけではなく，株主総会の開催時期の問題等[79]，関連して検討すべき課題もあるが，重複

79　株主総会の開催時期は，定款によって期末から3か月以降に変更可能である。実際に，株式会社ニイタカ（東証一部）は，決算日から4か月後の総会への変更を決定したという。
　　「決算日から4カ月後の総会　定款変更で実現」『週刊経営財務』3327号，2017年9月25日号。

感のある開示制度を維持するのは，監査の品質はもとより，財務報告の充実という意味でも何ら益はないであろう。

　その後，政府においても，「日本再興戦略2016」や「未来投資戦略2017」においても具体的な検討が掲げられており，日本公認会計士協会においても，2017年8月25日，同じく「開示・監査制度一元化検討プロジェクトチーム」から，「事業報告等と有価証券報告書の一体的開示についての検討」が公表されて，引き続き，一元化に向けての検討と意見発信が続けられている。

　その他に，決算短信の問題もある。被監査企業は，決算短信に対して，監査人の「実質的な承認」，すなわち，監査の完了を求める傾向がある。先に述べた，被監査企業の会計リテラシーの不足の問題からすると，決算短信の公表までに監査人に課される負荷は非常に大きい。最近では，決算短信の数値は，非監査である，または監査の完了前である旨の記載が行われているが，被監査企業側から監査人に対する「実質的な承認」の圧力には変わりはない。特に，決算短信において，財務諸表の開示が求められることが，決算短信前に実質的に監査を終えるようにとの監査人への圧力につながっているように思われる。

　そもそも，わが国で実施されているような業績予想は諸外国にはない。業績予想といっても，1株当たり利益だけであったり，配当額であったりするに過ぎない。業績予想は，監査完了後も非監査であることに変わりはない。第三者からの保証を受けていない財務情報が堂々と開示され，それをもとに，『四季報』をはじめとする投資家向け情報が作られていることは，監査を専門にする立場からすると異常な状況であるといわざるを得ない。

　わが国の伝統や慣行であることを強調する見解や，業績予想がなければアナリストがカバーしない上場企業に対して投資意思決定の判断材料がなくなるといった見解もあることは承知しているが，最もグローバル化が進展しつつある証券取引所にあって，かかる認識に素直に首肯することはできない。

　いずれにせよ，社会や資本市場が適正な財務報告を求めるのであれば，決算日後の期末監査と称される期間について，監査人に過度な負担を課すことなく，本来の監査業務に専念できる環境を確保することは，喫緊の課題のはずである。

3 監査の品質を高めるには

上記のように，監査の品質を高めるには，利害関係者，特に被監査企業の体制整備と十分な協力が欠かせないし，わが国固有の制度等において監査人が監査の品質を高めることができるような環境整備が必要であることは明らかであろう。

しかしながら，理想的な条件が整うことを待つことはできない。経済活動や資本市場は止まることはなく，日々の業務として監査は続く。現場の監査人は，現状を所与として，今日もまた監査業務に取り組まなくてはならない。監査の品質は，個々の現場の監査人の実施した監査の結果の積み重ねに委ねられているのである。

監査人における監査の品質の取組みには，個々の監査人の能力の向上や監査事務所の組織体制やツール等の整備，監査人としてpublic interestに資するプロフェッションとしての意識や矜持，さらには，それらを支える会計プロフェッション団体としての日本公認会計士協会の自主規制の実効性と発信力等々が欠かせないであろう。課題は多く，責務は重いように思われる。しかしながら，監査人自身が，public interestに貢献することを使命とする職業専門家として，そのときどきの条件下で，（仮にそれが必ずしも恵まれた環境ではなかったとしても）最善を尽くして監査に臨むことが必要条件であることに変わりはない。

そのことを前提としたうえで，そうした真摯な取組みを続ける現場の監査人のために，われわれは何をしたらいいのであろうか。

その回答は，当初より自明である。関係者がそれぞれに監査の品質について検討し，監査の品質を高めるためにそれぞれの役割を果たすことであり，監査人たる会計プロフェッションとの間での，（一方的に何かを決定するのではなく）慎重な協議のうえで，わが国の監査環境を一歩ずつでも改善していくことにほかならない。

筆者も，監査論研究者の１人として，また次世代の会計プロフェッションを育てる会計大学院の教員の１人として，その役割を真摯に担っていきたいと考えている。

〈主要参考文献〉

（和文献）

伊豫田隆俊ほか（2012）『日本監査研究学会リサーチ・シリーズⅨ　実証的監査理論の構築』
同文舘出版，1章3.

上田隆穂［編著］（1995）『価格決定のマーケティング』有斐閣。

薄井彰（2007）「監査の品質とコーポレート・ガバナンス—新規公開市場の実証的証拠—」，
『現代監査』17号，50-57頁。

及川拓也（2013）「実証モデルで用いられる会計事務所の規模変数がわが国で有効であるか否
かについての検証」，『現代監査』23号，3月，87-95頁。

甲斐幸子（2015）「米国公開会社企業会計監視委員会『監査品質の指標に関するコンセプト・
リリース』①及び②」，『会計・監査ジャーナル』724号及び725号，11月及び12月。

甲斐幸子（2016）「米国公開企業会計監視委員会『監査品質の指標に関するコンセプト・リリ
ース』③——コメントレターの概要と関連する議論の動向」，『会計・監査ジャーナル』
728号，3月。

監査人・監査報酬問題研究会（2012）『わが国監査報酬の実態と課題』日本公認会計士協会出
版局，2012年。

――――（2017）『2017年度版　上場企業監査人・監査報酬実態調査報告書』，3月31日。

金融庁・金融審議会公認会計士制度部会（2007）「金融審議会公認会計士制度部会報告～公認
会計士・監査法人制度の充実・強化について～」，12月。

――――（2015）「平成27事務年度金融行政方針」，9月18日。

――――（2016）「会計監査の在り方に関する懇談会 提言—会計監査の信頼性確保のために—」，
3月8日。

――――・監査法人のガバナンス・コードに関する有識者検討会（2017a）「『監査法人の組織的な
運営に関する原則』（監査法人のガバナンス・コード）の確定について」，3月31日。

――――・監査法人のガバナンスコードに関する有識者検討会（2017b）「『監査法人の組織的な
運営に関する原則』（監査法人ガバナンス・コード）主なパブリック・コメントの概要及
びそれに対する回答」，3月31日。

――――（2017c）「『監査法人の組織的な運営に関する原則』（監査法人のガバナンス・コード）
を採用した監査法人リスト」，11月30日。

――――（2017d）「監査法人のローテーション制度に関する調査報告書（第一次報告）」，7月20
日。

――――（2017e）「『監査報告書の透明化』について」，6月26日。

公認会計士・監査審査会（2016）「公認会計士・監査審査会検査の実効性の向上～大規模監査
法人を中心に～」，3月24日。

――――（2017）「監査法人のガバナンス・コードの公表を受けて」，3月31日。

酒井絢美（2012）「監査人交代と監査人の保守主義に関する実証研究」，『産業経理』72巻1号，
148-159頁。

酒井絢美（2014）「監査人の交代とゴーイングコンサーン」，『會計』186巻1号，94-104頁。

坂上 学（2015）「監査データ標準（ADS）をめぐる動向について─XBRL GL技術の監査への応用─」，『会計・監査ジャーナル』，3月。

佐久間義浩（2007）「監査人の交代要因に関する検討─制度としての財務諸表監査からコーポレートガバナンスとしての財務諸表監査へ」，『會計』172巻1号，115-124頁。

首藤昭信・大城直人・宋 明子（2016）「実証研究から読み解く不正会計予測の最新モデル」，『企業会計』68巻6号，6月。

関口智和（2015）「国際監査・保証基準審議会（IAASB）による監査報告書の改訂等」，『会計・監査ジャーナル』716号，3月，29-34頁。

髙田知実（2014）「監査事務所の業種特化が利益属性に及ぼす影響に関する考察」，『會計』186巻3号，335-347頁。

田村威文・町田祥弘（2017）「監査事務所の強制的交代制度に関するゲーム論的一考察」，『現代監査』27号，2017年3月，89-98頁。

鳥羽至英・川北博ほか共著（2001）『公認会計士の外見的独立性の測定─その理論的枠組みと実証研究』白桃書房。

内藤文雄（1995）『監査判断形成論』中央経済社。

── （2016）「財務諸表の監査における監査判断形成と監査報告モデル」，『會計』189巻3号，3月，283-297頁。

日本監査研究学会特別委員会（2006）「監査事務所の強制的ローテーションに関する実態調査研究特別委員会報告書」，9月17日。

日本監査役協会・日本公認会計士協会「監査役等と監査人との連携に関する共同研究報告」，2013年11月7日最終改定。

日本公認会計士協会（2004）「監査人交代の経緯等に関するアンケート調査結果報告」，『JICPAジャーナル』16巻7号，7月，76-78頁。

── （2004）報告書「国際比較に基づく監査時間数の増加の提言」，3月17日。

──・リサーチセンター（2005）「監査実施状況調査」3月11日。

── （2014）「監査業務と不正等に関する実態調査」，5月23日。

── （2016），IT委員会研究報告等48号「ITを利用した監査の展望～未来の監査へのアプローチ～」，3月28日

── （2017）「会長声明 『監査法人の組織的な運営に関する原則（監査法人のガバナンス・コード）』の公表を受けて」3月31日。

──，監査基準委員会研究報告第4号「監査品質の枠組み」，2015年5月29日。

──，監査基準委員会報告書260「監査役等とのコミュニケーション」，2015年5月29日最終改正。

八田進二（2006）『これだけは知っておきたい 内部統制の考え方と実務』日本経済新聞社。

──・池田雄一（2016）「対談 これからの会計監査のあり方を考える」『青山アカウンティング・レビュー』6号，青山学院大学大学院会計プロフェッションセンター，2016年10月，6-33頁。

林隆敏（2016）「イギリスにおける監査事務所のガバナンス・コード」，『月刊監査役』660号，11月。

平賀正剛（2000）「レジェンド付き英文監査報告書に関する一考察」，『早稲田商学』387号，12月，77-109頁。

藤森徹（2015）「なぜ『粉飾決算』はなくならないのか」，『PRESIDENT』9月14日号。

藤原英賢（2012）「「監査人の専門性と継続企業の前提に関する監査判断の関係」『追手門経営論集』18巻2号，53-71頁。

増田宏一［編著］（2015）『日本監査研究学会リサーチ・シリーズ XⅢ　監査人の職業的懐疑心』同文舘出版。

町田祥弘（2003）「わが国における監査契約の解除問題と監査リスクの評価」，『會計』164巻5号，2003年11月，102-116頁。

―― （2006）「監査事務所の定期的交代と独立性の確保」，『会計プロフェッション』（青山学院大学大学院会計プロフェッション研究学会）1号，3月，173-188頁。

―― （2009）「監査人の交代時における監査報酬問題について」『會計』175巻1号，63-78頁。

―― （2012）「監査時間の国際比較に基づく監査の品質の分析」，『會計』181巻3号，3月，354-367頁。

―― （2013a）「監査事務所の強制的交代の論拠に関する日本の監査市場の検討」，『産業経理』73巻1号，4月。

―― （2013b）「監査規制をめぐる新たな動向と課題―監査事務所の強制的交代の問題を中心として―」，『会計・監査ジャーナル』725号，12月，81-92頁。

―― （2015）「監査規制をめぐる新たな動向と課題―監査事務所の強制的交代の問題を中心として―」，『会計・監査ジャーナル』725号，2015年12月，81-92頁。

―― （2016a）「監査人の交代にかかる被監査企業の意識」，『産業経理』76巻1号，65-79頁。

―― （2016b）「監査法人のガバナンス・コードのあり方」，『青山アカウンティング・レビュー』6巻，2016年9月。

―― ［編著］（2017）『監査品質の指標（AQI）』同文舘出版，2017年。

――・佐久間義浩（2016）「4. 監査報酬の実証分析 ―監査人の交代による監査報酬への影響―」，『2016年版上場企業監査人・監査報酬実態調査報告書』，2016年2月8日，23-31頁。

――・林隆敏（2013）「監査人の継続監査期間によるゴーイング・コンサーン対応への影響」『税経通信』68巻3号，2月号，130-144頁。

――・松本祥尚（2015）「東芝事件から何を学ぶか　第4回『監査』」，『週刊経営財務』3227号，9月7日。

――「監査報告書に対する利用者の認識と期待」，『會計』189巻3号，2016年3月，313-327頁。

松本祥尚・町田祥弘・関口智和（2014-2015）「監査報告書の改革」第1回～第7回，『企業会計』66巻9号～67巻3号，2014年9月～2015年3月。

松本祥尚（2000）「わが国監査報告国際化の条件―『レジェンド』問題との関連において」，『會計』158巻1号，7月，67-82頁。

――（2002）「第7章 特記事項と監査人のディスクロージャー選好」，盛田良久編『監査問題と特記事項』中央経済社。

――（2014）「監査報告のパラダイムシフト―監査人からのコミュニケーション向上の必要性」，『会計・監査ジャーナル』709号，8月，127-134頁。

――（2016）「インフォメーション・レポート化する監査報告書の受容可能性」，『會計』189巻3号，2016年3月，298-312頁。

矢澤憲一（2009）「監査報酬評価モデルの研究」『青山経営論集』44巻3号。

――（2010）「Big4と監査の質―監査コスト仮説と保守的会計選好仮説の検証」，『青山経営論集』44巻4号，166-181頁。

――（2014）「なぜ日本企業の監査報酬は低いのか―31か国による国際比較研究―」，『会計・監査ジャーナル』704号，3月。

山浦久司（2001）『監査の新世紀』税務経理協会。

吉田和生（2006）「わが国における監査の質と報告利益管理の分析」，日本会計研究学会特別委員会『財務情報の信頼性に関する研究（最終報告）』，385-398頁。

吉見宏（2014）『ケースブック監査論（第5版）』新世社。

脇田良一（2016）「監査報告書の改革」，『會計』189巻3号，3月，271-282頁。

脇田良一ほか「座談会 会計監査の信頼性をいかに確保するか ―『会計監査の在り方に関する懇談会』提言を受けて」『企業会計』68巻7号，2016年7月，73-74頁。

（洋文献）

ACRA (2015), *Audit Quality Indicators (AQIs) Disclosure Framework*, October.

American Institute of Certified Public Accountants [AICPA] (1992), SEC Practice Section, *Statement of Position Regarding Mandatory Rotation of Audit Firms of Publicly Held Companies*, March 24.

Audit Firm Governance Working Group (2010), *The Audit Firm Governance Code*, January, ICAEW and FRC.

Balsam, S., J. Krishnan and J. S. Yang. (2003). Auditor Industry Specialization and Earnings Quality. *Auditing : A Journal of Practice and Theory*, 22(2). September. 71-97.

Beckman, Hans, et al., (2012) "The bill on the accountancy profession adopted by the Dutch Upper House : consequences of this bill for companies," *Stibee*, 11th December.

Bedingfield, J. B. and S. E. Loeb (1974), "Auditor Changes An Examination," *Journal of Accountancy* : 137(3), March 1974, pp.66-69.

Bell, T. B., R. Doogar and I. Solomon (2008), "Audit Labor Usage and Fees under Business Risk Auditing," *Journal of Accounting Research* 46(4) : 729-760.

Blokdijk, H., F. Drieenhuizen, D. A. Simunic, and M. T. Stein. (2006). An analysis of Cross-sectional Differences in Big and Non-Big Public Accounting Firms' Audit Programs. *Auditing : A Journal of Practice & Theory*. 25(1) : 27-48.

Blouin, Jennifer, Barbara Murray Grein and Brian R. Rountree, (2007), "Analysis of Forced

主要参考文献 225

Auditor Change : The Case of Former Arthur Andersen Clients," *The Accounting Review* : 82(3), May, pp.621-650.

Bowlin, Kendall O., Jessen L. Hobson and M. David Piercey (2015), "The Effects of Auditor Rotation, Professional Skepticism, and Interactions with Managers on Audit Quality," *The Accounting Review* 90(4), pp.1363-1393.

Burton, J. C. and W. Roberts (1967), "A Study of Auditor Changes," *Journal of Accountancy* : 123(4), April 1967, pp. 31-36. Bell, T. B., R. Doogar, and I. Solomon. 2008. Audit Labor Usage and Fees under Business Risk Auditing. *Journal of Accounting Research* 46(4) : 729-760.

Calderon, Thomas G. and Emeka Ofobike (2008), "Determinants of Client-Initiated and Auditor-Initiated Auditor Changes," *Managerial Auditing* 23(1), pp.4-25.

Caramanis, C. and C. Lennox. (2008). Audit Effort and Earnings Management. *Journal of Accounting and Economics*. 45(1) : 116-138.

Carcello, J. V. and A. L. Nagy (2004), "Audit Firm Tenure and Fraudulent Financial Reporting," *Auditing: A Journal of Practice & Theory* 23(2) pp.55-69.

Catanach, Anthony, James H. Irving, Susan Perry Williams, Paul L. Walker (2011), "An Ex Post Examination of Auditor Resignations," *Accounting Horizons* : 25(2), June 2011, pp.267-283.

CCH Daily (2016), "FTSE 250 : Auditors Survey 2016." (https://www.cchdaily.co.uk/ftse-250-auditors-survey-2016)

Center for Audit Quality [CAQ] , *Deterring and Detecting Financial Reporting Fraud; A Platform for Action*, October 2010.

―― (2014), *CAQ Approach to Audit Quality Indicators*, April 24.

Chin, Chen-Lung and Hsin-Yi Chi (2009), "Reducing Restatements with Increased Industry Expertise," *Contemporary Accounting Research* 26(3), Fall, pp.729-765.

Chow, C. W. and S. J. Rice (1982), "Qualified Audit Opinion and Auditor Switching," *The Accounting Review* : 57(2), pp.326-335.

Church, Bryan K. and Ping Zhang (2006), "A Model of Mandatory Auditor Rotation," SSRN-id874884.

(The) Commission on Auditors' Responsibilities, *Report, Conclusions, and Recommendations* (1978), AICPA. (鳥羽至英訳『財務諸表監査の基本的枠組み 見直しと勧告』白桃書房, 1990年。)

Davis, Larry R. and Billy S. Soo (2009), "Auditor Tenure and the Ability to Meet or Beat Earnings Forecasts," *Contemporary Accounting Research* 26(2), Summer 2009, pp.517-48.

DeAngelo, L. E., (1981a) "Auditor Independence, 'Low balling', and Disclosure Regulation," *Journal of Accounting and Economics*, 3 (2), August, pp. 113-127.

―― (1981b) "Auditor Size and Audit Quality, "*Journal of Accounting & Economics*, 3 (3)

, pp.183-199.

Defond, M. L. and K. R. Subramanyam (1998), "Auditor Changes and Discretionary Accruals," *Journal of Accounting and Economics*, 25(1), pp.35-67.

Deis, D. R. Jr. and G. Giroux (1996), "The Effect of Auditor Changes on Audit Fees, Audit Hours, and Audit Quality," *Journal of Accounting and Public Policy*, Spring, pp.55-76.

Deloitte (2012), Letter to PCAOB, "March 21, 2012 Public Meeting on Auditor Independence and Audit Firm Rotation."

Dopuch, N. and D. Simunic. (1980). The Nature of Competition in the Auditing Profession : A Descriptive and Normative View. *Regulation and the Accounting Profession*. Buckley, J. W. y Weston, J. F. Lifetime Learning Publications. pp.77-94.

Doty, James R. (2011), "Rethinking the Relevance, Credibility and Transparency of Audits," SEC and Financial Reporting Institute 30th Annual Conference, at Pasadena, CA, June 2nd.

Elder, Randal J., Suzanne Lowensohn and Jacqueline L. Reck (2015), "Audit Firm Rotation, Auditor Specialization, and Audit Quality in the Municipal Audit Context," *Journal of Governmental & Nonprofit Accounting American Accounting Association* 4, pp.73-100.

Ettredge, M. and R. Greenberg (1990), "Determinants of Fee Cutting on Initial Audit Engagements," *Journal of Accounting Research*, Spring, pp.198-210.

European Commission [EC] (2002), *Commission Recommendation on Statutory Auditors' Independence in the EU: A Set of Fundamental Principles*, 16th May.

—— (2004) *Proposal for a Directive of the European Parliament and of the Council on statutory audit of annual accounts and consolidated accounts and amending Council Directives 78/660/EEC and 83/349/EEC, COM/2004/0177 final.*

—— (2006) Directive 2006/43/EC of the European Parliament and of the Council of 17 May 2006 on statutory audits of annual accounts and consolidated accounts, amending Council Directives 78/660/EEC and 83/349/EEC and repealing Council Directive 84/253/EEC, OJ L 157, 9. 6. 2006.

—— (2011) *Proposal for a Directive of the European Parliament and of the Council amending Directive 2006/43/EC on Statutory Audits of Annual Accounts and Consolidated Accounts,* and *Proposal for a Regulation of the European Parliament and of the Council on Specific Requirements Regarding Statutory Audit of Public-Interest Entities,* 30th November 2011.

European Union [EU] (2014), Regulation (EU) No. 537/2014 of the European Parliament and of the Council of 16 April 2014 on specific requirements regarding statutory audit of public-interest entities and repealing Commission Decision 2005/909/EC.

Ewelt-Knauer, C., A. Gold and C. Pott (2012), *What Do We Know about Mandatory Audit Firm Rotation?* ICAS.

Fearnley, S. (1998), "Auditor Changes and Tendering : UK Interview Evidence," *Account-*

ing, Auditing and Accountability Journal 11(1), pp.72-98.

Federation of European Accountants [FEE] (2016), *Information Paper: Overview of Audit Quality Indicators Initiatives Update to December* 2015 edition.

Financial Reporting Council [FRC] (2008), Professional Oversight Board, *The Statutory Auditors*（*Transparency*）*Instrument* 2008 (POB 01/2008).

—— (2010) *The Audit Firm Governance Code*, June.

—— (2012) *The UK Corporate Governance Code*, September.

—— (2015a)*Audit Firm Governance Code —A review of its implementation and operation*, May.

—— (2015b) *Review of the UK Audit Firm Governance Code —Feedback statement and proposed revisions*, December.

—— (2016), *Feedback Statement: Review of the UK Audit Firm Governance Code*, July.

Francis, Jr., E.L. Maydew. and H.C. Sparks (1999), "The Role of Big 6 Auditors in the Credible Reporting of Accruals," *Auditing：A journal of Practice & Theory*, Vol.18, No.2, pp.17-34.

Geiger, M.A. and K. Raghunandan (2002), "Auditor Tenure and Audit Reporting Failures," *Auditing: A Journal of Practice & Theory.* 21(1), pp.67-78.

（The United States）General Accounting Office [GAO] (2003), *Public Accounting Firms: Required Study on the Potential Effects of Mandatory Audit Firm Rotation*, November. （八田進二・橋本尚・久持英司訳（2006）『GAO監査事務所の強制的交代 — 公開会社監査事務所の強制的ローテーションの潜在的影響に関する両委員会の要請に基づく調査』白桃書房。）

—— (2004), *Mandatory Audit Firm Rotation Study: Study Questionnaires, Responses, and Summary of Respondents' Comments*, GAO-04-217, February.

Ghosh, A. and D. Moon (2005), "Does Auditor Tenure Impair Audit Quality?" *The Accounting Review* 80(2), pp.585-612.

Hanson, Jay D. (2015), PCAOB Standard-Setting Update, Speech at the AICPA Conference on Current SEC and PCAOB Developments, December10th. (https://pcaobus.org/News/Speech/Pages/Hanson-AICPA-2015-standards-update.aspx.)

The Independent Regulatory Board for Auditors [IRBA] (2017), "Rule on Mandatory Audit Firm Rotation," 1st June 2017.

International Auditing and Assurance Standards Board [IAASB] (2014), *A Framework for Audit Quality: Key Elements that Create an Environment for Audit Quality*, February.

—— (2015a), International Standard on Auditing (ISA) 701, Communicating Key Audit Matters in the Independent Auditor's Report, January 14, 2015.

—— (2015b), ISA260 (Revised), Communication with Those Charged with Governance, 15th Janyuary.

—— (2015c), Invitation to Comment, Enhancing Audit Quality in the Public Interest: A

Focus on Professional Skepticism, Quality Control, and Group Audits, December 2015.

—— (2016), Data Analytics Working Group, *Exploring the Growing Use of Technology in the Audit, with a Focus on Data Analytics*, 1st September.

International Organization of Securities Commissions [IOSCO] (2009), Technical Committee, *Auditor Communications, Consultation Report*, September.

—— (2015) IOSCO, *Transparency of Firms That Audit: Final Report*, November.

Japanese Institute of Certified Public Accountants [JICPA] (2016), IT Committee, *IT Committee Research Report* No. 48, The Outlook for IT-Based Auditing : Approaches to Next Generation Audit (Abridged Version of Full Report), July 26.

Johnstone, K. M., and J. C. Bedard. (2001). Engagement planning, bid pricing, and client response in the market for initial attest engagements. *The Accounting Review* 76(2) : 199-220.

Johnson, V. E., I. K. Khurana, and J. K. Reynolds (2002), "Audit-Firm tenure and the Quality of Financial Reports," *Contemporary Accounting Research* 19(4) : 637-660.

Knechel, W.R., and A. Vanstraelen (2007), "The Relationship between Auditor Tenure and Audit Quality Implied by Going Concern," *Auditing: A Journal of Practice & Theory* 26(1), pp.113-131.

Koninklijke Nederlandse Beroepsorganisatie van Accountants (The Royal Netherlands Institute of Chartered Accountants : NBA) (2012), *Oversight and transparency: A Code for Audit Firms Holding a PIE Licence*, June, NBA.

—— (2016), *Practice Note: Disclosure of Audit Quality Factors*, March.

Krishnan, G. (2003) Does Big 6 auditor industry expertise constrain earnings management? *Accounting Horizons* 17 (supplement). pp.1-16.

Mayhew B. W. and M. S. Wilkins. (2003). Audit Firm Industry Specialization as a Differentiation Strategy : Evidence from Fees Charged to Firms Going Public. Auditing : *A Journal of Practice & Theory* 22(2). September. pp.33-52.

Myers, J., L. Myers and T. Omer (2003), "Exploring the Term of the Auditor-Client Relationship and the Quality of Earnings : A Case for Mandatory Auditor Rotation?" *The Accounting Review* 78(3), pp.779-798.

Nelson,M .W.,] .A. Elliott. and R.L. Tarpley (2002), "Evidence from Auditors about Managers' and Auditors' Earnings Management Decisions," *The Accounting Review*. Vol.77 (Supplement), pp.175-202.

Palmrose, Z-V. (1986). Audit fees and auditor size : Further evidence. *Journal of Accounting Research* 24 (Spring) : 97110.

Pratt, J. and J.D. Stice. (1994). The Effects of Client Characteristics on Auditor Litigation Risk Judgments, Required Audit Evidence, and Recommended Audit Fees, *The Accounting Review* 69(4).

Public Company Accounting Oversight Board [PCAOB] (2010), Adopts New Auditing

Standards on Risk Assessment, Aug. 5.

—— (2011), Rulemaking Docket Matter No. 37 : *Concept Release on Auditor Independence and Audit Firm Rotation*, 16th August.

—— (2012) Public Meeting on Firm Independence and Rotation, March 21-22. (https://pcaobus.org/News/Events/Pages/03212012_PublicMeeting.aspx)

—— (2013) *Discussion—Audit Quality Indicators*, November 14.

—— (2015a) *Concept Release: Audit Quality Indicators*, PCAOB Release No. 2015-005, July 1.

—— (2015b), Standing Advisory Group [SAG], *Audit Quality Indicators: Update and Discussion*, November 12th and 13th.

—— (2017), Rulemaking Docket Matter No. 034 : *Auditing Standard— The Auditor's Report on an Audit of Financial Statements When the Auditor Expresses an Unqualified Opinion and Related Amendments to PCAOB Standards*, June1[st].

Raghunathan, B., B. L. Lewis and J. H. Evans III (1994), "An Empirical Investigation of Problem Audits," *Research in Accounting Regulation* 8, pp.33-58.

Ruiz-Barbadillo, E., N. Gómez-Aguilar, and E. Biedma-López (2009), Long-Term Audit Engagements and Opinion Shopping : Spanish Evidence, *Accounting Forum* 30, pp.61-79.

Sands, John and Janelle McPhail (2003), "Choice Criteria of Listed Australian Public Companies for Selecting an Auditor : An Exploratory Study," *International Journal of Business Studies* : 11(1), June2003, pp.109-133.

Schwartz, K. B. and K. Menon (1985), "Auditor Switches by Failing Firms," The Accounting Review : 60(2), pp.248-261.

Securities and Exchange Commission [SEC] (1994), *Staff Report on Auditor Independence*, March.

—— (2003), *Final Rule: Strengthening the Commission's Requirements Regarding Auditor Independence*, Jan. 28, § 240.14a-101, Schedule 14A, Item 9)

Simon, D. T. and J. R. Francis (1988), "The Effects of Auditor Change on Audit Fees : Tests of Price Cutting and Price Recovery," *The Accounting Review*, April, pp.255-269.

Simunic, D., (1980) "The Pricing of Audit Services : Theory and Evidence," *Journal of Accounting Research*, Vol. 18, No.1, Spring, pp.161-190.

Skinner, Douglas J. and Suraj Srinivasan (2012), "Audit Quality and Auditor Reputation : Evidence from Japan," *The Accounting Review* : 87(5), September, pp. 1737-1765.

UK. Competition Commission (2013), *Statutory Audit Services Market Investigation*, 22 February.

U.S. Senate (1977), the Subcommittee on Reports, Accounting, and Management of the Committee on Governmental Affairs [Metcalf Subcommittee], *Improving the Account-*

ability of Publicly Owned Corporations and Their Auditors, November.

The United States House of Representatives. (2013) *To amend the Sarbanes-Oxley Act of 2002 to prohibit the Public Company Accounting Oversight Board from requiring public companies to use specific auditors or require the use of different auditors on a rotating basis* (a.k.a. The Audit Integrity and Job Protection Act), H.R. 1564, July 8.

Vanstraelen, A. (2000), "Impact of Renewable Long-Term Audit Mandates on Audit Quality," *The European Accounting Review* 9 (3), pp.419-442.

Vourc'h, J. L., and P. Morand (2011), 'Study on the effects of the implementation of the acquis on statutory audits of annual and consolidated accounts including the consequences on the audit market.' (http://ec.europa.eu/internal_market/auditing/docs/studies/201111-summary_en.pdf)

Watts, Ross L. and Jerold L. Zimmerman. (1978.) Towards a Positive Theory of the Determination of Accounting Standards. *The Accounting Review* 53 (January): 112-134.

── (1986) *Positive Accounting Theory*. Prentice Hall. (須田一幸訳. 1991.『実証理論としての会計学』白桃書房。)

Walker, P. L., B. L. Lewis and J. R. Casterella (2001) "Mandatory auditor rotation : Arguments and current evidence," *Accounting Enquiries* 10 (Spring/Summer), pp.209-242.

Woo, E-Sah and Hian Chye Koh (2001), "Factors associated with auditor changes : a Singapore study," Accounting and Business Research : 31(2), Spring 2001, pp.133-144.

Zeff, S.A. and R.L. Fossum. (1967) An Analysis of Large Audit Clients. *The Accounting Review* 42(2). pp.298-320.

索　引

〔欧文索引〕

AQIの重要性 …………………………… 175
CAQの提案 ……………………………… 168
（2014年）EU規則 ……………………… 134
（2004年）EU提案 ……………………… 133
GAOの調査結果 ………………………… 140
GAO報告書 ……………………………… 127
IOSCO「望ましい実務」 ……………… 116
ISA701「独立監査人の監査報告書にお
　ける監査上の主要な事項のコミュニ
　ケーション」…………………………… 181
IT委員会研究報告第48号「ITを利用し
　た監査の展望～未来の監査へのアプ
　ローチ～」……………………………… 203
ITの活用と監査品質 …………………… 207
ITの活用の背景 ………………………… 206
KAMの決定プロセス …………………… 194
KAMの評価サイクル …………………… 188
PCAOBによるAQIの提案とCAQの提
　案の対比 ……………………………… 169
PCAOBの監査基準 ……………………… 19
PCAOBの提案 …………………………… 167
（2011年）PCAOBの提案 …………… 130
PwC indicator …………………………… 36
SOX法 …………………………………… 127
UKコード2010 ………………………… 113
UKコード2016 ………………………… 115
Watts and Zimmerman以来の
　パラダイム …………………………… 86
Wonderland Accounting ………………… 12

〔和文索引〕

あ　行

英国型のKAMの報告サイクル ……… 190
英国の監査事務所のガバナンス・コード
　………………………………………… 112
大手監査事務所による寡占 ………… 147
大手監査法人が有する品質メリット ‥ 30
オピニオンショッピング ……………… 98

か　行

海外での強制的交代制の議論の背景
　………………………………………… 146
会計監査の在り方に関する懇談会 …・3, 8
「会計監査の在り方に関する懇談会」の
　提言 ………… 20, 88, 104, 140, 166, 202
カネボウ事件 …………………………… 136
監査概要書 ……………………………… 71
監査期間 ………………………………… 65
監査業務の特異性 ……………………… 6
監査契約書 ……………………………… 53
監査契約の固定化 ……………………… 148
監査時間 ………………………………… 5
監査時間数の調査 ……………………… 55
監査時間と監査の品質 ………………… 67
監査時間に関する研究 ………………… 73
（韓国の）監査時間の開示 …………… 71
監査時間の調査結果 …………………… 62
監査時間の不足 ………………………… 60
監査実施状況調査 ……………………… 48
監査実施報告書 ………………………… 72
監査事務所の寡占状況 ………………… 82
監査事務所の規模 ……………………… 35
監査事務所の業種特化の程度 ………… 80

監査事務所の強制的な定期的交代制度
　（監査事務所のローテーション制度）…9
監査事務所の強制的ローテーション　177
「監査事務所の強制的ローテーションに
　関する実態調査研究特別委員会」に
　よる報告書………………………………140
監査事務所の交代による監査報酬への
　影響………………………………………152
監査証明業務報酬の日米比較…………51
監査データの標準化……………………205
監査というサービスの最終的な受益者
　……………………………………………6
監査に関する品質管理基準……………28
監査に関する不正リスク対応基準
　（不正リスク対応基準）………………19
監査の固有の限界………………………7
監査人・監査報酬問題研究会…………42
監査人の専門能力………………………86
監査人の独立性…………………………86
監査人の評判……………………………5
監査の品質指標…………………………68
監査の品質の定義………………………8
監査の品質に関する相互作用…………212
監査の品質に関するフレームワーク…9
監査の品質の向上………………………5
監査の品質の代理変数（サロゲート）…4
監査の品質を高めるには………………220
監査品質の指標（Audit Quality Indica-
　tors：AQI）………………9, 69, 166
監査品質の枠組み………………………212
監査報告書の拡充と監査の品質との関
　連性………………………………………188
監査報告書の拡充に対する関係者にお
　ける対応…………………………………196
監査報告書の拡充の制度上の課題
　……………………………………………192
監査報告書の透明化……………………180
『監査報告書の透明化』について……185

監査報告書の本質観……………………186
監査報酬…………………………………5
監査報酬の開示制度……………………40
監査報酬の実態…………………………49
監査報酬の高止まり……………………150
監査報酬の低廉化………………………52
監査報酬の低廉な企業…………………55
監査報酬の内容等の開示例……………41
監査報酬の見積り………………………72
監査法人の寡占化………………………27
監査法人のガバナンス・コードに
　関する課題………………………………121
監査法人のガバナンス・コードの５つ
　の原則……………………………………106
監査法人の組織的な運営に関する原則
　（監査法人のガバナンス・コード）
　……………………………8, 34, 105, 106
監査法人のローテーション制度に関す
　る調査報告（第一次報告）…9, 144, 166
監査法人ローテーションに関する先行
　研究および調査…………………………156
監査役等とのコミュニケーションと
　監査役等の対応…………………………193
監査役等の意見表明における「限定付
　意見」……………………………………100
業種特化…………………………………80
強制的交代制の影響の検討……………151
金融危機前………………………………131
金融審議会公認会計士制度部会報告
　～公認会計士・監査法人制度の充実・
　強化について～…………………………139
金融庁レポート…………………………143
継続的監査（CA）………………207, 209
結論の不表明……………………………93
限定付適正意見（意見限定）の表明…99
公認会計士・監査審査会「監査法人の
　ガバナンス・コードの公表を受けて」
　……………………………………………120

（2003年）公認会計士法改正 ………… 135
（2007年）公認会計士法再改正 ……… 136
コードを採用した監査法人のリスト 118

さ 行

サーベインズ＝オックスリー法（Sar-
 banes-Oxley Act of 2002：SOX法）
 ……………………………………… 43
指導的機能 ……………………………… 7
四半期レビューへの遡及訂正 ………… 95
四半期レビュー報告書での結論不表明
 ……………………………………… 95
重大な監査事項（Critical Audit Mat-
 ters：CAM）………………………… 9
重要な監査事項（Key Audit Matters：
 KAM）………………………… 9, 180
上場企業および監査事務所の意識 …… 155
上場企業ないし公共の利益に関連する
 事業体（Public Interest Entities：
 PIE）………………………………… 37
諸外国の場合 ………………………… 174
職業的懐疑心 …………………………… 88
制度を含む環境整備の問題 ………… 216
専業監査事務所 ………………………… 83
組織的監査 ………………………… 26, 30

た 行

大規模監査法人 ………………………… 32
第三者の眼 ………………………… 33, 143
東芝における意見表明問題 …………… 91
東芝の粉飾決算事件 …………………… 2
透明性報告書 …………………… 105, 111

な 行

日本公認会計士協会から会長声明「『監
 査法人の組織的な運営に関する原則
 （監査法人のガバナンス・コード）』
 の公表を受けて」…………………… 120
日本の監査規範の構造 ………………… 16
日本の監査市場における監査事務所の
 寡占状況 …………………………… 30
日本の監査法人のガバナンス・コード
 の特徴 ……………………………… 116
日本の場合 …………………………… 172

は 行

背景的要因 …………………………… 213
被監査企業の問題 …………………… 213
ビッグデータの活用 ………………… 204
標準監査報酬規定 …………………… 46
標準監査報酬規定廃止後の対応 ……… 47
標準監査報酬制度 ………………… 44, 45
標準監査報酬モデル …………………… 57
品質管理 ……………………………… 32
不正リスク対応基準 …………………… 19
他の国々における AQI ……………… 172

ま 行

メトカーフ小委員会 ………………… 126

ら 行

利害関係者 …………………………… 212
レジェンド（Legend Clause）問題 … 12

わ 行

わが国における組織的監査の推進 …… 24
わが国の監査事務所の組織体制 ……… 83
わが国の監査証明業務に基づく報酬の
 推移 ………………………………… 50

【著者紹介】

町田　祥弘（まちだ　よしひろ）

青山学院大学大学院会計プロフェッション研究科・教授。博士（商学）（早稲田大学）。現在，日本監査研究学会監事，日本内部統制研究会理事，日本ディスクロージャー研究学会常任理事，国際会計研究学会監事，金融庁企業会計審議会臨時委員（監査部会）等。

主な著書：『会計プロフェッションと内部統制』（税務経理協会 2004 年 単著），『内部統制の知識』（日本経済新聞出版社 2007 年 単著），『会計士監査制度の再構築』（中央経済社 2012 年 共編著），『わが国監査報酬の現状と課題』（日本公認会計士協会出版局 2012 年 編著），『内部統制の法的責任に関する研究』（日本公認会計士協会出版局 2013 年 編著），『公認会計士の将来像』（同文舘出版 2015 年 共著），『監査品質の指標（AQI）』（同文舘出版 2017 年 編著））等。

監査の品質
──日本の現状と新たな規制

2018 年 3 月 31 日　第 1 版第 1 刷発行

著　者	町　田　祥　弘
発行者	山　本　　　継
発行所	㈱中央経済社
発売元	㈱中央経済グループパブリッシング

〒 101-0051　東京都千代田区神田神保町 1-31-2
電話　03 (3293) 3371 (編集代表)
03 (3293) 3381 (営業代表)
http://www.chuokeizai.co.jp/
印刷／文唱堂印刷㈱
製本／誠　製　本㈱

© 2018
Printed in Japan

＊頁の「欠落」や「順序違い」などがありましたらお取り替えいたしますので発売元までご送付ください。（送料小社負担）
ISBN978-4-502-26271-5　C3034

JCOPY〈出版者著作権管理機構委託出版物〉本書を無断で複写複製（コピー）することは，著作権法上の例外を除き，禁じられています。本書をコピーされる場合は事前に出版者著作権管理機構（JCOPY）の許諾を受けてください。
JCOPY〈http://www.jcopy.or.jp　e メール：info@jcopy.or.jp　電話：03-3513-6969〉

―■おすすめします■――

学生・ビジネスマンに好評
■最新の会計諸法規を収録■

新版 会計法規集

中央経済社編

会計学の学習・受験や経理実務に役立つことを目的に，最新の会計諸法規と企業会計基準委員会等が公表した会計基準を完全収録した法規集です。

《主要内容》

会計諸基準編＝企業会計原則／外貨建取引等会計処理基準／連結CF計算書等作成基準／研究開発費等会計基準／税効果会計基準／減損会計基準／自己株式会計基準／１株当たり当期純利益会計基準／役員賞与会計基準／純資産会計基準／株主資本等変動計算書会計基準／事業分離等会計基準／ストック・オプション会計基準／棚卸資産会計基準／金融商品会計基準／関連当事者会計基準／四半期会計基準／リース会計基準／工事契約会計基準／持分法会計基準／セグメント開示会計基準／資産除去債務会計基準／賃貸等不動産会計基準／企業結合会計基準／連結財務諸表会計基準／研究開発費等会計基準の一部改正／変更・誤謬の訂正会計基準／包括利益会計基準／退職給付会計基準／原価計算基準／監査基準／連続意見書　他

会 社 法 編＝会社法・施行令・施行規則／会社計算規則

金 商 法 編＝金融商品取引法・施行令／企業内容等開示府令／財務諸表等規則・ガイドライン／連結財務諸表規則・ガイドライン／四半期財務諸表等規則・ガイドライン／四半期連結財務諸表規則・ガイドライン　他

関 連 法 規 編＝税理士法／討議資料・財務会計の概念フレームワーク　他

■中央経済社■

信頼の税務年度版ラインナップ

会計全書（平成29年度）

金子宏・斎藤静樹監修

「一億総活躍社会」実現のために、「働き方改革」を主軸とした29年度税制改正を網羅。税務法規編の文字が大きく読みやすく。

税務経理ハンドブック（平成29年度版）

日本税理士会連合会編

主要な国税・地方税の法令・通達を項目ごとに整理。平成29年度改正を織り込んだ最新版。

法人税重要計算ハンドブック

日本税理士会連合会編　中村慈美　他著　（平成29年度版）

重要な項目や難解な規定について制度の内容と計算の要点をズバリ解説。法人の消費税も掲載。

所得税重要計算ハンドブック

日本税理士会連合会編　藤田良一著　（平成29年度版）

所得税の税額計算の仕組みと要点を計算例でわかりやすく解説。個人事業者の消費税も掲載。

相続税重要計算ハンドブック

日本税理士会連合会編　武藤健造著　（平成29年度版）

具体的な計算例で相続税・贈与税の課税の仕組みが理解できるように構成。事業承継税制も掲載。

税理士必携　速算表・要約表でみる税務ガイド
（平成29年度版）

日本税理士会連合会編・鈴木修著

税理士業務で必須な各税目の税率・数字・要件等を厳選し、速算表・要約表の形で見やすく収録。

●中央経済社●

■最新の監査諸基準・報告書・法令を収録■

監査法規集

中央経済社編

本法規集は，企業会計審議会より公表された監査基準をはじめとする諸
基準，日本公認会計士協会より公表された各種監査基準委員会報告書・
実務指針等，および関係法令等を体系的に整理して編集したものである。
監査論の学習・研究用に，また公認会計士や企業等の監査実務に役立つ
1冊。

《主要内容》

企業会計審議会編＝監査基準／不正リスク対応基準／中間監査基準／
四半期レビュー基準／品質管理基準／保証業務の枠組みに関する
意見書／内部統制基準・実施基準

会計士協会委員会報告編＝会則／倫理規則／監査事務所における品質
管理　《**監査基準委員会報告書**》　監査報告書の体系・用語／総
括的な目的／監査業務の品質管理／監査調書／監査における不正
／監査における法令の検討／監査役等とのコミュニケーション／
監査計画／重要な虚偽表示リスク／監査計画・実施の重要性／評
価リスクに対する監査手続／虚偽表示の評価／監査証拠／特定項
目の監査証拠／確認／分析的手続／監査サンプリング／見積りの
監査／後発事象／継続企業／経営者確認書／専門家の利用／意見
の形成と監査報告／除外事項付意見　他《**監査・保証実務委員会
報告**》継続企業の開示／後発事象／会計方針の変更／内部統制監
査／四半期レビュー実務指針／監査報告書の文例

関係法令編＝会社法・同施行規則・同計算規則／金商法・同施行令／
監査証明府令・同ガイドライン／内部統制府令・同ガイドライン
／公認会計士法・同施行令・同施行規則

法改正解釈指針編＝大会社等監査における単独監査の禁止／非監査証
明業務／規制対象範囲／ローテーション／就職制限又は公認会計
士・監査法人の業務制限